全国高职高专规划教材·国际贸易系列
——江苏省高等学校精品课程配套教材

海关实务

（第2版）

主　编　左武荣　吴　雷

副主编　王静岩　刘晓伟　陈相芬

主　审　顾建平

北京大学出版社
PEKING UNIVERSITY PRESS

图书在版编目(CIP)数据

海关实务/左武荣,吴雷主编.—2版.—北京:北京大学出版社,2011.8
(全国高职高专规划教材·国际贸易系列)
ISBN 978-7-301-19105-7

Ⅰ.①海… Ⅱ.①左…②吴… Ⅲ.①海关—业务—中国—高等职业教育—教材 Ⅳ.①F752.5

中国版本图书馆CIP数据核字(2011)第119225号

书　　名:海关实务(第2版)
著作责任者:左武荣　吴　雷　主编
策 划 编 辑:胡伟晔
责 任 编 辑:胡伟晔
标 准 书 号:ISBN 978-7-301-19105-7/F·2808
出 版 发 行:北京大学出版社
地　　址:北京市海淀区成府路205号　100871
网　　址:http://www.pup.cn
电 子 信 箱:zyjy@pup.cn
电　　话:邮购部62752015　发行部62750672　编辑部62765126　出版部62754962
印 刷 者:河北滦县鑫华书刊印刷厂
经 销 者:新华书店
787毫米×1092毫米　16开本　17.5印张　442千字
2006年7月第1版　2011年8月第2版　2012年6月第2次印刷　总第6次印刷
定　　价:34.00元

内容简介

本书从报关单位、报关员角度出发，根据最新出版的《报关员资格考试教程》，按照报关员办理通关手续的流程，详尽介绍了报关单位及报关员在办理进出口货物报关前的各项准备工作，进出口货物的国家管制，保税业务的开展，进出口商品编码的确定，各种贸易方式及特殊进出境货物的通关要求，进出口单证缮制与审核，关税及其他税费的计算，报关自动化以及主要西方国家口岸通关实务等多方面内容。

本书除了可供有关高职院校国际贸易实务、国际商务、报关与国际货运及相关专业教学使用外，还可供正在从事或准备从事报关业务工作的人员作为学习和提高报关知识、业务能力的参考书，对于准备参加报关员培训和考试的人员来说也是一本很理想的考前训练用书。

再版说明

自2006年推出《21世纪全国高职高专国际贸易类规划教材》之后，本系列教材赢得了市场的认可，美誉度很高。不仅每年重印，有的还每年重印两三次，这自然要归功于各位参与的专家和编者，归因于他们开拓进取的精神、认真负责的态度和一切为学生着想的理念。然而，随着本学科的不断发展、各高等院校教改的不断推进，以及国际贸易形势的复杂多变，虽然每年重印都会有一些小的修订，但显然也已经有些不合时宜了。为此，我们广泛听取各方面反馈的宝贵意见和建议，汲取新鲜营养，继承原先优势，总结经验教训，共同致力打造一系列适应新形势的高品牌、高质量的优秀教材，期望有所突破和发展，争取更上一层楼。

本系列教材的特点如下：

1. 集思广益，以学生为主体。广泛咨询采纳专家意见，研究目前教学主体(学生)的特点，站在其立场上设计相关项目，加上教师的适当点拨，不仅可以促进相关知识的内化，达到理解和巩固的目的，更有利于创新思维的形成。

2. 内容新颖，与岗位零距离。更新内容，选用新知识和新材料，运用最新的教改成果，切实结合资格考试，为学生取得"双证"、提高就业率服务。体例上突破了传统教材，采用项目化和情境式。案例与实训安排得当，与现实紧密结合，增强了实用性和应用性，最大程度地实现了与工作岗位的无缝接轨。

3. 概念明确，重点突出。考虑到国际贸易自身的特点，概念表示语言简洁凝练，表达明确，不仅标注相应的英文，而且用不同字体标出。整体教学目标明确，重点突出。

4. 配套齐全，力求立体化。配套完备，主体教材配有相应的技能训练册，且每本教材都配有相应的习题及课件或相关材料，如PPT等，便于教学。甚至还开发相关的网站，力图打造立体化教材。

此外，在排版上使整体风格设计更加人性化，增强可阅读性。

本系列教材不仅可以供高职高专的学生使用，也可以供培训机构或相关学校采用，还可以供政府及企业相关人员和广大学习爱好者参考。

尽管我们尽心尽力，但仍不可能尽善尽美，敬请广大师生不吝惠予宝贵建议和意见，我们一直在追求精益求精，努力提供更好的服务。同时也热忱欢迎有志于为教学事业做贡献的您的积极参与，让我们携手，共同为打造优秀教材而努力。E-mail：huweiye73@sina.com。

北京大学出版社

2011年8月

总 序

在世纪之初，我国成功地加入了世界贸易组织以后，全国的经济与贸易发生了翻天覆地的改变。对于我国外向经济型企业来说，急需一大批可与国际业务运作相接轨的应用型人才，以适应国际化的需要。对于高职高专的教育来说，主要是为国家培养各类战斗在第一线的人才，使他们拥有扎实的基础知识，了解 WTO 的规则，以便于有效地实施各种应对突发事件的方案。然而，事实上却存在着诸多问题，比如，有些老师只有理论知识，没有实践经验，不知外贸企业如何操作；很少有适合高职高专教育特点的教材，现有的教材也有诸多不尽如人意之处等；另外，在 2004 年 9 月，教育部等七部门又提出了高等职业教育基本学制逐步以两年制为主。由此可见，重新开发适合新世纪的高职高专教育需求的教材迫在眉睫。

在此情况下，北京大学出版社联合了全国三十多所学校的七十多位老师，一起承担了建设《21 世纪全国高职高专国际贸易类规划教材》的任务，在编写教材的时候尽量体现出“适用、实用、够用”的特点。

根据实际情况，本次共编写了如下 11 册教材：

《国际贸易》

《国际贸易实务》

《国际贸易单证实务》

《WTO 与中国对外贸易》

《国际金融》

《海关实务》

《商务谈判》

《国际货运与保险》

《国际商务函电》

《商务英语交际与写作》

《商务英语口语》

本系列教材有如下特点：

首先，与实践紧密结合，参与编写的老师基本上都是在教学一线的“双师型”教师，有些在企业担任过多年的总经理，对企业的运作非常熟悉，有着丰富的实践经验，同时拥有丰富的教学经验，他们愿意将自己的心血化为文字，以培养更多的有实战能力的学生。

其次，把握了“以学生为主体”的思想，牢牢站在学生的立场上来编写，并采用了多种方式，比如课件等多媒体工具，以达到“易教、易学、易懂、易上手”的目的。

再次，内容上力求创新，剔除了陈旧的内容，结合了资格考试内容，组合了新知识和新材料，体现了最新的发展动态。而且语言简洁凝练、概念明确、案例丰富、理论与实训安排得当，并采用富有弹性的模块式结构。

此外，还采用了适量的专栏或者案例，以帮助学生更好地在现实中理解和体会这些理论，更适合高职高专的学生使用。

在内容及版式的设计上还添加了一些新的元素，使整体风格活泼而不枯燥，且更具人性化。

本系列教材不仅可以供高职高专的学生使用，也可以供培训机构或学校采用，还可以供政府及企业相关人员和广大学习爱好者参考。

编委会

2006年1月

再版前言

我国加入世界贸易组织之后，对外贸易保持着强劲的发展势头。报关业务是对外贸易的重要环节之一，随着报关业务的不断发展，市场对报关人才的需求数量迅速增长，对报关人员的素质要求也日益提高。

从 1997 年起，海关总署实行报关员资格全国统一考试，其目的就是为了选拔复合型人才，促进报关行业向规范化和专业化方向发展，通过考试者经注册登记方可成为报关员。然而由于这门考试覆盖面较广，内容又比较专业，所以其通过率很低。

本书的编者在多年的教学实践中发现，许多涉外专业的同学对报关课程的学习很有热情，却又不知该从何入手。这与目前的教材编写和教学方式有着密切的联系，由于报关课程是一门新兴的不断变化调整的课程，所以其教材没有完善成熟的体系。目前，最权威的莫过于海关总署出版的报关员资格考试教材，但是其内容压缩，形式单调，学生很难入门。而很多报关教材又过于学院派，理论挖掘很深，但实务部分几乎没有。

由于本书编者既进行教学工作，又有从事进出口业务多年的背景，所以我们根据报关员考试相关教材的内容，结合自身的经验体会，针对学生的实际情况，在从事该门课程的教学过程中，撰写了大量的讲义，并不断地完善、更新，形成了这样的一本教材。

本着革故鼎新的原则，最新的国家法律法规的变化均在书中充分体现，我们除了参考以往出版的 些教材和相关期刊之外，还对课程的编写体例做出了一些调整，并用简单易懂的语言和丰富翔实的案例，使学生不仅能够更快更好地掌握报关员资格考试的主要知识，而且还能满足其从事实际报关员工作的要求。

本书是江苏省高等学校精品课程的配套教材（网址 http://jpkc1.szjm.edu.cn:88/jgsz/jwc/jpkc/2008/hgsw/index.asp），是全体编写人员齐心协力、共同努力的结晶，在此感谢江苏报关协会副会长、苏州报关有限公司董事长黄建栋先生，他在百忙之中对本书的撰写提出了大量建设性的意见与建议，为本书提供了丰富的来自一线的素材，使得本书内容更加贴近于实际。

苏州大学东吴商学院顾建平教授在为我们提供大量编写资料的同时，还欣然担任本书的主审，并对全书的编写体系提出了很多创造性建议，在此表示衷心的感谢。

此外，编者对苏州经贸职业技术学院、常州纺织服装职业技术学院及其他兄弟院校的领导与同人的热情支持与帮助感激不尽，对苏州海关、常州海关、苏州市商务局、江苏报关协会、苏州市报关有限公司的大力协助表示感谢。北京大学出版社胡伟晔编辑亦为本书的出版做了出色的编辑工作。

全书最后由左武荣、吴雷共同定稿。其中，项目 1、项目 2、项目 10、项目 11 及附录由常州纺织服装职业技术学院的左武荣编写；项目 3 由苏州经贸职业技术学院的吴雷编写；项目 5、项目 6 由苏州经贸职业技术学院的刘晓伟编写；项目 8、项目 9 由苏州经贸职业技术学院的王静岩编写；项目 4、项目 7 由苏州经贸职业技术学院的陈相芬编写。

本教材可作为国际贸易、报关管理、国际商务、市场营销等专业学生的教学用书，参加报关员资格考试的考生也可将其作为复习参考书。

海关实务是一门全新的课程，尽管编者含辛茹苦，殚精竭虑，终究水平有限，加之该课程的政策性和时效性较强，在编写过程中难免挂一漏万，贻笑大方。如果说前一版《海关实务》是“昨夜西风凋碧树。独上高楼，望尽天涯路”的话，那么这一版教材可算是“衣带渐宽终不悔，为伊消得人憔悴”的作品，至于何时才能“众里寻他千百度，蓦然回首，那人正在，灯火阑珊处”，这有待于你、我，还有他的共同努力。

编　者

2011年5月于半湖

前　言

2004年7月1日，新的对外贸易法正式实施，其进出口许可管制的调整，留给人们关于对外贸易发展的想象空间，极大地刺激了社会对进出境通关的专业人员——报关员的需求。随着国际贸易环境的变化和对外贸易政策的调整，我国的对外经贸活动得到了长足的发展，对外经贸的往来离不开“物”的进出境通关过程，而在这一过程中，报关员作为海关和企事业单位之间的纽带，发挥着重要的作用，报关员的素质在很大程度上影响着海关的通关效率。

海关总署实行报关员资格全国统一考试，其目的就是为了选拔复合型人才，促进报关行业向规范化和专业化方向发展，通过考试者经注册登记即可成为报关员，然而由于这门考试覆盖面较广，内容又比较专业，所以其通过率很低。

本书的编者在多年的教学实践中发现，许多涉外专业的同学对报关课程的学习很有热情，却又不知该从何入手。这与目前的教材编写和教学方式有着密切的联系，由于报关课程是一门新兴的不断变化调整的课程，所以其教材未成为完善成熟的体系。目前，最权威的莫过于海关总署出版的报关员资格考试教材，但是其内容压缩，形式呆板，学生很难入门。而一些大学出版的报关教材又过于学院派，理论挖掘很深，但实务部分几乎没有。

由于本书编者既进行教学工作，又有从事进出口业务多年的背景，所以我们根据报关员考试相关教材的内容，结合自身的经验体会，针对学生的实际情况，在从事该门课程的教学过程中，撰写了人量的讲义，并不断地完善、更新，形成了这样的一本教材。

本着革故鼎新的原则，最新的国家法律法规的变化均在书中充分体现，我们在参考以往出版的一些教材和相关期刊外，对课程的编写体例上做出了一些调整，并用简单易懂的语言和丰富翔实的案例，使学生不仅能够更快更好地掌握报关员资格考试的主要知识，而且还能满足其从事实际报关员工作的要求。

本书是学校、政府部门、企业以及行业协会全体编写人员齐心协力、共同努力的结晶，在此感谢苏州市对外贸易经济合作局朱飞先生和江苏报关协会副会长、苏州报关有限公司董事长黄建栋先生在百忙之中加入本书的编写，为本书提供了丰富的来自一线的素材，使得本书内容更加贴近于实际。

苏州大学商学院副院长乔桂明教授在为我们提供大量编写资料的同时，还欣然担任本书的主审，并对全书的编写体系提出了很多创造性建议，在此表示衷心的感谢。

此外，编者对苏州经贸职业技术学院、河南平原大学及其他兄弟院校的领导和同仁的热情支持与帮助感激不尽。北大出版社葛昊晗编辑、胡伟晔编辑亦为本书的出版做了出色的编辑工作。

各位编者分工如下：

吴　雷　第一、七、八章和全书的统稿及附录

朱　飞　第二、三章和全书的统稿及附录

王丽丽　第五、六章

全书最后由吴雷、朱飞共同定稿。本次修订主要由吴雷在陈相芬、王静岩、仇荣国、刘晓伟

等老师的大力协助下完成。

本教材可作为国际贸易实务、报关管理、国际商务、市场营销等专业高职、专科学生的教学用书，参加报关员资格考试的考生也可将其作为复习参考书。

经过多年建设，在广大读者和使用者的支持下，苏州经贸学院“海关实务”课程被评为省级精品课程。作为该课程的配套教材，本教材将不断完善，争取实现精品课程与精品教材的双轮驱动，为促进高职高专教学改革尽一份绵薄之力。

海关实务是一门全新的课程，尽管编者含辛茹苦，终究水平有限，加之该课程的政策性和时效性极强，在编写过程中难免挂一漏万，贻笑大方，如有不妥之处，恳请同行专家和广大读者予以批评指正。我的电子邮箱（suzhouwulei@hotmail.com）随时向您敞开，您对本书的每一条意见或建议都是对本书再版修订的极大支持。

编　者

2009 年 8 月于苏州

报关员办理通关手续的流程

前期

熟悉海关

了解海关的性质与任务、具体权利、机构设置

获得合法的报关资格

1. 懂得如何办理报关单位注册登记与报关员注册登记
2. 了解海关对报关单位与报关员的管理规则

确定进出口商品名称与编码

熟练掌握进出口商品归类的方法，正确确定该申报商品的名称与HS编码

合同备案/减税申请/项目审批

1. 若该申报货物是保税货物，则前期须向海关办理合同备案，并按规定设置保证金台账
2. 若该申报货物为特定减免税货物，则须向海关申领征免税证明
3. 若该申报货物是暂准进出境货物，则须向中国国际商会申请并填制ATA单证册或提供相关批准文件与单证后向海关办理备案登记

申领进出口许可文件（确保进出口货物合法、合格）

1. 了解我国对外贸易管制的主要措施，确定该申报商品是否需要申领许可证或批件、配额证以及何种许可证及批件，并向发证部门备案、申领
2. 办理法定检验检疫手续，获得出/入境货物通关单

中期

准备报关单证并填制报关单

根据申报货物的性质，在报关前备齐所需的报关单证，并按照实际情况根据报关单填制规范正确填制报关单

以电子或纸质方式向海关申报

了解何时何地以何种方式向海关进行申报以及海关对修改和撤销报关单的相关规定

配合海关进行申报货物的查验

了解海关对货物查验的相关规定，并掌握收发货人或其代理人在海关对申报货物进行查验应履行的义务

缴纳税费

1. 确定申报货物是否需要交税（主要了解海关对保税货物、减免税货物、暂准进出境货物在税费方面的规定）
2. 确定申报货物需要缴纳何种税费
3. 熟练掌握确定申报货物完税价格及税率的方法并根据计算步骤与公式计算出应向海关缴纳的税费额度
4. 了解何时何地以何种方式向海关缴纳税费

海关放行后提取或装运货物

1. 了解海关放行的形式及取得提取或装运货物所需的凭证
2. 提取或装运货物向海关申请签发报关单证明联
3. 若申报货物是进口货物，则须确定海关放行后是否需要后续监管

后期

配合海关进行后续监管

1. 根据该申报货物的性质、使用与存放地点查询海关对其进行监管的具体规则（主要包括保税货物、特定减免税货物、暂准进出境货物及海关特殊监管区域的相关规定）
2. 若该货物在监管期内需另行处理，应根据实际情况向海关办理相关手续后方能进行，并留存相关凭证已备销案

办理核销或销案手续

受监管的申报货物按规定进行处理并办理相关手续后可持相关单证资料向海关办理核销或销案手续（重点掌握保税加工货物的报核、特定减免税货物如何申请解除监管以及暂准进出境货物与其他进出境货物如何进行销案）

目　录

模块1　报关业务前期工作

模块1

报关业务前期工作

对于报关员来讲，办理报关手续的前期工作主要有：

- 1. 熟悉海关
- 2. 获得合法的报关资格
- 3. 确定进出口商品名称与编码
- 4. 合同备案/减免税申请/项目审批
- 5. 申领进出口许可文件（确保进出口货物合法、合格）

项目1 熟悉海关

知识目标

1. 了解海关的性质。
2. 了解海关的工作任务。
3. 掌握海关权力的特点与具体内容。
4. 掌握海关的管理体制与机构设置。
5. 了解现代海关制度。

能力目标

1. 能知晓海关的基本知识与管理规定，知道如何与之打交道。
2. 能按照现代海关制度办理相应的报关业务。

1.1 案例导读

2010年海关立案侦办走私犯罪案值252.2亿元

2010年我国海关立案侦办走私犯罪案件1 360起，案值252.2亿元，涉嫌偷逃税额35.8亿元；立案调查走私行为案件1.2万起，案值41.1亿元，涉嫌偷逃税额3.7亿元。全年对3 263名犯罪嫌疑人执行刑事强制措施。

据介绍，全国海关与各地区、各部门密切配合，打防结合，始终保持打击走私高压态势。针对走私活动新动向，开展一系列专项打击行动，重大案件屡有突破，摧毁了一批走私团伙。

海关总署有关负责人说，全国海关着力加强对重点区域、敏感时期特别是宏观经济和市场环境发生变化时的打私形势研判，加大对资源性产品出口走私的打击力度，积极落实国家出口调控政策。2010年全国海关共查获涉税出口走私案件227起，案值71.7亿元，涉嫌偷逃税2.8亿元，查获一批“两高一资”类产品出口走私案件。

据悉，2010年海关共查获低报价格走私案件389起，案值102.6亿元，涉嫌偷逃税6.4亿元。海关全年还查获加工贸易走私案件179起，案值23.6亿元，涉嫌偷逃税4.5亿元。

（资料来源：新华网）

思考题

1. 海关的工作任务与职能有哪些?
2. 说明海关在我国对外经济贸易发展中发挥的作用。

1.2 理论与实务知识

1.2.1 海关

海关是国家主权的象征，体现着国家的权力和意志。《中华人民共和国海关法》(以下简称《海关法》)第二条规定：“中华人民共和国海关是国家的进出关境监督管理机关。海关依照本法和其他有关法律、行政法规，监管进出境的运输工具、货物、行李物品、邮递物品和其他物品，征收关税和其他税、费，查缉走私，并编制海关统计和办理其他海关业务。”国家以立法的形式明确表述了我国海关的性质与任务。

海关是国家发展到一定阶段的产物。在一个国家的国家机器和政治制度比较完备、对外经济交往日益增多的情况下，管理进出境人员与货物的关卡机构便开始建立。我国海关产生于西周，最初各国设关是出于军事和国防需要。到了资本主义时期，海关成了各国实行保护贸易政策的工具，通过征收高额关税，保护本国工业和市场。目前海关管理的主要作用是促进对外贸易和本国经济的发展。

1.2.1.1 海关的性质

海关的性质可以从以下三个方面来理解。

(1) 海关是国家的监督机关，代表国家依法独立行使监督管理权，是国家上层建筑的组成部分，海关的权力授自国家。海关对外维护国家的主权和利益，对内体现国家、全社会的整体利益，而不是代表某个地方或者某个部门的局部利益。

(2) 海关实施监督管理的范围是进出关境的活动。海关进行监督管理的对象是所有进出关境的运输工具、货物、物品。

关境也称为关税领域，是世界各国普遍采用的概念，指适用于同一海关法或实行同一关税制度的领域。关境是各国政府海关管辖内的并要执行海关各项法令和规章的区域。在一般情况下，关境的范围等于国境。但有些国家境内设立经济特区，而经济特区不属于关境范围之内，这时，关境就比国境小。有些国家相互间缔结关税同盟(如欧盟)把参加关税同盟国家的领土连成一片，在整个关税同盟的国境范围内设立关境，这时的关境就比国境大。关境同国境一样，包括其领域内的领水、领陆和领空，是一个立体的概念。

我国的关境范围是除享有单独关境地位的地区以外的中华人民共和国的全部领域，包括领水、领陆和领空。目前我国的单独关境有香港特别行政区、澳门特别行政区和台、澎、金、马单独关税区。在单独关境内，各自实行单独的海关制度，因此，我国的关境小于国境。本教材所称的“进出境”除特指外均指进出关境。

(3) 海关是一个行政执法部门。我国的国家机关包括享有立法权的立法机关、享有司法权的司法机关和享有行政管理权的行政机关。海关是国家行政机关之一,从属于国家行政管理体制,属我国最高国家行政机关——国务院的直属机构。海关代表国家依法独立行使行政管理权。海关通过法律赋予的权力,对在特定范围内的社会经济活动进行监督管理,并对各种违法行为依法实施行政处罚,以确保这些社会经济活动按照国家的法律规范进行。

海关执法的依据是《海关法》和有关法律、行政法规。《海关法》是管理海关事务的基本法律规范,于1987年1月22日由第六届全国人民代表大会常务委员会第十九次会议通过,同年7月1日起实施。为了适应形势发展的需要,2000年7月8日第九届全国人民代表大会常务委员会第十六次会议审议通过了《关于修改〈中华人民共和国海关法〉的决定》,对《海关法》进行了较大的修订后的《海关法》于2001年1月1日起实施。其他有关法律是指由全国人民代表大会常务委员会制定的与海关监督管理相关的法律规范,主要包括《宪法》、《对外贸易法》、《进出口商品检验法》、《文物保护法》等。行政法规是指由国务院制定的法律规范,包括专门用于海关执法的行政法规和其他与海关管理相关的行政法规。

海关事务属于中央立法事权,立法者为全国人民代表大会及其常委会以及国家最高权力机关的最高执行机关——国务院。除此以外,海关总署可以根据法律和国务院的法规、决定、命令制定规章,作为执法依据的补充。省、自治区、直辖市人民代表大会和人民政府不得制定海关法律规范,所制定的地方法规、地方规章也不能成为海关执法的依据。

知识链接

中国海关关徽

关徽是中华人民共和国海关的专用标志、象征海关的职业标志。中华人民共和国海关关徽由金黄色钥匙与商神手杖交叉组成。

其中两蛇相缠的商神杖是商神——古希腊神话中赫尔墨斯的手持之物。赫尔墨斯是诸神中的传信使者,兼商业、贸易、利润和发财之神,及管理商旅、畜牧、交通之神。传说赫尔墨斯拿着这支金手杖做买卖很发财。人们便称赫尔墨斯为商神,金手杖也便成了商神杖了,被世人视为商业及国际贸易的象征。

金钥匙寓意国门钥匙,具有海关掌管国家经济大门的含义,象征海关为祖国把关。

中国海关关徽寓意着中国海关依法实施进出境监督管理,维护国家的主权和利益,促进对外经济贸易发展和科技文化交往,保障社会主义现代化建设。钥匙上的三个齿,分别代表海关的监管、征税、缉私三大任务。(1987年7月1日起实施的《中华人民共和国海关法》确定,海关任务改为监管、征税、缉私、统计四项。)

1.2.1.2 海关的任务

《海关法》明确规定海关有四项基本任务,即监管进出境的运输工具、货物、行李物品、邮递物品和其他物品(以下简称监管),征收关税和其他税、费(以下简称征税),查缉走私和编制海关统计。

1. 监管

海关监管不是海关监督管理的简称，海关监督管理是海关全部行政执法活动的统称，而**海关监管**则是指海关运用国家赋予的权力，通过一系列管理制度与管理程序，依法对进出境运输工具、货物、物品及相关人员的进出境活动所实施的一种行政管理。海关监管是一项国家职能，其目的在于保证一切进出境活动符合国家政策和法律的规范，维护国家主权和利益。

根据监管对象的不同，海关监管分为进出口货物监管、进出境运输工具监管和进出境物品监管三大体系，每个体系都有一整套规范的管理程序与方法。

监管是海关最基本的任务，是四项任务的基础。除了通过审单、查验、放行等方式对进出口货物、进出境运输工具和物品实施监管外，海关监管还要执行(或监督执行)国家其他对外贸易管理制度的实施，如进出口许可制度、外汇管理制度、进出口商品检验检疫制度、文物管理制度等，从而在政治、经济、文化道德、公众健康等方面维护国家利益。

参考案例

运动鞋里查获"象牙观音"

2010年8月，天津海关驻邮局办事处快件监管现场在进境快件中查获象牙制观音像三件。此案中，境外寄件人为逃避海关监管，将上述物品藏匿在一双运动鞋内企图蒙混过关，但终被经验丰富的海关关员识破。

查获当日，关员在对这件申报为"鞋子、礼品"的快件包裹实施例行过机检查时发现，机检图像中鞋子的外形轮廓内还有三个密度明显不同的物体，每个长约十余厘米。关员当即决定对快件进行开拆查验。

经检查，在快件中一双桃红色运动鞋内发现雕刻精美的观音像三件，材料质地接近象牙，后经国家濒危物种进出口管理办公室天津办事处检验确定为象牙制品，三件重量共计0.4千克，目前上述物品已被海关扣留。

(资料来源：海关总署网站)

2. 征税

代表国家征收关税和其他税费是海关的另一项重要任务。"关税"是指由海关代表国家，按照《海关法》、《进出口关税条例》和《海关进出口税则》，对准许进出口的货物、进出境物品征收的一种税。"其他税费"指海关在货物进出境环节，按照关税征收程序征收的有关国内税费，目前主要有增值税、消费税、船舶吨税、海关监管手续费等。

关税是国家财政收入的重要来源，也是国家宏观经济调控的重要工具。关税的征收主体是国家，《海关法》明确将征收关税的权力授予海关，由海关代表国家行使征收关税职能。《海关法》第五十三条规定："准许进出口的货物、进出境物品，由海关依法征收关税。"因此，未经法律授权，其他任何单位和个人均不得行使征收关税的权力。

海关征税工作的基本法律依据是《海关法》、《进出口关税条例》。海关通过执行国家制定的关税政策，对进出口货物、进出境物品征收关税，起到保护国内工农业生产、调整产业结构、组织财政收入和调节进出口贸易活动的作用。近年来，为了进一步适应我国改革开放和加入世界贸易组织的需要，促进对外经济贸易的快速发展，鼓励我国企业参与国际竞争，国务院关税税则委员会曾多次对税率做出重大调整，使我国关税的平均税率进一步降低。关税总水平已从2002年的15.3%降至2010年的9.8%，在发展中国家中最低。

参考资料

致力优化监管服务，南京海关税收过千亿

来自南京海关最新数据显示，截至2010年11月18日13时45分，南京海关当年累计征收关税和进口环节税首次突破千亿大关，并且比2009年全年税收增加173.3亿元人民币，相当于每个工作日为国家征收税款4.57亿元。另据测算，"十一五"期间，南京海关税收近4 000亿元，是"十五"期间1 769亿元的2倍多，平均每年增长约16.9%。

"南京海关税收大幅增长，首先得益于江苏外贸的迅猛发展。"南京海关关长李多宽说。2010年前10个月，江苏外贸进出口贸易大幅增长，进出口总值达到3 780.6亿美元，比去年同期增长39.5%；其中，出口2 192.7亿美元，增长37.6%；进口1 587.9亿美元，增长42.2%。江苏外贸超预期增长为南京海关税基扩大、税收增长奠定了良好基础。

"江苏本地企业的稳步发展也为南京海关税收大幅增长提供了坚实的保障。"李多宽说。南京关区的进口货物以本地生产型企业自用为主，关区内仅有连云港等少数海关属于物流型口岸海关。近几年来江苏本地企业已经成为南京海关纳税的主导力量，其税收的增减变化在一定程度上决定了南京海关税收的基本走势。2010年1—9月，江苏本地企业纳税556.31亿元，占关区征税总额的65.69%，在纳税前10位企业中，本地企业占六席。

此外，南京海关一直紧贴江苏社会经济发展和广大企业的呼声要求，不断创新职能实现形式，主动靠前服务，为企业排忧解难，想方设法支持江苏经济平稳较快发展，特别是在江苏发展创新型经济、争创开放型经济新优势方面，在推动区域协调发展，促进进出口稳步回升，推动海关特殊监管区域功能叠加、资源共享和优势再造，密切苏新、苏台合作等方面，积极采取创新举措。"南京海关切实采取措施，努力优化监管服务。这为降低企业贸易成本，优化江苏外向型经济发展的软环境起到了重要推动作用。可以说南京海关税收实现千亿突破，与全体关员的不懈努力是分不开的。"李多宽介绍说。

（资料来源：南京海关网站）

3. 查缉走私

查缉走私是海关为保证顺利完成监管和征税等任务而采取的保障措施。查缉走私是指海关依照法律赋予的权力，在海关监管场所和海关附近的沿海沿边规定地区，为发现、制止、打击、综合治理走私活动而进行的一系列调查和惩处活动的总和。

走私是指进出境活动的当事人或相关人违反《海关法》及有关法律、行政法规，逃避海关监管，偷逃应纳税款，逃避国家有关进出境的禁止性或者限制性管理规定，或者未经海关许可并且未缴纳应纳税款、交验有关许可证件，擅自将保税货物、特定减免税货物以及其他海关监管货物、物品、进境的境外运输工具在境内销售的行为。走私以逃避海关监管、偷逃应纳关税为目的，扰乱经济秩序，冲击民族工业，腐蚀干部群众，毒化社会风气，引发违法犯罪，对国家危害性极大，必须予以严厉打击。2004年，全国海关查获各类走私案件17 700起，案值78.4亿元。

其中走私犯罪嫌疑案件1 068起，案值73.4亿元，对2 945名犯罪嫌疑人采取了强制措施。

我国实行“联合缉私、统一处理、综合治理”的缉私体制，海关在公安、工商等其他执法部门的配合下，负责组织、协调和管理缉私工作，对查获的走私案件统一处理。1999年组建的海关缉私警察，是国家打击走私违法犯罪活动的主力军，按照海关对缉私工作的统一部署和指挥，负责对走私犯罪案件的侦查、拘留、执行逮捕、预审工作，综合运用刑事执法与行政执法两种手段严厉打击走私。《海关法》第五条规定：“国家实行联合缉私、统一处理、综合治理的缉私体制。海关负责组织、协调、管理查缉走私工作。有关规定由国务院另行制定；各有关行政执法部门查获的走私案件，应当给予行政处罚的，移送海关依法处理；涉嫌犯罪的，应当移送海关侦查走私犯罪公安机构、地方公安机关依据案件管辖分工和法定程序办理。”该规定从法律上明确了海关在打击走私行动中的主导地位以及与有关部门的执法协调职能。海关通过查缉走私，制止和打击一切非法进出境货物、物品的行为，维护国家进出口贸易的正常秩序，保障社会主义现代化建设的顺利进行，维护国家关税政策的有效实施，保证国家关税和其他税费的依法征收，保证海关职能作用的发挥。为了严厉打击走私犯罪活动，《海关法》第四条还规定：“国家在海关总署设立专门侦查走私犯罪的公安机构，配备专职缉私警察，负责对其管辖的走私犯罪案件的侦查、拘留、执行逮捕、预审。”据此，我国组建了海关缉私警察队伍，专司打击走私犯罪，负责对走私犯罪案件的侦查、拘留、执行逮捕和预审工作。

除了海关以外，公安、工商、税务、烟草专卖等部门也有查缉走私的权力，但这些部门查获的走私案件，必须按照法律规定，统一处理。按照《海关法》第五条规定，各部门查获的不构成走私罪的案件，一律交海关作行政处罚；各执法部门查获的走私罪嫌疑案件，一律移送海关侦查走私犯罪公安机构、地方公安机关并依据案件管辖分工和法定程序办理；各部门查获的走私货物、物品和价款，一律交海关依法处理，海关按照国家有关规定，足额、及时上缴国库。

参考案例

昆明海关全年查获毒品104千克

2010年以来，昆明海关查获走私毒品案件55起，缴获各类毒品共计104.1千克，其中海洛因35.65千克、冰毒67.11千克、鸦片0.76千克、吗啡0.58千克，抓获犯罪嫌疑人83名，查获易制毒化学品99.8吨。

由于云南边境的特殊地理环境，为逃避查缉，境外毒贩不惜高价雇佣马仔从边境便道绕越关卡入境。仅2010年11月至12月，昆明海关下属腾冲海关缉私警察就查获该类毒品案件8起，查获毒品冰毒和海洛因共计14.1千克，抓获犯罪嫌疑人10人。

旅检渠道，走私分子有的假冒成游客，将毒品吞服在体内企图蒙混过关；有的将毒品精心伪装、夹藏在箱包内，并塞入食品等企图干扰海关缉毒犬嗅觉检查，但各种伎俩仍未逃过海关关员的丰富经验和海关缉毒犬的灵敏嗅觉。一年来，旅检渠道共查获毒品海洛因3 295克，有力震慑了境外走私贩毒团伙。

昆明海关及时掌握走私动态，严防毒品渗透后通过快递、物流等渠道入境。仅上半年就查获利用三七花、牛干巴、茶叶等藏匿走私毒品案件8起。并于2009年9月，经过周密部署，查获夹藏在茶叶缸底部的冰毒5 860克，一举摧毁了一个长期活动于中缅边境地区，以湖南籍人员为首的走私贩卖冰毒团伙。

昆明海关表示，将进一步巩固打击毒品走私犯罪成果，把好我省的“陆、空、邮”对外门户，始终保持打击毒品走私的高压态势。

（资料来源：海关总署网站）

4. 编制海关统计

海关统计是以实际进出口货物作为统计和分析的对象，通过搜集、整理、加工处理进出口货物报关单或经海关核准的其他申报单证，对进出口货物的品种、数(重)量、价格、国别(地区)、经营单位、境外目的地、境内货源地、贸易方式、运输方式、关别等项目分别进行统计和综合分析，全面、准确地反映对外贸易的运行态势，及时提供统计信息和咨询，实施有效的统计监督，开展国际贸易统计的交流与合作，促进对外贸易的发展。根据《海关法》规定，编制海关统计是中国海关的一项重要业务。海关统计是国家进出口货物贸易统计，负责对进出中国关境的货物进行统计调查和分析，科学、准确地反映对外贸易的运行态势，实施有效的统计监督。海关总署按月向社会发布我国对外贸易基本统计数据，定期向联合国统计局、国际货币基金组织、世界贸易组织及其他有关国际机构报送中国对外贸易的月度和年度统计数据。海关定期编辑出版《中国海关统计》月刊和年鉴，积极为社会各界提供统计信息资料和咨询服务。

海关统计是国家进出口货物贸易统计，是国民经济统计的组成部分，是国家制定对外贸易政策、进行宏观经济调控、实施海关严密高效管理工作的重要依据，是研究我国对外经济发展和国际经济贸易关系的重要资料。

1992年1月1日，海关总署关税征管司以海关合作理事会制定的《商品名称及编码协调制度》为基础，编制了《中华人民共和国海关统计商品目录》，结合我国实际进出口贸易情况，把税则与统计目录的归类编码统一起来，规范了进出口商品的命名和归类，使海关统计进一步向国际惯例靠拢，适应了我国对外开放和建立社会主义市场经济体制的需要。

海关的四项基本任务是统一的、有机联系的整体。监管工作通过监管进出境运输工具、货物、物品的合法进出，保证国家有关进出口政策、法律、行政法规的贯彻实施，是海关四项基本任务的基础。征税工作所需的数据、资料等是在海关监管的基础上获取的，征税与监管有着十分密切的关系。缉私工作则是监管、征税两项基本任务的延伸，监管、征税工作中发现的逃避监管和偷逃关税的行为，必须运用法律手段制止和打击，确保前两项工作的有效进行。编制海关统计是在监管、征税工作的基础上完成的，它为国家宏观经济调控提供了准确、及时的信息，同时又对监管、征税等业务环节的工作质量起到检验把关的作用。

知识链接

北京去年进出口创历史新高，增长逾四成

北京海关2011年1月11日发布最新统计数字显示，2010年北京地区外贸规模首次突破3 000亿美元大关，创下历史新高。全年累计实现外贸进出口总值3 014亿美元，比上年相比增长40.3%。

在出口方面，2010年全年北京市出口规模为555亿美元，同比增长了14.7%，基本从金融危机中恢复过来。而进口方面，全年进口规模高达2 459亿美元，同比增长47.8%。全年累计贸易逆差1 904亿美元，同比提高61.3%。

去年北京地区一般贸易进口规模在保持原有优势地位的同时,其出口规模同样呈现快速发展势头。全年累计出口货值249.7亿美元,增长23.3%,高于出口整体增长水平8.5个百分点,并超越加工贸易,坐稳北京出口榜首席位。

2010年,在欧美等传统贸易伙伴经济复苏脚步缓慢、市场消费需求相对乏力的背景下,北京地区积极开拓非洲、拉美等新兴海外市场。一年来,北京与非洲地区实现进出口455.2亿美元、拉丁美洲214.3亿美元,分别增长41.9%和48.1%,高于北京外贸整体增速1.6个和7.7个百分点,分别占同期北京地区进出口总值的15.1%和7.1%,成为北京新的外贸增长点。

以手机、集成电路为代表的一大批IT产品出口规模恢复并超过"金融危机"前水平。2010年,北京地区出口高新技术产品193.7亿美元,增长10.6%,占同期北京出口总值比重高达34.9%,成为本地区出口领域的排头兵。其中,手机出口1.7亿部,增长9.5%;集成电路34.1亿个,增长34.2%。

回顾"十一五"期间北京地区的外贸发展,外贸进出口规模从"十一五"初年的1 584亿美元攀升至末年的3 014亿美元,几乎翻了一番,年均增长率达到了17.5%。"十一五"期间,北京地区外贸累计进出口总值实现了新的突破,达到1.1万亿美元,较"十五"期间不到4 000亿美元的外贸规模迅猛增长了1.9倍。

(资料来源:中新网)

除了这四项基本任务以外,近几年国家通过有关法律、行政法规赋予了海关一些新的职责,比如知识产权海关保护、海关对反倾销及反补贴的调查等,这些新的职责也是海关的任务。

参考案例

杭州海关谱好知识产权保护"大文章"

自2010年10月启动知识产权保护专项行动以来,杭州海关多部门协同作战,先后查获涉嫌侵犯知识产权货物243批,涉及18个国家(地区)的129个知识产权权利人的知识产权,货物总计346.3万件,价值约722.8万元人民币。

2010年10月22—30日,驻邮局办事处经风险分析,连续6次从国际特快专递邮件中查获涉嫌侵犯"Viagra"商标药片共计10 924粒,案值累计达人民币54.6万元;11月6日,金华海关在货柜中查获涉嫌侵犯"NIKE"、"ADIDAS"、"PUMA"等商标权的运动鞋19 117双,案值人民币76.5万元;12月16日,义乌海关在货柜中查获涉嫌侵犯"BIC"知识产权的圆珠笔31.2万支,案值人民币15.6万元。

"一方面,大力培养企业知识产权意识;另一方面,主动出击,加强合作,资源共享,多部门共谋保护'大文章',努力为我国的国际贸易营造了良好的知识产权保护环境。"杭州海关法规处吴昀赟科长介绍说。

(资料来源:海关总署网站)

1.2.2 海关的权力

《海关法》在规定了海关基本任务的同时,为了保证任务的完成,赋予海关许多具体权力。

海关权力,是指《海关法》和其他法律、行政法规赋予海关的对进出境运输工具、货物、物品的监督管理权。海关权力属于行政权，其行使受一定范围和条件的限制，并应当接受执法监督。

1.2.2.1 海关权力的特点

1. 特定性

《海关法》第二条规定，“中华人民共和国海关是国家进出关境监督管理机关”，从法律上明确了海关享有对进出关境活动进行监督管理的行政主体资格，具有进出关境监督管理权。除海关外的其他任何机关、团体、个人都不具备行使海关权力的资格，也不享有这种权力。海关权力的特定性也体现在对海关权力的限制上，即这种权力只适用于进出关境监督管理领域，而不能作用于其他场合。

2. 独立性和单方意志性

《海关法》第三条规定，“海关依法独立行使职权，向海关总署负责”，明确了我国海关的垂直领导管理体制，海关行使职权时只对法律和上级海关负责，不受地方政府、其他机关、企事业单位或个人的干预。

海关权力还具有单方意志性的特点，只要在《海关法》或其他法律、行政法规授权的范围内，即可直接行使，无须与海关管理相对人协商或征得其同意。

3. 强制性和效力先定性

海关行政行为是由海关代表国家，以国家的名义实施的，海关权力的行使以国家法律和国家机器为后盾，具有强制性。如果管理相对人不服从海关监督管理或妨碍海关行使职权，将受到相应的法律制裁。

海关权力的效力先定性表现在海关行政行为一经作出，就应推定其符合法律规定，对海关本身和海关管理相对人都具有约束力。例如，《海关法》第六十四条规定：“纳税义务人同海关发生纳税争议时，应当缴纳税款，并可以依法申请行政复议；对复议决定仍不服的，可以依法向人民法院提起诉讼。”在没有被国家有权机关宣布为违法和无效之前，即使管理相对人认为海关行政行为侵犯其合法权益，也必须遵守和服从。

1.2.2.2 海关权力的具体内容

根据《海关法》及有关法律、行政法规，海关的权力主要包括以下几个方面。

1. 行政许可权

行政许可权制约海关管理权限，促进海关管理的法制化进程；海关管理须按照行政许可进行，是海关依法行政的依据与保障。海关的行政许可权包括对企业报关权以及从事海关监管货物的仓储、转关运输货物的境内运输、保税货物的加工等业务的许可审批，对报关员的报关从业资格进行审批等。

知识链接

我国海关的行政审批项目

根据《国务院对确需保留的行政审批项目设定行政许可的决定》，当前我国海关负责的其他行政审批项目见表1-1。

表 1-1　我国海关的行政审批项目

项　目	审批部门
海关派员驻厂监管的保税工厂资格审批	海关总署各直属海关
常驻机构及非居民长期旅客公私用物品进出境核准	海关总署各直属海关
小型船舶往来香港、澳门进行货物运输备案	海关总署各直属海关
承运境内海关监管货物的运输企业、车辆注册	海关总署各直属海关
制造、改装、维修集装箱、集装箱式货车车厢工厂核准	海关总署各直属海关
外国在华常驻机构和常驻人员免税进境机动交通工具出售、转让、出租或移作他用审批	海关总署各直属海关
获准入境定居旅客安家物品审批	海关总署各直属海关
进境货物直接退运核准	海关总署各直属海关
高新技术企业适用海关便捷通关措施审批	海关总署及各直属海关
长江驳运船舶转运海关监管的进出口货物审批	海关总署各直属海关

2. 税费征收与减免权

依法对进出口货物、物品征收关税及其他税费；根据法律、行政法规及有关规定，对特定地区、特定企业或有特定用途的进出口货物减征或免征关税；以及对经海关放行后的有关进出口货物、进出境物品，发现有少征或漏征税款的，可以依法予以补征、追征税款的权力。

3. 行政强制权

行政强制权是海关保证其行政管理职能得到履行的基本权力，主要包括以下几个方面：

(1) 检查权。

海关有权检查进出境运输工具；检查有走私嫌疑的运输工具和有藏匿走私货物、物品嫌疑的场所；检查走私嫌疑人的身体。《海关法》第六条第一款规定，海关可以"检查进出境运输工具"；第四款规定，海关可以"在海关监管区和海关附近沿海沿边规定地区，检查有走私嫌疑的运输工具和有藏匿走私货物、物品嫌疑的场所，检查走私嫌疑人的身体"。

海关对进出境运输工具的检查不受海关监管区域的限制；对走私嫌疑人身体的检查，应在海关监管区和海关附近沿海沿边规定地区内进行；对于有走私嫌疑的运输工具和有藏匿走私货物、物品嫌疑的场所，在海关监管区和海关附近沿海沿边规定地区内，海关人员可直接检查，超出这个范围，在调查走私案件时，须经直属海关关长或者其授权的隶属海关关长批准，才能进行检查，但不能检查公民住处。

参考案例

衣服藏、体内藏，毒品走私难逃法网

近日，深圳机场海关查获一起外籍旅客同时利用衣服夹藏和体内藏毒方式走私毒品案件，查获海洛因共计 455 克。

2010 年 12 月 31 日中午，繁忙的宝安国际机场入境大厅内，一名提着行李包的外籍黑人女性旅客低头快速前行，神情略显紧张，引起了海关关员的警觉。回答现场关员的问话时，这名女性旅客神情紧张，言语前后矛盾，海关关员初步怀疑其体内藏有毒品。实施查验后发现，这名旅客所穿内裤中夹藏有 1 根圆柱形物体，经鉴定为高纯度毒品海洛因，重量为 295 克。敏锐的海关关员进一步判定这名旅客还存在人体吞服藏毒走私的嫌疑，送医院进行CT检查后得到证实。最终这名旅客体内排出椭圆形塑胶粒包装品，经鉴定，塑胶粒中包裹的粉末为毒品海洛因，重160克。

（资料来源：深圳海关网站）

(2) 查验权。

海关有权查验进出境货物、物品。《海关法》第六条第一款规定，海关可以“查验进出境货物、物品”。

(3) 查阅、复制权。

《海关法》第六条第二款规定，海关可以“查阅进出境人员的证件”；第六条第三款规定，海关可以“查阅、复制与进出境运输工具、货物、物品有关的合同、发票、账册、单据、记录、文件、业务函电、录音录像制品和其他资料”。

(4) 查问权。

海关有权对违反《海关法》或者其他有关法律、行政法规的嫌疑人进行查问，调查其违法行为。

(5) 查询权。

海关在调查走私案件时，经直属海关关长或者其授权的隶属海关关长批准，可以查询案件涉嫌单位和涉嫌人员在金融机构、邮政企业的存款、汇款。

(6) 扣留权。

海关在下列情况下可以行使扣留权。

① 对违反《海关法》或者其他有关法律、行政法规的进出境运输工具、货物和物品以及与之有关的合同、发票、账册、单据、记录、文件、业务函电、录音录像制品和其他资料，可以扣留。

② 在海关监管区和海关附近沿海沿边规定地区，对有走私嫌疑的运输工具、货物、物品和走私犯罪嫌疑人，经直属海关关长或者其授权的隶属海关关长批准，可以扣留；对走私犯罪嫌疑人，扣留时间不得超过24小时，在特殊情况下可以延长24小时。

③ 在海关监管区和海关附近沿海沿边规定地区以外，对其中有证据证明有走私嫌疑的运输工具、货物、物品，可以扣留。

海关对查获的走私罪案件，应扣留走私罪嫌疑人，移送走私犯罪侦察机构。

(7) 滞报、滞纳金征收权。

海关对超过规定期限报关货物征收滞报金；对于逾期缴纳进出口税费的，征收滞纳金。

(8) 提取货样、提取货物变卖权。

根据《海关法》的规定，海关查验货物认为必要时，可以径行提取货样；一般情况下，进口货物自运输工具申报进境之日起超过三个月未向海关申报，海关可以提取依法变卖处理；如果是确属误卸或者溢卸的进境货物，经海关审定，由原运输工具负责人或者货物的收发货人自该运输工具卸货之日起三个月内，办理退运或者进口手续，必要时，经海关批准，可以延期三个月。逾期未办手续的，海关可以提取依法变卖处理。进口货物收货人或其所有人声明放弃货物的，海关有权提取依法变卖处理；海关依法扣留的货物、物品不宜长期保留的，经直属海关关长或其授权的隶属海关关长批准，可以依法先行变卖等。

(9) 强制扣缴和变价抵缴关税权。

进出口货物的纳税义务人、担保人超过规定期限未缴纳税款的，经直属海关关长或者其授

权的隶属海关关长批准,海关可以:

① 书面通知其开户银行或者其他金融机构从其存款内扣缴税款;

② 将应税货物依法变卖,以变卖所得抵缴税款;

③ 扣留并依法变卖其价值相当于应纳税款的货物或者其他财产,以变卖所得抵缴税款。

(10) 抵缴、变价抵缴罚款权。

根据《海关法》的规定,在特定的情况下,"海关可以书面通知纳税义务人开户银行或者其他金融机构从其暂停支付的存款中扣缴税款,或者依法变卖所扣留的货物或者其他财产,以变卖所得抵缴税款。"海关也可以将纳税义务人的保证金抵缴,或者将其被扣留的货物、物品、运输工具依法变价抵缴。

(11) 连续追缉权。

"进出境运输工具或者个人违抗海关监管逃逸的,海关可以连续追至海关监管区和海关附近沿海沿边规定地区以外,将其带回处理。"这里所称的逃逸,既包括进出境运输工具或者个人违抗海关监管,自海关监管区和海关附近沿海、沿边规定地区向内(陆地)一侧逃逸,也包括向外(海域)一侧逃逸。海关追缉时必须保持连续状态。

(12) 稽查权。

《海关法》第四十五条规定,"自进出口货物放行之日起三年内或者在保税货物、减免税进口货物的海关监管期限内及其后的三年内,海关可以对与进出口货物直接有关的企业、单位的会计账簿、会计凭证、报关单证以及其他有关资料和有关进出口货物实施稽查。"根据《中华人民共和国海关稽查条例》规定,海关进行稽查时,可以行使下列职权:询问被稽查人的法定代表人、主要负责人和其他有关人员与进出口活动有关的情况和问题;检查被稽查人的生产经营场所;查询被稽查人在商业银行或者其他金融机构的存款账户;封存有可能被转移、隐匿、篡改、毁弃的账簿、单证等有关资料;封存被稽查人有违法嫌疑的进出口货物等。

4. 行政处罚权

对尚未构成走私罪的违法当事人处以行政处罚。包括对走私货物、物品及违法所得处以没收,对有走私行为和违反海关监管规定行为的当事人处以罚款,对有违法情况的报关单位和报关员处以警告以及处以暂停或取消报关资格的处罚等。

5. 佩带和使用武器权

海关为履行职责,可以配备武器。海关工作人员佩带和使用武器的规定,由海关总署会同公安部制定,报国务院批准。

1989年6月19日,海关总署、公安部联合发布《海关工作人员使用武器和警械的规定》。根据规定,海关使用的武器包括轻型枪支、电警棍、手铐以及其他经批准可使用的武器和警械。使用范围为执行缉私任务时。使用对象为走私分子和走私嫌疑人。使用条件必须是在不能制服被追缉逃跑的走私团体或遭遇武装掩护走私,不能制止以暴力劫夺查扣的走私货物、物品和其他物品,以及以暴力抗拒检查、抢夺武器和警械、威胁海关工作人员生命安全非开枪不能自卫时。"海关工作人员使用武器或者警械时,应当以制服对方为限度。……开枪射击时,除特别紧迫的情况外,应当先口头警告或者鸣枪警告,对方一有畏服表现,应当立即停止射击。开枪射击造成人员伤亡的,应当保护现场,并立即向上级海关和当地公安机关报告。"

6. 其他行政处理权

(1) 行政命令权,"海关准予从事有关业务的企业,违反本法有关规定的,由海关责令改正,可以给予警告，暂停其从事有关业务，直至撤销注册。”例如，对违反海关有关法律规定的企业责令限期改正、责令退运等。

(2) 行政奖励权，《海关法》规定，“任何单位和个人均有权对违反本法规定逃避海关监管的行为进行举报。”“海关对举报或者协助查获违反本法案件的有功单位和个人，应当给予精神的或者物质的奖励。”

(3) 行政裁定权，海关可以根据对外贸易经营者提出的书面申请，对拟进口或者出口的货物预先作出商品归类等行政裁定。

除了以上行政处理权以外，在进出境活动的监督管理领域，海关还具有行政立法权和行政复议权。**行政立法权**指海关总署根据法律的授权，制定并颁布实施海关行政规章的权力；**行政复议权**是指有权复议的海关（海关总署、各直属海关）对相对人不服海关行政行为进行复议的权力。

1.2.2.3 海关权力的监督

海关权力的监督即海关执法监督，是指特定的监督主体依法对海关行政机关及其执法人员的行政执法活动实施的具有法律效力的监察、督促行为。

为确保海关能够严格依法行政，保证国家法律、法规得以正确实施，同时也使当事人的合法权益得到有效保护，《海关法》专门设立执法监督一章，对海关行政执法实施监督。海关履行职责，必须遵守法律，依照法定职权和法定程序严格执法，接受监督。这是海关的一项法定义务。

海关执法监督主要指国家最高权力机关的监督、国家最高行政机关的监督、监察机关的监督、审计机关的监督、司法机关的监督、管理相对人的监督、社会监督和党的监督以及海关上下级机构之间的相互监督，机关内部不同部门之间的相互监督、工作人员之间的相互监督等。

1. 国家权力机关的监督

国家权力机关的监督是指全国人大及其常委会对海关权力的监督，也称立法机关的监督。海关作为国家行政机关，无疑要接受全国人大的监督、指导和质询。国家权力机关的监督是海关权力监督体系中最高层次的监督。权力机关主要通过听取工作报告、检查工作、提出质询等形式监督海关的行政执法活动，监督海关制定的有关规章是否与国家的法律相抵触，确保海关及其工作人员能够严格执法，模范守法。

2. 国家最高行政机关的监督

国务院作为国家最高行政机关，有权对海关的行政管理实施监督。国务院对海关工作的监督主要通过听取工作汇报、检查工作的形式进行。

3. 监察机关的监督

根据《行政监察法》及有关法规的规定，监察机关有权对行政机关及其工作人员包括对海关及其工作人员的行政行为进行监视、督察和惩戒。监察机关对海关的监察属于政府内部的一种法定专门监督。按照监察机关的管辖，监察部以及监察部的派出机构即海关总署监察局负责监察海关总署及全国海关。

4. 审计机关的监督

审计监督制度是国家法定的行政执法监督制度之一。根据《审计法》的规定，国务院各部门和地方各级人民政府及其各部门的财政收支，国有金融机构和企业、事业组织的财务收支，以及其他依照法律规定应当接受审计的财政收支、财务收支，应当依法接受审计监督。因此，审计机关有权依法对海关的财政收支进行审计监督，对海关办理的与国家财政收支有关的事项进行专项审计调查。

5. 司法机关的监督

司法机关的监督指的是检察机关和审判机关对海关执法的监督。检察机关是国家的法律监督机关；它依照法律的规定独立行使检察权，通过追究海关工作人员违法犯罪行为的法律责任来实现对海关权力的监督制约。由于检察机关有权对刑事诉讼实行法律监督，检察机关还负责对海关缉私警察的侦查活动依法进行监督。审判机关则主要通过受理海关管理相对人的诉讼申请，审查海关行政执法行为的合法性；作出维持或撤销海关原决定的处理。司法机关的监督将海关对进出境活动的监督管理行为直接纳入国家检察机关和审判机关的监督之下，对于海关及其工作人员正确行使权力，正确执行国家法律，杜绝贪赃枉法情事以及有效地保护当事人的合法权益具有重要意义。

6. 管理相对人的监督

管理相对人对海关行政管理活动的监督是海关执法监督的重要内容，也是有关当事人维护自身合法权益的重要手段。海关行使权力及其具体行政行为的对象在大多数情况下是进出口企业、报关企业和报关员，因而进出口企业、报关企业和报关员对海关的监督是最直接最具体的一种监督形式。进出口企业、报关企业和报关员对海关监督的基本方法有批评、建议、检举、控告和申诉等，它可以通过舆论、信访、座谈的形式直接向海关提出批评和建议，对于海关的越权或侵权行为，可向有关部门检举，直至提出控告和申诉。

7. 社会舆论监督

社会舆论监督就是通过报刊、广播、电视等新闻媒介对海关行政管理活动实施的监督，是社会监督的主要内容。舆论监督在一定程度上又是其他监督形式的载体，其他监督形式都可以通过舆论工具对海关工作进行褒扬和批评。由于社会舆论的影响很大，舆论监督是海关管理相对人维护自身利益的有力武器，也是权力机关、党政机关对海关权力监督的有效工具。

除了以上的监督形式外，作为实行垂直领导体制的海关，上级海关对下级海关的执法活动进行的监督也是一种有效的层级监督。上级海关对下级海关的监督包括：海关总署对全国海关的监督、直属海关对隶属海关的监督、上级业务部门对下级业务部门的监督、海关法制机构对同级海关部门的监督及下级海关的监督等。上级海关认为下级海关在行政执法等管理活动中作出的处理或者决定不适当的，可以依法予以变更或者撤销。

1.2.3 海关的管理体制与机构

中国海关是国务院直属机构，实行集中统一的垂直领导管理体制。这一体制的特点主要体现在：中国海关的最高领导机关是海关总署，统一管理全国海关，海关总署最高行政领导是署长；国家在对外开放口岸和海关监管业务集中的地点设立海关，海关的隶属关系不受行政区划的限制；各地海关依法独立行使职权，向海关总署负责，不受地方政府及其他机关干预。除广东分署，天津、上海特派办和海关院校（海关总署秦皇岛培训学校和上海海关学院）外，全国共设有41个直属海关。

海关机构是国务院根据国家改革开放的形势以及经济发展战略的需要，依照《海关法》而设立的。改革开放以来，随着我国对外经济贸易和科技文化交流与合作的发展，海关机构不断扩大，机构的设立从沿海沿边口岸扩大到内陆和沿江、沿边海关业务集中的地点，并形成了集中统一管理的垂直领导体制。这种领导体制对于海关从全局出发，坚决贯彻执行党的路线、方针、政策和国家的法律、法规以及贯彻海关“依法行政、为国把关、服务经济、促进发展”的工作方针提供了保证。

知识链接

各直属海关单位

当前，我国海关的各直属海关单位分别有：广东分署、北京海关、天津海关、石家庄海关、太原海关、呼和浩特海关、满洲里海关、大连海关、沈阳海关、长春海关、哈尔滨海关、上海海关、南京海关、杭州海关、宁波海关、合肥海关、福州海关、厦门海关、南昌海关、青岛海关、郑州海关、武汉海关、长沙海关、广州海关、深圳海关、拱北海关、汕头海关、黄埔海关、江门海关、湛江海关、南宁海关、海口海关、重庆海关、成都海关、贵阳海关、昆明海关、拉萨海关、西安海关、兰州海关、西宁海关、银川海关、乌鲁木齐海关、上海海关学院、海关总署秦皇岛培训学校。

1.2.3.1 海关的领导体制

海关作为国家的进出境监督管理机关，为了履行其进出境监督管理职能，提高管理效率，维持正常的管理秩序，必须建立完善的领导体制。新中国成立以来，海关的领导体制几经变更。

1949 年 10 月 25 日中国设立海关总署统一管理全国海关。1953 年海关总署与对外贸易管理总局合并，归对外贸易部领导。1960 年又改为由外贸部的职能司——海关管理局领导。1980 年，全国海关建制重新收归中央，恢复成立海关总署，直属国务院。中国海关组织机构经过多次变更与调整，目前海关机构的设置为海关总署、直属海关和隶属海关三级，形成了以海关总署为最高领导机构，各地海关依法独立行使职权的垂直领导体制。1998 年，根据党中央、国务院的决定，由海关总署、公安部联合组建走私犯罪侦查局，设在海关总署。在 1980 年以前的 30 年间，除了在新中国成立初期，海关总署作为国务院的一个职能部门和重要组成部分在海关系统实行集中统一的垂直领导体制外，其余大部分时间海关总署都是划归对外贸易部领导，各地方海关受对外贸易和所在省、自治区、直辖人民政府的双重领导。1980 年 2 月，国务院根据改革开放形势的需要做出了《国务院关于改革海关管理体制的决定》。该决定指出：“全国海关建制归中央统一管理，成立中华民人民共和国海关总署作为国务院直属机构，统一管理全国海关机构和人员编制、财务及其业务。”恢复了海关集中统一的垂直领导体制。

1987 年 1 月，第六届全国人民代表大会常务委员会第十九次会议审议通过的《海关法》规定，“国务院设立海关总署，统一管理全国海关”，“海关的隶属关系，不受行政区划的限制”，明确了海关总署作为国务院直属部门的地位，进一步明确海关机构的隶属关系，把海关集中统一的垂直领导体制以法律的形式确立下来，海关集中统一的垂直领导体制既适应了国家改革开放、社会主义现代化建设的需要，也适应了海关自身建设与发展的需要，有力地保证了海关各项监督管理职能的实施。

参考资料

我国首次授予海关关衔　温家宝颁发总监命令证书

2003 年 9 月 12 日，国务院授予海关关衔仪式在北京人民大会堂隆重举行。中共中央政治局常委、国务院总理温家宝为海关总监、副总监和一级关务监督代表颁发授衔命令证书。

首批 277 人被授予海关总监、副总监、一级关务监督、二级关务监督的高级关衔。这是中华人民共和国成立以来首次授予海关关衔。继人民解放军实行军衔制、人民警察实行警衔制之后，海关成为又一支实行衔级制度的队伍。

人民大会堂东大厅布置得庄重喜庆，主席台中央悬挂巨型关徽，十面鲜艳的红旗分列两侧。上午 9 时 15 分，国务委员兼国务院秘书长华建敏宣布授衔仪式开始，奏国歌。中共中央政治局委员、国务院副总理吴仪宣读《国务院关于授予牟新生等 277 名同志海关关衔的命令》。全体被授衔人员肃立整装，佩戴关衔标志。温家宝总理向海关总监牟新生，副总监盛光祖、李克农、刘文杰、龚正、赵荣、甄朴和一级关务监督代表颁发了授衔命令证书。全场气氛热烈，掌声不断。

温家宝总理在讲话中代表党中央、国务院向被授衔人员表示热烈祝贺。他说，海关队伍是一支政治坚强、业务过硬、党和人民完全可以信赖的队伍，多年来严格履行法律赋予的神圣职责，依法行政，为国把关，在改革开放和现代化建设中作出了突出贡献。他指出，海关作为国家进出境监督管理机关，是重要的行政执法部门，具有部分刑事执法权力，担负着为国家把关、为现代化建设服务的重要使命和艰巨任务，有很强的全国统一性和对外一致性，必须建立一支现代化、正规化和准军事化海关队伍。实行关衔制度，有利于强化海关垂直领导体制，有利于海关依法履行进出境监督管理职能，有利于建设一支高素质的海关纪律部队。

温家宝要求，在新形势下，全国海关要以实行关衔制度为契机，全面加强海关建设，提高海关队伍素质和执法水平。每个海关工作人员都要深深懂得，佩戴关衔，不仅是一种荣誉，更重要的是一种责任。我们所做的一切，都要同肩上佩戴的关衔相称，都要对国家对人民负责，做人民放心的国门卫士。

（资料来源：海关总署网站）

1.2.3.2　海关的设关原则

新中国成立以后相当长的一段时期内，我国海关机构基本上设在沿海城市及一些边境口岸，内陆省区一般不设海关。国家实行改革开放政策以来，随着开放地区的不断增加，我国对外经济贸易、科技文化交流蓬勃发展，内陆省份的外向型经济得到了很大的发展。经国务院批准，许多开放城市、开放地区以及内陆省市相继设立海关机构，为我国对外经济贸易的发展和国际科技文化交流提供了极大的便利。

《海关法》以法律形式明确了海关的设关原则："国家在对外开放的口岸和海关监管业务集中的地点设立海关。海关的隶属关系，不受行政区划的限制。"对外开放的口岸是指由国务院批准，允许运输工具及所载人员、货物、物品直接出入国(关)境的港口、机场、车站以及允许运输工具、人员、货物、物品出入国(关)境的边境通道。国家规定，在对外开放的口岸必须设置海关、出入境检验检疫机构。海关监管业务集中的地点是指虽非国务院批准对外开放的口岸，但是海关某类或者某几类监管业务比较集中的地方，如转关运输监管、保税加工监管等。这一设关原则为海关管理从口岸向内地、进而向全关境的转化奠定了基础，同时也为海关业务制度的发展预留了空间。“海关的隶属关系不受行政区划的限制”，表明了海关管理体制与一般性的行政管理体制的区域划分无必然联系，如果海关监督管理需要，国家可以在现有的行政区划之外考虑和安排海关的上下级关系和海关的相互关系。

1.2.3.3 海关的组织机构

海关机构的设置为海关总署、直属海关和隶属海关三级。隶属海关由直属海关领导，向直属海关负责；直属海关由海关总署领导，向海关总署负责。

1. 海关总署

海关总署是国务院的直属机构，在国务院领导下统一管理全国海关机构、人员编制、经费物资和各项海关业务，是海关系统的最高领导部门。海关总署下设广东分署，作为其派出机构，协助其管理广东省内的海关。中央确定海关工作方针是“依法行政，为国把关，服务经济，促进发展”。海关总署的基本任务是在国务院领导下，领导和组织各级海关正确贯彻实施《海关法》和国家的有关政策、行政法规，积极发挥依法行政、为国把关的职能，促进和保护社会主义现代化建设。

海关总署的主要职责是：

(1) 研究拟定海关各项业务工作的方针、政策、法律(草案)法规、规章，并检查、督促全国海关贯彻执行；

(2) 参与制定和修订关税条例、进出口税则，并组织贯彻实施；

(3) 领导全国海关依法监管进出境运输工具、货物和物品，严密制度，简化手续，加强后续管理，方便合法进出；

(4) 统一管理关税征收的减免事项；

(5) 组织领导全国海关的缉私工作；

(6) 处理有关纳税争议和对海关处罚决定的复议申请；

(7) 编制全国海关统计，开展统计分析和咨询服务；

(8) 组织研制、引进和开发、应用海关技术设施；

(9) 管理全国海关组织机构、人员编制、工资福利、专业培训、专业职务评定、署管干部任免；

(10) 组织领导全国海关的思想政治工作、社会主义精神文明建设；

(11) 管理全国海关经费、财务、车船、科技、固定资产和基本建设，并进行审计监督；

(12) 监督、检查全国海关工作人员执法守法情况，查处违纪案件；

(13) 拟定或参与拟定有关海关问题的国际条约和协定草案；

(14) 开展同有关国家(或地区)海关、国际海关组织及有关国际机构的联系、交往与合作。

1998 年，根据党中央、国务院决定，海关总署的机构、职能和人员编制作了重大调整，增加了统一负责打击走私及反走私综合治理工作、口岸规划和管理国家出入境检验检疫局(从 2001 年 4 月起，管理国家出入境检验检疫局的职能已不再由海关总署负责)，出口商品原产地规则的协调管理、关税立法调研、税法起草和执行过程中的一般性解释工作等职能；设立走私犯罪侦查局，组建海关缉私警察队伍；按照精简、统一、效能的原则，并充分吸收现代海关制度建设及通关作业改革、口岸体制改革、缉私体制改革的成果，实施了机构改革。2001 年，随着海关通关作业制度改革的全面推行和海关队伍建设形势发展的需要，海关总署的职能和业务机构又进行了进一步调整，总署的决策、监督职能得到强化。

2. 直属海关

直属海关是指直接由海关总署领导，负责管理一定区域范围内海关业务的海关。目前直属海关共有 41 个，分布在除中国香港、澳门、台湾地区外的 31 个省（自治区、直辖市）。直属海关就本关区内的海关事务独立行使职责，向海关总署负责。直属海关承担着在关区内组织开展海关各项业务和关区集中审单作业、全面有效地贯彻执行海关各项政策、法律、法规、管理和作业规范的重要职责，在海关三级业务职能管理中发挥着承上启下的作用。

直属海关的主要职责是：

（1）对关区通关作业实施运行管理，包括执行总署业务参数、建立并维护审单辅助决策参数、对电子审单通道判别进行动态维护和管理、对关区通关数据和相关业务数据进行有效监控和综合分析；

（2）实施关区集中审单，组织和指导隶属海关开展接单审核、征收税费、查验、放行等通关作业；

（3）组织实施对各类海关监管场所、进出境货物和运输工具的实际监控；

（4）组织实施贸易管制措施、税收征管、保税和加工贸易海关监管、企业分类管理和知识产权进出境保护；

（5）组织开展关区贸易统计、业务统计和统计分析工作；

（6）组织开展关区调查、稽查和侦查业务；

（7）按规定程序及权限办理各项业务审核、审批、转报和注册备案手续；

（8）开展对外执法协调和行政纠纷、争议的处理；

（9）开展对关区各项业务的执法检查、监督和评估。

3. 隶属海关

隶属海关是指由直属海关领导，负责办理具体海关业务的海关，是海关进出境监督管理职能的基本执行单位。一般都设在口岸和海关业务集中的地点。隶属海关根据海关业务情况设立若干业务科室，人员从十几人到两三百人不等。

隶属海关的职责是：

（1）开展接单审核/征收税费、验估、查验、放行等通关作业；

（2）对辖区内加工贸易实施海关监管；

（3）对进出境运输工具及其燃料、物料、备件等实施海关监管，征收船舶吨税；

（4）对各类海关监管场所实施实际监控；

（5）对通关、转关及保税货物的存放、移动、放行或其他处置实施实际监控；

（6）开展对运输工具、进出口货物、监管场所的风险分析，执行各项风险处置措施；

（7）办理辖区内设立海关监管场所、承运海关监管货物业务的申请；

（8）办理辖区内报关单位通关注册业务；

（9）对辖区内特定减免税货物实施海关后续管理。

4. 海关缉私警察机构

海关缉私警察是专司打击走私犯罪活动的警察队伍。1998 年，根据党中央、国务院的决定，由海关总署、公安部联合组建走私犯罪侦查局，设在海关总署。走私犯罪侦查局既是海关总署的一个内设局，又是公安部的一个序列局，实行海关总署和公安部双重领导、以海关领导为主的体制。走私犯罪侦查局在广东分署和全国各直属海关设立走私犯罪侦查分局，在部分隶属海关设立走私犯罪侦查支局。各级走私犯罪侦察机关负责其所在海关业务管辖区域内的走私犯罪案件的侦查工作。

1.2.3.4 主要西方国家的海关

1. 美国海关(海关总署)

美国海关是国家边境事务的首要管理机关，是联邦政府财政部管辖下的征税和执行机关，总署设在华盛顿。其主要职能是：

(1) 确定和征收关税；

(2) 查禁和扣留违禁品；

(3) 办理人员、货物、运输工具等的进出境手续；

(4) 侦查和逮捕逃避法律与有关法规的责任者；

(5) 管理航行法；

(6) 执行和贯彻美国制定的版权、专利与商标法。

2. 英国海关(关税及消费局)

英国海关是英国两大征税部门之一。其主要任务是管理和征收巨额消费税，负责编制对外贸易统计，执行进出口贸易管制和外汇管制等非税收任务。

3. 日本海关(海关局)

日木海关是大藏省的下属机构，按行政区域设立，分为9个区域，设有东京、横滨、神户、大阪、名古屋、门司、长崎、函馆、冲绳9个海关。

日本海关的主要任务是：负责执行国家关于关税、吨税和特别吨税(大吨位船舶上的互惠税)政策和制度；负责管理、调研、起草关税的法令规章以及与其他国家签订的关税协定；管理对进出口货物、船舶、飞机进行监视的业务；检查、取消和办理进出口许可证手续；征收进口税等。

4. 加拿大海关(国税部)

国税部下设关税司、消费税司和所得税司三个司。其主要任务是：征收关税；负责对进出境货物与运输工具等实行监管，执行加拿大政府的有关贸易政策，负责查缉走私活动。

知识链接

世界海关组织将出现首位中国籍高级官员

从海关总署获悉，中国海关关员朱高章于2011年1月1日正式就任世界海关组织守法便利司司长。

据了解，我国于1983年正式加入世界海关组织。守法便利司是世界海关组织秘书处的三大主要业务组成部门之一，负责海关执法、海关手续、贸易安全与便利等核心业务，其司长职位需要由该组织全体成员选举产生，任期5年。

世界海关组织总部位于布鲁塞尔，是当今世界范围内唯一负责海关事务的政府间国际组织，在规范和协调各国海关制度、促进国际海关事务合作、保障国际贸易的安全与便利等方面发挥着重要作用。该组织共有177个成员，掌控着全球98%的国际贸易。

据了解，朱高章此前为中国海关总署国际合作司司长。

（资料来源：新华网）

1.2.4 海关现代化

20世纪90年代以来，我国海关所面临的经济形势发生了很大变化。党的十四大提出了建立社会主义市场经济体制的目标，十四届三中全会又把建立社会主义市场经济体制的改革目标和基本原则更加具体和系统化，使我国的对外开放和现代化建设事业进入了一个新的发展阶段。与此同时，现代科学技术的发展和运用，特别是信息技术的迅猛发展，使国际贸易的贸易方式、运输方式呈现出多样化，生产方式、管理方式体现出科学化，国际竞争更加激烈。如何提高贸易效率，降低贸易成本，增强国际竞争能力，已成为人们共同关心的课题。因此，客观形势的发展要求海关必须实现现代化，这是海关继续溶入改革与发展的必由之路，也是海关面临的最为紧迫的任务。

1.2.4.1 建立现代海关制度

1994年，我国海关为了适应党的十四大关于建立社会主义市场经济的要求，解决在新的历史条件下海关管理中存在的深层次矛盾和问题，提出了建立现代海关制度的目标。这个目标是：逐步建立起与社会主义市场经济体制相适应，与对外开放相配套，与国际通行规则相衔接，方便与严密、制约与效能有机统一的有中国特色的社会主义海关管理体制。建立现代海关制度是海关管理的一场革命，是海关为适应社会主义市场经济体制建设，以及逐步与国际海关通行做法相衔接而采取的重大战略步骤。从此时起，中国海关对现代海关制度进行了全面系统的理论研究和实践探索。

1998年年初，中国海关作出了《关于建立现代海关制度的决定》（简称《决定》），《决定》明确提出，建立现代海关制度就是要通过管理思想、管理制度、管理方法和管理手段的现代化，建立起适应社会主义市场经济体制和对外开放需要的、充满生机和活力的海关管理新体系，全面地、高质量地实现海关执法和管理的各项职能。为实现这一目标，必须建立现代海关法制体系，用法律调整海关工作中的相关社会关系，规范海关管理的各项制度与程序，保障实现海关职能和维护国家利益的各项权力，明确海关工作人员应当履行的各项义务，同时健全海关法制工作机制；建立企业守法管理体系，发挥信息化管理在决策支持、业务处理中的监督控制等方面的基础性、先导性作用；建立现代通关管理体系，实现海关通关管理的信息化、集约化、规范化和专业化；建立物流监控体系，对海关监管货物及其运输工具实行全过程实际监控；建立现代海关调查体系，实施全关境缉私战略，加强集中统一指挥，增强海关反走私行动能力和打击力量；建立现代海关行政管理体系，重新划分层级事权，调整职能机构，转变职能管理方式，改革干部人事制度，实施人才发展战略，优化人、财、物资源配置，强化监督制约机制，加强精神文明建设；建立海关公共关系体系，与政府部门和社会各界广泛合作，开展国际交流，加强新闻宣传，营造良好的海关执法环境。

1.2.4.2 通关作业改革

建立现代海关制度是一项开创性事业。为了完成这项跨世纪发展战略，海关总署把通关作业改革作为建立现代海关制度的中心环节和突破口。通关作业改革，就是要按照集约化、信息化、规范化和专业化的要求，通过对原有的通关作业流程、作业方式、职能管理等进行全面系统的改革，建立新的业务管理体制，创立新的通关管理模式，从根本上提高通关效率和执法水平，最大限度地化解海关管理风险和廉政风险，全面推进海关现代化建设进程，提高通关管理的整体效能，不断适应社会经济快速发展的需要。

从1998年4月1日起，天津、青岛、上海、深圳4个海关率先进行通关作业改革试点；同年10月，北京、大连、南京、杭州、福州、广州等6个海关也相继投入试点工作。经过两年多的实践，试点海关根据改革的总体思路，结合本关实际，努力克服由于机构、职能、人力资源配置一时难以配套而带来的种种困难，对通关作业流程、职能管理方式、机构人员配置、信息网络建设等各个方面进行了积极的、富有成效的探索，取得了明显的成效。在总结各关通关作业改革试点经验的基础上，海关总署制定了《通关作业改革指导方案》，明确了通关作业改革的总体目标，勾画了通关作业改革的基本框架。2000年9月在大连召开的全国海关关长会议上决定，通关作业改革于21世纪的第一天在全国海关实施。这标志着通关作业改革进入了全面抢先的新阶段，标志着海关系统建立现代海关制度的战略目标又迈出了坚实的一步。

通关作业改革，就是将职能管理、审单作业和物流监控三大系统集中到一个信息化通关作业平台上，实行信息共享条件下的通道判别、集中审单和风险管理，提高通关管理的有效性和整体效能；重新划分海关总署、直属海关和基层海关三级业务事权，增强海关总署作为全国海关首脑机关的决策和监督能力，强化直属海关业务处理和业务运行管理职能，强化隶属海关的实际监管职能，进一步加强垂直领导体制；科学设置通关作业流程，将风险布控、审单作业、物流监控、职能管理、执法监督事权分离，形成直属海关职能部门、审单中心和现场海关共同把关、相互制约的新的作业机制，有效地防止通关过程中的违法行政和执法腐败现象；将法律法规、行政规章、管理制度和作业规范、风险布控等转化为计算机指令或参数，进一步规范关员的执法行为，使海关执法更加统一。通关作业改革，从根本上讲，就是更加突出海关监管重点，更有效地防范和打击走私违法，最大限度地方便合法进出。随着通关作业改革的深入、风险管理技术和稽查手段更广泛的运用，新的通关管理模式将更加完善、更加有效，必将对海关事业发展带来强大的动力，必将对我国的对外贸易发展和社会主义现代化建设产生积极作用。

1.2.4.3 口岸电子执法系统

长期以来，一些不法分子利用各管理部门间的信息、数据不沟通，在外贸进出口环节采用假印章和收买内部人员等手段，大肆进行走私、骗汇、骗取退税等违法犯罪活动，搅乱了对外贸易的正常运行，给国民经济带来了重大损失。为了遏制和打击走私、逃骗汇、骗取退税等违法犯罪活动的猖獗势头，海关总署会同国家外汇管理局、国家税务局、中国电信、中国人民银行等单位联合研制开发了“口岸电子执法系统”，经国务院正式批准已于2001年6月1日起在全国推广应用。

“口岸电子执法系统”就是运用现代化信息技术，围绕进出口贸易，将海关、公安、工商、税务、外汇管理等部门联网数据核查服务，并为企业提供在网上办理各种进出口业务的信息系统。这个系统主要包括以下几个项目：

(1) 通关管理，实现网上申报、减免税申请、转关运输申请、预归类申请、ATA单证册申报、快件申报等功能；

(2) 加工贸易管理，实现网上办理加工贸易合同外贸审批、进料加工税务登记备案、加工贸易合同海关审批、异地加工贸易合同审批、深加工结转及内销审批、加工贸易核销申请及审批、加工贸易保证金台账空转、实转等功能；

（3）出口综合管理，实现网上办理外汇核销单发放、出口报关单联网核查、银行结汇水单上报、企业涉外收入申报、外汇出口核销、外汇局相关数据下载、企业出口退税申报、外贸出口退税稽核等功能；

（4）企业综合管理，实现在网上进行企业备案核查及年审、企业及个人授权管理、信誉差的企业名单及风险布控管理等功能；

（5）其他综合业务，包括进口环节增值税联网核查、知识产权海关保护核查、进出口统计和法规查询、联机帮助及网上办公指南等。

"口岸电子执法系统"使进出口执法管理更加规范、统一、透明，有利于推动政府部门廉政高效，使相关各部门、各个操作环节相互监督和相互制约；有利于提高进出口贸易效率，降低企业通关成本；有利于打击和防范经济性犯罪，从根本上杜绝不法分子的造假。"口岸电子执法系统"与海关通关作业改革相互支持、互为补充。"口岸电子执法系统"中的报关单申报系统为通关作业改革中的审单作业系统提供正确有效的电子报关数据，并实现企业向海关联网报关；反之，海关通关作业的数据通过"口岸电子执法系统"放入数据库，为其他相关管理部门的执法管理提供了依据。

以通关作业改革和"口岸电子执法系统"为标志的中国海关现代化建设是中国海关依靠体制创新和科技创新，迈向世界先进海关行列的重要标志，也是推进政府信息化的重大实践。这两项世纪工程紧密结合，以"电子海关"和"电子口岸"的形式构筑起现代化进出境监督管理的基本框架，极大地提高海关执法和口岸管理的整体水平，既方便企业合法进出，促进经济和贸易的健康发展，又大大增加海关执法和口岸管理的公开性和透明度，有利于海关依法行政、廉洁从政机制的形成。

参考案例

2010年上海海关税收电子支付逾2 300亿元

2010年，上海海关实现税收电子支付2 305.11亿元，同比增长49.03%，电子支付率达87.39%。这意味着上海海关税收近九成是通过安全便捷的电子支付系统完成的，广大企业能实实在在感受到电子支付服务所带来的"足不出户、轻松纳税"的便捷。

"电子支付让缴税越来越方便了，"上海新发展进出口贸易实业有限公司朱小平说，"我们只要联网查询到需要支付的税单记录就可以登录支付平台支付，不再受银行和海关的上下班时间限制，7×24小时随时都可支付，不仅省去了来回奔波之累，更重要的是缩短了通关时间。"如今，上海海关电子支付平均日处理量近1.7万票，高峰时可达2.3万票。

"发展海关税费电子支付业务，可以为纳税企业提供更加便利快捷的支付服务，缩短通关时间、降低纳税成本，为企业创造更加良好的环境。"上海海关相关负责人介绍道。

（资料来源：上海海关网站）

1.3 项目小结

本项目重点是介绍了当前我国海关的基础知识，重点说明了海关的性质、海关的任务、海关权力的特点及具体内容、海关的领导体制、海关的设关原则、海关的组织机构、现代海关制度、通关作业改革、口岸电子执法系统等知识与内容。力争使学习者能知晓海关的基本知识与管理规定，知道如何与之打交道，并能按照现代海关制度办理相应的报关业务。

1.4 项目练习

1. 不定项选择题

(1) 根据我国《海关法》的规定，我国海关的执法范围是：(　　)

A. 进出关境的行为　　B. 在关境内发生的行为

C. 在关境外发生的行为　　D. 包括上述三项行为

(2)《海关法》第五条规定，"国家实行联合缉私、统一处理、综合治理的缉私体制"，在这一体制中，作为打击走私的主管机关，负责组织、协调、管理查缉走私工作的部门是：(　　)

A. 军队　　B. 公安部门

C. 海关　　D. 武警部队

(3) 海关的权力是为了保障海关职能的实现而由国家赋予海关的，海关权力的行使应限制在特定范围之内。请指出下列哪些权力应在特定的区域范围内行使？(　　)

A. 海关对进出境运输工具的检查

B. 海关对进出境货物、物品的检查

C. 海关对走私嫌疑人身体的检查

D. 海关对与进出口货物相关的单证资料的查阅和复制

(4) 行政许可是指行政主体根据行政相对人的申请，通过签发许可证件或执照的形式，依法赋予特定的行政相对人从事某种活动或实施某种行为的权利或资格的行政行为。下列属于海关行政许可范围的行为有：(　　)

A. 进出口企业对外贸易经营资格的审批

B. 报关行报关资格的审批

C. 保税货物的加工业务的开展

D. 准许具备资质的企业从事进出口货物的转关运输

2. 思考题

(1) 我国海关的基本任务是什么？请简述它们之间的关系。

(2) 简述我国海关的组织体系，并说明这样构建的原因。

(3) 简要说明我国海关的基本权力，并进一步说明海关权力履行时应受到的限制。

3. 案例分析题

河北省承德市有了自己的“海关”

2010 年 12 月 21 日，中央机构编制委员会办公室(SCOPSR)正式批准承德设立海关。承德海关的成立，对于该市外向型经济发展具有里程碑意义。

据承德市商务部门统计的数字，截至 2010 年 9 月底，“十一五”期间承德市外贸进出口总额累计达到 13.4 亿美元，比“十五”期间(8.1 亿美元)增长 65.4%，出口累计 10.1 亿美元，比“十五”期间(3.8 亿美元)增长 165.8%。2010 年 1—9 月出口 1.95 亿美元，实现了金融危机后的恢复性增长。

在发展外向型经济的同时，该市培植出一批竞争力较强的外向型企业，进出口经营主体实现了由省级备案登记制向市级备案登记制的转变，到“十一五”末，承德市共有各类进出口企业 148 家。2009 年，承德市工业制成品占出口总额为 91.4%，工业制成品中，机电产品所占比重达到 38%。初级产品中绿色农产品、特色产品所占比重逐年上升，出口商品结构不断优化。承德市充分发挥比较优势，集中力量抓重点企业和重点产品，培育出了包括纺织服装、绿色食品、饮品、玻璃器皿、钒钛产品、园艺工具、机电、医药等九大出口基地，百余种有一定竞争力的出口产品。

随着承德市外向型经济保持强劲发展势头，设立海关的工作呼之欲出。2007 年开始，承德市正式启动了“承德海关”申建工作，2009 年，征得石家庄海关同意设立石家庄海关驻承德办事处。经过三年多的努力，承德设立海关的努力终于得以实现。

(资料来源：燕赵都市网)

请思考

(1) 承德设立海关经过了哪几步？它属于哪一层次的海关？

(2) 我国海关的设关原则是什么？

(3) 设立海关对承德市对外经济贸易的发展有什么样的促进作用？

项目2
获得合法的报关资格

知识目标

1. 了解海关对不同报关单位的分类。
2. 掌握不同报关单位注册登记的条件与程序。
3. 掌握报关员注册登记的办理。
4. 了解海关对报关单位的管理规定。
5. 了解海关对报关员的管理制度。

能力目标

1. 能实际办理不同类别报关单位的注册登记。
2. 能实际办理报关员的注册登记。
3. 能通晓海关对报关单位与报关员的管理规定,从而在实际工作中依法办事。

2.1 案例导读

上海申华源公司出口报关被拒

2010年12月5日,上海黄浦区申华源进出口有限公司注册成立,并取得了外贸经营权。12月20日外贸业务员小王与外商签订了公司成立后的第一笔出口业务。总经理王某指示小王提高办事效率,于12月22日到吴淞海关办理该批货物的出口报关手续,结果小王的申报被吴淞海关的工作人员拒绝。

思考题

1. 吴淞海关为什么会拒绝申华源公司小王的出口申报?
2. 到海关办理报关手续的前提条件有哪些?

2.2 理论与实务知识

2.2.1 报关概述

2.2.1.1 相关含义

在各种国际交流与交往活动中,经常存在着运输工具、货物、物品及人员进出境的现象,而国际贸易合同的履行也是通过国际物流活动来实现的。我们所说的报关,就是一个与运输工具、货物、物品的进出境密切相关的概念。《海关法》规定:"进出境运输工具、货物、物品,必须通过设立海关的地点进境或者出境。"因此,进出境运输工具的负责人、进出口货物收发货人、进出境物品的所有人应当在运输工具、货物、物品进出境时向海关进行申报,办理各种手续,这些活动就是"报关"。

一般认为,报关是指进出境运输工具负责人、进出口货物收发货人、进出境物品的所有人,他们本人或者他们的代理人向海关办理运输工具、货物、物品的进出境手续及相关海关事务的过程。

《海关法》中将进出境运输工具负责人、进出口货物收发货人、进出境物品的所有人办理进出境手续及相关海关事务的过程称为**报关**。

为了确保海关对进出境运输工具、货物、物品的监督、征收税费、查缉走私、编制统计和办理其他海关业务的顺利完成,海关依法对进出境运输工具负责人、进出境物品的所有人、进出口货物收发人或其代理人的报关资格进行审定批准、对报关行为加以规范,由此形成了报关管理制度。

报关管理制度是报关单位及报关员向海关申请办理通关手续的操作规则和行为规范准则。

2.2.1.2 报关分类

按照报关对象不同,报关活动可分为进出境的运输工具报关、物品报关和货物报关。

1. 进出境运输工具报关

除经其他特殊运输方式外,国际贸易的交货、国际间人员往来及其携带物品的进出境,都要通过各种运输工具的国际运输来实现。

《海关法》规定所有进出我国关境的运输工具必须经由设有海关的港口、空港、车站、国界孔道、国际邮件交换局及其他可以办理海关业务的场所申报进出境。

进出境运输工具主要包括在国际间运营的各种境内境外船舶、车辆、航空器和驮畜等,其报关的主要内容有:运输工具进出境的时间、航次;运输工具进出境时所载运货物情况,包括过境货物、转运货物、通运、溢短卸(装)货物的基本情况;运输工具服务人员名单及其自用物品、货币、金银情况;运输工具所载旅客情况;运输工具所载邮递物品、行李物品的情况。

运输工具报关时还需提交运输工具从事国际合法性运输必备的相关证明文件,如船舶国籍证书、吨税证书、海关监管簿、签证簿等,必要时还需出具保证书或保证金。此外如由于不可抗力原因，运输工具被迫在未设关地点停泊、降落或者抛掷、起卸货物、物品等情况也均需向海关说明。

进出境运输工具负责人或其代理人就以上情况向海关申报后，有时还需应海关的要求配合海关检查，经海关审核确认符合海关监管要求的，才可以上下旅客、装卸货物。

2. 进出境物品报关

进出境物品是指个人携带或托运进出境的行李物品和邮递进出境的物品。《海关法》对接受进出境物品所有人的委托代为办理进出境物品报关手续的代理人没有特殊要求，其报关原则为自用合理数量，报关手续相对简单。

所谓自用合理数量，对于行李物品而言，“自用”指的是进出境旅客本人自用、馈赠亲友而非为出售或出租，“合理数量”是指海关根据进出境旅客旅行目的和居留时间所规定的正常数量；对于邮递物品，则指的是海关对进出境邮递物品规定的征、免税限制。在自用合理数量之内的进出境物品可享受免税待遇。

(1) 进出境行李物品的报关。

世界上大多数国家的海关法律对旅客进出境都采用“红绿通道”制度。即旅客进出境申报时，可以在分别以红色和绿色作为标记的两种通道中进行选择。如旅客所携运物品合法，且数量合理在免税额度以内，无须申报，可直接走绿色通道出入境。若旅客所携运物品有绿色通道适用物品以外的，必须填写“进出境旅客行李物品申报单”或海关规定的其他申报单证，在进出境地向海关作出书面申报。

为提高旅客依法申报意识，我国海关从 2005 年 7 月 1 日起，对所有在中华人民共和国关境内的航空口岸进出境的旅客，无论走绿色通道还是走红色通道，均需填写“中华人民共和国进/出境旅客行李物品申报单”，向海关书面申报，并在进入海关旅检通道前主动递交给海关关员。

(2) 进出境邮递物品的报关。

进出境邮递物品的申报方式由其特殊的邮递运输方式决定。我国是《万国邮政公约》的签约国，根据《万国邮政公约》的规定，进出口邮包必须由寄件人填写“报税单”(小包邮件填写绿色标签)，列明所寄物品的名称、价值、数量，向邮包寄达国家的海关申报。进出境邮递物品的“报税单”和“绿色标签”随同物品通过邮政企业或快递公司呈递给海关。

3. 进出境货物的报关

进出境货物的报关较为复杂，主要包括一般进出口货物、保税货物、暂准进出境货物、特定减免税货物、过境、转运和通运货物及其他进出境货物的报关。

海关规定，进出境货物的报关业务应由依法取得报关员从业资格，并在海关注册登记的报关员办理。

进出境货物的报关业务包括：按照规定如实申报进出口货物的商品编码、实际成交价格、原产地及相应优惠贸易协定代码等，并办理填制报关单、提交报关单证等与申报有关的事宜；申请办理缴纳税费和退税、补税事宜；申请办理加工贸易合同备案、变更和核销及保税监管等事宜；申请办理进出口货物减税、免税等事宜；办理进出口货物的查验、结关等事宜；办理应当由报关单位办理的其他事宜。

进出境货物报关的一般程序如下。

(1) 进出口货物收发货人接到运输公司或邮递公司寄交的“提货通知单”或根据合同规定

备齐出口货物后，应当做好向海关办理货物报关的准备工作，或者签署委托代理协议，委托报关企业向海关报关。

(2) 准备好报关单证，在海关规定的报关地点和报关时限内以书面和电子数据方式向海关申报。

(3) 经海关对报关电子数据和书面报关单证进行审核后，在海关认为必需时，报关人员要配合海关进行货物的查验。

(4) 属于应纳税、应缴税范围的进出口货物，报关单位应在海关规定的期限内缴纳进出口税费。

(5) 上述手续完成，进出口货物海关放行后，报关单位可以安排提取或装运货物。

除了以上工作外，对于保税加工货物、减免税进口货物、暂准进出境货物等，在进出境前还需办理备案申请等手续；对于保税、减免税进口货物、暂准进出境货物等，进出境后还需在规定时间，以规定的方式向海关办理核销、结案等手续。

2.2.1.3 报关单位

报关单位是指依法在海关注册或经海关批准，向海关办理进出口货物报关纳税等海关事务的法人或其他组织。报关单位分为以下几种类型。

1. 进出口收发货人(自理报关单位)

进出口货物收发货人指的是依法向国务院对外贸易主管部门或者其委托的机构办理备案登记的对外贸易经营者。其重要的特征为拥有进出口经营权，经向海关备案登记后，只能为本单位的进出口货物报关。进出口货物收发货人自行办理报关业务称为**自理报关**。

对于一些未取得对外贸易经营者备案登记表但按照国家有关规定需要从事非贸易性进出口活动的单位，如境外企业、新闻、经贸机构、文化团体等依法在中国境内设立的常驻代表机构，少量货样进出境的单位，国家机关、学校、科研院所等组织机构，临时接受捐赠、礼品、国际援助的单位，国际船舶代理企业等，在进出口货物时，海关也视其为进出口货物收发货人，并办理相应的临时注册登记手续。

2. 报关企业(代理报关单位)

报关企业，是指按照规定经海关准予注册登记，接受进出口货物收发货人的委托，以进出口货物收发货人的名义或者以自己的名义，向海关办理代理报关业务，从事报关服务的境内企业法人。

进出境运输工具、货物、物品的报关是一项专业较强的工作，尤其是进出境货物的报关比较复杂，一些运输工具负责人、进出口货物收发货人或者物品的所有人由于经济、时间、地点等方面的原因不能或者不愿意自行办理报关手续，而委托代理人代为报关，从而形成了代收发货人报关的报关企业。

既然是受人之托，代为报关，则其报关行为必须严格按照报关委托合同办理。根据法律行为责任的不同，代理报关又分为直接代理报关和间接代理报关。

直接代理报关是指报关企业接受进出口货物收发货人的委托，以收发货人的名义办理报关业务的行为。在直接代理中，报关企业报关行为的法律后果直接作用于收发货人。

间接代理报关是指报关企业接受收发货人的委托以报关企业自身的名义向海关办理报关业务的行为。在间接代理中，报关企业应当承担与收发货人相同的法律责任。

目前,我国报关企业大多采取直接代理形式报关,只有经营快件业务的营运人等国际货物运输代理企业才适用间接代理形式报关。

这里需特别注意的是报关企业没有外贸经营权,只能接受进出口货物收发货人的委托报关。

目前我国从事报关服务的报关企业主要有两类:一类是经营国际货物运输代理、国际运输工具代理等业务,兼营进出口货物代理报关业务的国际货物运输代理公司等;另一类是主营代理报关业务的报关公司或报关行。两类报关单位主营业务、经营审批及报关范围的比较见表2-1。

表 2-1 两类报关单位主营业务、经营审批及报关范围的比较

报关单位		主营业务	经营审批	报关或代理报关范围
进出口货物收发货人		对外贸易经营	对外贸易主管部门 海关报关备案登记	自营进出口货物的报关或委托报关企业代理报关
报关企业	报关公司、报关行	报关纳税服务	海关报关注册登记许可	接受进出口货物收发货人委托,代理报关纳税
	货代公司	国际货物运输代理或国际运输工具代理	对外贸易主管部门或交通主管部门	

2.2.1.4 报关活动相关人

报关活动相关人主要指的是经营海关监管货物仓储业务的企业、保税货物的加工企业、转关运输货物的境内承运人等。

这些企业、单位虽然不办理报关业务,但是其生产经营活动和报关活动密切相关,并承担着相应的海关义务和法律责任,我们称之为报关活动相关人。

1. 海关监管货物仓储企业

经营海关监管货物仓储业务的企业,目前主要有以下几种类型。

(1) 在海关监管区内存放海关监管货物的仓库、场所,一般存放海关尚未放行的进口货物和已办理申报、放行手续尚待装运离境的出口货物;

(2) 保税仓库,主要存放经口岸海关放行后按海关保税制度继续监管的货物;

(3) 出口监管仓库,专门存放已向海关办完全部出口手续的出口货物;

(4) 其他经海关批准存放海关监管货物的仓库、场所。

2. 从事加工贸易生产加工的企业

具有法人资格的加工企业接受加工贸易经营单位的委托,将进口料件按经营单位与外商签订的加工贸易合同规定加工成品后,交由其委托人即经营单位,由委托人办理相应的成品出口手续。

有的加工企业是纯粹的受其他企业委托进行生产加工的企业,本身无进出口经营权,更无报关权,是纯粹的报关活动的相关人。

有的加工企业除了受其他企业委托进行生产加工外,自身也有对外生产加工贸易合同。在前一种情况下,企业须向海关办理保税加工的注册登记手续,接受海关监管,视为报关活动的相关人;在后一种情况下,海关视其为加工贸易经营单位即报关单位。

3. 转关运输货物的境内承运人

转关运输货物的境内承运人是指经海关批准从事转关运输的企业，其运输工具和驾驶人员须向海关注册登记并应具备密封装置和加封条件。

虽然报关活动相关人不是报关单位，故而一般情况下，不负责报关及纳税，但由于其生产经营活动和海关的监管货物密切相关，所以和报关单位一样，其生产经营活动必须得到海关许可，并办理海关注册登记手续。若其生产经营违反《海关法》和有关法律、行政法规的，要承担相应的行政、刑事法律责任。如，在生产经营活动中，除不可抗力外，导致海关监管货物损毁或者灭失的，应承担相应的纳税义务和法律责任。

2.2.1.5 报关行业协会

中国报关协会(China Customs Brokers Association，CCBA)，于2002年12月11日成立，是由中华人民共和国民政部注册，由经海关批准的从事报关的企业、地方报关协会、报关单位和个人自愿结成的非营利性质的具有法人资格的全国性行业组织。

中国报关协会是中国唯一的全国性报关行业组织，协会成员包括报关企业、进出口货物收发货人及其报关员。中国报关协会受民政部和海关总署双重管理，其登记管理机关为民政部，业务主管单位为海关总署。

中国报关协会的宗旨是配合政府部门加强对我国报关行业的管理，维护、改善报关市场的经营秩序，促进会员间的交流与合作，依法代表本行业利益，保护会员的合法权益，促进我国报关服务行业的健康发展。

报关行业协会是报关行业自律性的管理力量，也是海关与企业沟通的桥梁。中国报关协会自成立以来，在行业自律方面做了大量工作。2003年12月21日，中国报关协会第一届理事会第二次会议全体审议通过了《报关行业自律准则(试行)》和《报关员公约》，对行业自律机制的创建打下了较好的基础。

知识链接

中国报关协会已成为中国海关和商界共同推进贸易便利化的助推器

中国报关协会成立于2002年，凝聚着5 340家会员和全国28万多家报关单位及18万多名取得报关员资格证书并注册的报关员。这些报关单位和报关员在全国400多个口岸承担着每年4 000多万份进出口报关单的申报工作。

中国报关协会成立以后，针对报关市场上报关委托代理不规范、不统一的状况，规范统一了代理报关委托书格式，明确了委托双方法律地位和各自责任，为报关员做好“合理审查”、准确填制报关单创建了规范统一的提示性范本。同时，中国报关协会根据报关单填制差错率比较高的情况，大力推广报关复核员制度的做法，要求报关企业都应设定与报关员数量相当的报关复核员，企业的报关单必经报关复核员复核签章后才能报出。这项措施大大降低了报关单删改率，加快了通关速度。

据悉，中国报关协会分别于2003年、2004年加入亚洲报关协会同盟和国际报关协会同盟。会长黄汝凤当选为国际报关协会同盟的常务理事、亚洲大洋洲报关协会同盟(地区性行业协会)的副主席。

(资料来源：天津电子口岸)

2.2.2 报关单位报关管理制度

报关管理制度是指海关依法对报关企业和报关员的注册登记许可、报关单位和报关员的注册登记、报关单位和报关员的报关行为进行规范和管理的业务制度。实施的目的是为了加强对报关单位及其报关员的主体资格管理，规范报关行为，明确报关单位、报关员的法律地位和法律责任。本节专门讲述报关单位的报关管理制度，主要分为报关单位注册登记制度、报关单位行为准则和报关单位的法律责任。

2.2.2.1 报关单位注册登记制度

《海关法》第十一条规定进出口货物收发货人、报关企业办理报关手续，必须依法经海关注册登记，未依法经海关注册登记的企业不得从事报关业务。

所以进出口货物收发货人、报关企业必须依法向海关提交规定的注册登记申请材料，并经注册地海关审核批准后方可办理报关业务。

报关单位注册登记分为进出口收发货人注册登记和报关企业注册登记，其步骤如下。

1. 进出口货物收发货人注册登记

进出口货物收发货人注册登记属于备案性质，不属于行政许可。凡有权从事对外贸易经营活动的境内法人、其他组织和个人(个体工商户)均可直接向其所在地海关办理注册登记。

进出口货物收发货人申请注册登记时，应当提交的文件材料包括：企业法人营业执照副本复印件(个人独资、合伙企业或者个体工商户提交营业执照)；对外贸易经营者登记备案表复印件(法律、行政法规或者商务部规定不需要备案登记的除外)；企业章程复印件(非企业法人免提交)；税务登记证书副本复印件；银行开户证复印件；组织机构代码证书副本复印件；报关单位情况登记表、报关单位管理人员情况登记表；其他与注册登记有关的文件材料。

对符合条件的申请人，由注册地海关核发"中华人民共和国海关进出口货物收发货人报关注册登记证书"，至此，进出口货物收发货人具有报关权，可以在全国各口岸为自身货物的进出口办理报关，在海关的管理中定位为自理报关单位。

2. 报关企业注册登记

报关企业，即代理报关单位，主要包括报关行、国际货物运输公司等，由于是专业性的报关单位，所以其办理报关注册登记的手续和条件相对复杂。

海关要求报关企业应该具有一定的经营规模、相当数量的报关专业人员和有经验的管理人员，并具备健全的组织机构和财务管理制度，同时应对报关服务市场有一定的了解。

为此，海关对报关企业规定了具体的设立条件，达到条件者方可获得报关企业注册登记许可，继而办理报关企业注册登记。

(1) 报关企业注册登记许可。

企业在申请报关企业注册登记许可时，需满足以下条件：具备境内企业法人资格条件；企业注册资本不低于人民币 150 万元；健全的组织机构和财务管理制度；报关员人数不少于 5 名；投资者、报关业务负责人、报关员无走私记录；报关业务负责人具有 5 年以上从事对外贸易工作经验或者报关工作经验；无因走私违法行为被海关撤销注册登记许可的记录；有符合从事报关服务所必需的固定经营场所和设施；海关监管所需要的其他条件等。

① 报关企业注册登记许可申请的流程。

申请报关企业注册登记许可的申请人应当到所在地直属海关对外公布受理申请的场所向海关提出申请。

提出申请时应提交的材料包括：报关企业注册登记许可申请书；企业法人营业执照副本或者企业名称预先核准通知书复印件；企业章程；出资证明文件复印件；所聘报关从业人员的报关员资格证书复印件；从事报关服务业可行性研究报告；报关业务负责人工作简历；报关服务营业场所所有权证明、租赁证明；其他与申请注册登记许可相关的材料等。

申请人可以委托代理人提出注册登记许可申请。申请人委托代理人代为提出申请的，应当出具授权委托书。

对申请人提出的申请，海关应当根据下列情况分别作出处理：申请人不具备报关企业注册登记许可申请资格的，应当作出不予受理的决定；申请材料不齐全或者不符合法定形式的，应当当场或者在签收申请材料后5日内一次告知申请人需要补正的全部内容，逾期不告知的，自收到申请材料之日起即为受理；申请材料仅存在文字性、技术性或者装订等可以当场更正的错误的，应当允许申请人当场更正，并且由申请人对更正内容予以签章确认；申请材料齐全、符合法定形式，或者申请人按照海关的要求提交全部补正申请材料的，海关应当受理报关企业注册登记许可申请，并作出受理决定。

海关受理申请后，应当根据法定条件和程序进行全面审查，并于受理注册登记许可申请之日起20日内审查完毕，将审查意见和全部申请材料报送直属海关。直属海关应当自收到接受申请的海关报关的审查意见之日起20日内作出决定。

申请人的申请符合法定条件的，海关应当依法作出准予注册登记许可的书面决定，并通知申请人。申请人的申请不符合法定条件的，海关应当依法作出不准予注册登记许可的书面决定，并且告知申请人享有依法申请行政复议或者提起行政诉讼的权利。

② 报关企业跨关区分支机构注册登记许可。

报关企业如需要在注册登记许可区域外（即另一直属海关关区）从事报关服务的，应当依法设立分支机构，并且向拟注册登记地海关递交报关企业分支机构注册登记许可申请。

申请分支机构注册登记许可的报关企业应当符合的条件包括：报关企业自取得海关核发的“中华人民共和国海关报关企业报关注册登记证书”（以下简称“报关企业登记证书”）之日起满2年；报关企业自申请之日起最近两年未因走私受过处罚。同时，报关企业每申请一项跨关区分支机构注册登记许可，应当增加注册资本人民币50万元。

报关企业跨关区设立的分支机构拟取得注册登记许可的，应当具备的条件包括：符合境内企业法人分支机构设立条件；报关员人数不少于3名；有符合从事报关服务所必需的固定经营场所和设施；分支机构负责人应当具有5年以上从事对外贸易工作经验或者报关工作经验；报关业务负责人、报关员无走私行为记录。

海关比照报关企业注册登记许可程序规定作出是否准予跨关区分支机构注册登记许可的决定。

③ 报关企业及其跨关区分支机构注册登记许可期限。

报关企业及其跨关区分支机构注册登记许可期限均为2年。被许可人需要延续注册登记许可有效期的，应当办理注册登记许可延续手续。

报关企业未办理注册登记许可延续手续或者海关未准予注册登记许可延续的，自丧失注册登记许可之日起，其跨关区分支机构注册登记许可自动终止。

④ 报关企业注册登记许可的变更和延续。

报关企业及其分支机构注册登记许可中的企业名称及其分支机构名称、企业注册资本、法定代表人(负责人)有变更的,应以书面形式到注册地海关申请变更注册登记许可。注册地海关对被许可人提出的变更注册登记许可申请按照注册登记许可程序进行初审,并且上报直属海关决定。直属海关依法审查后,对符合法定条件、标准的,应当准予变更,并且作出准予变更决定。海关准予变更注册登记的报关企业及其分支机构凭直属海关变更决定到相关管理部门办理变更手续。

报关企业及其分支机构注册登记许可需要进行延续的,应当在有效期届满 40 天前向海关提出延续申请并递交海关规定的材料。海关比照注册登记许可程序在有效期届满前对报关企业的申请予以审查,对符合注册登记许可条件的,并且符合法律、行政法规、海关规章规定的延续注册登记许可应当具备的其他条件的,依法作出准予延续的决定,延续的有效期为 2 年。海关对不再具备注册登记许可的条件,或者不符合法律、行政法规、海关规章规定的延续注册登记许可应具备的条件的报关企业或者其分支机构,不予延长其注册登记许可。对未按照规定申请注册登记许可延续或者海关不予延长其注册登记许可的报关企业或者其分支机构,海关不再接受其办理报关业务。

⑤ 报关企业注册登记许可的撤销。

有下列情形之一的,作出注册登记许可决定的直属海关,根据利害关系人的请求或者依据职权,可以撤销注册登记许可:海关工作人员滥用职权、玩忽职守作出准予注册登记许可决定的;超越法定职权作出准予注册登记许可决定的;违反法定程序作出准予注册登记许可决定的;对不具备申请资格或者不符合法定条件的申请准予注册登记许可的;依法可以撤销注册登记许可的其他情形。被许可人以欺骗、贿赂等不正当手段取得注册登记许可的,应当予以撤销。海关依照规定撤销注册登记许可时,可能对公共利益造成重大损害的,可不予撤销。

⑥ 报关企业注册登记许可的注销。

有下情形之一的,海关应当依法注销注册登记许可:有效期届满未延续的;报关企业依法终止的;注册登记许可依法被撤销、撤回,或者注册登记许可证件被吊销的;因不可抗力导致注册登记许可事项无法实施的;法律、行政法规规定的应当注销注册登记许可的其他情形。

两类报关单位报关注册登记与报关权限的比较见表 2-2。

表 2-2 两类报关单位报关注册登记与报关权限的比较

报关单位类别		报关注册登记许可	报关注册登记	报关权限
进出口货物收发货人		无须办理	向企业所在地海关办理(有效期 3 年)	可以在中国关境内各口岸或海关监管业务集中的地点办理本企业进出口货物的报关业务(自理报关)
报关企业	报关公司、报关行	向所在地海关办理注册登记许可,由直属海关审批	向企业所在地海关办理,由其向直属海关备案(有效期 2 年)	可以由关区内各分支机构在直属海关各口岸或海关监管业务集中的地点接受进出口货物收发货人的委托代理报关
	货代公司	报关企业跨关区分支机构向拟注册登记地海关办理,由其所属直属海关审批	向跨关区分支机构所在地海关办理注册登记手续	可以在所在口岸或海关监管业务集中的地点接受进出口货物收发货人的委托代理报关

(2) 报关企业注册登记手续。

报关企业申请人经直属海关注册登记许可后,应当到工商行政管理部门办理许可经营项目登记,并且自工商行政管理部门登记之日起90日内到企业所在地海关办理注册登记手续。逾期,海关不予注册登记。

注册登记流程如下。

① 报关企业申请办理注册登记,应当提交的文件材料包括:直属海关注册登记许可文件复印件;企业法人营业执照副本复印件(分支机构提交营业执照);税务登记证书副本复印件;银行开户证明复印件;组织机构代码证书副本复印件;报关单位情况登记表;报关单位管理人员情况登记表;报关企业与所聘报关员签订的用工劳动合同复印件;其他与报关注册登记有关的文件材料。

② 注册地海关依法对申请注册登记材料是否齐全、是否符合法定形式进行核对。申请材料齐全、符合法定形式的申请人由注册地海关核发报关企业登记证书。报关企业凭以办理报关业务。

3. 报关单位注册登记换证、变更和注销

(1) 换证。

海关规定,报关企业登记证书有效期限为2年,收发货人登记证书有效期限为3年。报关企业在登记证书有效期满之前,应当办理注册登记许可延期手续和换领报关企业报关登记证书手续。

(2) 报关单位的变更登记。

进出口货物收发货单位名称、企业性质、企业住所、法定代表人(负责人)等海关注册登记内容发生变更的或者报关企业取得变更登记许可后,应当自批准变更之日起30日内,向注册地海关提交变更后的工商营业执照或者其他批准文件及复印件,办理变更手续。

(3) 报关单位的注销登记。

报关单位有下列情形之一的,应当以书面形式向注册地海关报告。海关在办结有关手续后,依法办理注销注册登记手续:破产、解散、自行放弃报关权或者分立成两个以上新企业的;被工商行政管理部门注销登记或吊销营业执照的;丧失独立承担责任能力的;报关企业丧失注册登记许可的;进出口货物收发货人的对外贸易经营者备案登记表或者外商投资企业批准证书失效的;其他依法应当注销注册登记的情形。

2.2.2.2 报关单位的报关行为规则

1. 进出口货物收发货人的报关行为规则

进出口货物收发货人在海关办理注册登记后,可以在中华人民共和国关境内各个口岸或者海关监管业务集中的地点办理本单位的报关业务,但不能代理其他单位报关。

进出口货物收发货人自行办理报关业务时,应当通过本单位所属的报关员向海关办理。

进出口货物收发货人也可以委托海关准予注册登记的报关企业,由报关企业所属的报关员代为办理报关业务。

进出口货物收发货人不得委托未取得注册登记许可、未在海关办理注册登记的单位或者个人办理报关业务。

进出口货物收发货人办理报关业务时，向海关递交的纸质进出口货物报关单必须加盖本单位在海关备案的报关专用章。

进出口货物收发货人应对其所属报关员的报关行为承担相应的法律责任。进出口货物收发货人所属的报关员离职，应当自报关员离职之日起7日内向海关报告并将报关员证件交注册地海关予以注销；报关员未交还报关员证件的，其所在单位应当在报刊上声明作废，并向注册地海关办理注销手续。

2. 报关企业的报关行为规则

(1) 报关企业报关服务的地域范围。

报关企业可以在依法取得注册登记许可的直属海关关区内各口岸或者海关监管业务集中的地点从事报关服务，但是应当在拟从事报关服务的口岸地或者海关监管业务集中的地点依法设立分支机构，并且在开展报关服务前按规定向直属海关备案。

报关企业如需要在注册登记许可区域以外从事报关服务的，应当依法设立分支机构，并且向拟注册登记地海关申请报关企业分支机构注册登记许可。报关企业分支机构经海关依法准予注册登记许可的，向海关办理注册登记后，可在所在地口岸或者海关监管业务集中的地点从事报关服务。报关企业对其分支机构的行为承担法律责任。

(2) 报关企业从事报关服务应当履行的义务。

① 遵守法律、行政法规、海关规章的各项规定，依法履行代理人职责，配合海关监管工作，不得违法滥用报关权。

② 依法建立账簿和营业记录。真实、正确、完整地记录其受委托办理报关业务的所有活动，详细记录进出口时间、收发货单位、报关单号、货值、代理费等内容，完整保留委托单位提供的各种单证、票据、函电，接受海关稽查。

③ 报关企业应当与委托方签订书面的委托协议，委托协议应当载明受托报关企业名称、地址，委托事项，双方责任，期限，委托人的名称、地址等内容，由双方签章确认。

④ 报关企业接受进出口货物收发货人的委托，办理报关手续时，应当承担对委托人所提供情况的真实性、完整性进行合理审查的义务。审查内容包括：证明进出口货物的实际情况的资料，包括进出口货物的名称、规格、用途、产地、贸易方式等；有关进出口货物的合同、发票、运输单据、装箱单等商业单据；进出口所需的许可证件及随附单证；海关要求的加工贸易手册（纸质或电子数据的）及其他进出口单证等。报关企业未对进出口货物收发货人提供情况的真实性、完整性履行合理审查义务或违反海关规定申报的，应当承担相应的法律责任。

⑤ 报关企业不得以任何形式出让其名义，供其他人办理报关业务。

⑥ 对于代理报关的货物涉及走私违规情事的，应当接受或者协助海关进行调查。

(3) 其他规则。

① 报关企业办理报关业务时，向海关递交的纸质进出口货物报关单必须加盖本单位在海关备案的报关专用章。报关企业的报关专用章仅限在其标明的口岸地或者海关监管业务集中地使用，每一口岸地或者海关监管业务集中地报关专用章应当只有1枚。

② 报关企业应对其所属报关员的报关行为承担相应的法律责任。报关企业所属的报关员离职，应当自报关员离职之日起7日内向海关报告并将报关员证件交注册地海关予以注销；报关员未交还报关员证件的，其所在单位应当在报刊上声明作废，并向注册地海关办理注销手续。

2.2.2.3　海关对报关单位的分类管理

为了鼓励企业守法自律，提高海关管理效能，保障进出口贸易的安全与便利，海关根据企业遵守法律、行政法规、海关规章、相关廉政规定和经营管理状况，以及海关监管、统计记录等，对在海关注册登记的进出口货物收发货人、报关企业的守法及进出口行为规范程度进行评估，划出信用差别，按照AA、A、B、C、D五个管理类别进行管理，并对企业的管理类别予以公开。海关按照守法便利原则，对适用不同管理类别的企业，制定相应的差别管理措施，其中AA类企业为经海关验证的信用突出企业，A类企业为信用良好企业，AA类企业和A类企业适用相应的通关便利措施；B类企业为信用一般企业，适用常规管理措施；C类企业为信用较差企业，D类企业为信用很差企业，C类企业和D类企业适用严密监管措施。

全国海关实行统一的企业分类标准、程序和管理措施。

1. 进出口货物收发货人管理类别的规定

(1) AA类进出口货物收发货人，应当同时符合下列条件：

① 已适用A类管理1年以上；

② 上一年度进出口总值3 000万美元(中西部1 000万美元)以上；

③ 经海关验证稽查，符合海关管理、企业经营管理和贸易安全的要求；

④ 每年报送“经营管理状况报告”和会计师事务所出具的上一年度审计报告；每半年报送“进出口业务情况表”。

(2) A类进出口货物收发货人，应当同时符合下列条件：

① 已适用B类管理1年以上；

② 连续1年无走私罪、走私行为、违反海关监管规定的行为；

③ 连续1年未因进出口侵犯知识产权货物而被海关行政处罚；

④ 连续1年无拖欠应纳税款、应缴罚没款项情事；

⑤ 上一年度进出口总值50万美元以上；

⑥ 上一年度进出口报关差错率3%以下；

⑦ 会计制度完善，业务记录真实、完整；

⑧ 主动配合海关管理，及时办理各项海关手续，向海关提供的单据、证件真实、齐全、有效；

⑨ 每年报送“经营管理状况报告”；

⑩ 按照规定办理“中华人民共和国海关进出口货物收发货人报关注册登记证书”的换证手续和相关变更手续；

⑪ 在商务、人民银行、工商、税务、质检、外汇、监察等行政管理部门和机构无不良记录。

(3) 进出口货物收发货人有下列情形之一的，适用C类管理：

① 有走私行为的；

② 1年内有3次以上违反海关监管规定行为，或者1年内因违反海关监管规定被处罚款累计总额人民币50万元以上的；

③ 1年内有2次因进出口侵犯知识产权货物而被海关行政处罚的；

④ 拖欠应纳税款、应缴罚没款项人民币50万元以下的。

(4) 进出口货物收发货人有下列情形之一的，适用D类管理：

① 有走私罪的；

② 1年内有2次以上走私行为的；

③ 1年内有3次以上因进出口侵犯知识产权货物而被海关行政处罚的；

④ 拖欠应纳税款、应缴罚没款项人民币50万元以上的。

(5) 进出口货物收发货人未发生C类管理和D类管理所列情形并符合下列条件之一的，适用B类管理：

① 首次注册登记的；

② 首次注册登记后，管理类别未发生调整的；

③ AA类企业不符合原管理类别适用条件，并且不符合A类企业管理适用条件的；

④ A类企业不符合原管理类别适用条件的。

(6) 在海关登记的加工企业，按照进出口货物收发货人实施分类管理。

2. 报关企业管理类别的规定

(1) AA类报关企业，应当同时符合下列条件：

① 已适用A类管理1年以上；

② 上一年度代理申报的进出口货物报关单及进出境备案清单总量在2万票(中西部5 000票)以上；

③ 经海关验证稽查，符合海关管理、企业经营管理和贸易安全的要求；

④ 每年报送“经营管理状况报告”和会计师事务所出具的上一年度审计报告；每半年报送“报关代理业务情况表”。

(2) A类报关企业，应当同时符合下列条件：

① 已适用B类管理1年以上；

② 企业及所属执业报关员连续1年无走私罪、走私行为、违反海关监管规定的行为；

③ 连续1年代理报关的货物未因侵犯知识产权而被海关没收；

④ 连续1年无拖欠应纳税款、应缴罚没款项情事；

⑤ 上一年度代理申报的进出口货物报关单及进出境备案清单等总量在3000票以上；

⑥ 上一年度代理申报的进出口报关差错率3%以下；

⑦ 依法建立账簿和营业记录，真实、正确、完整地记录受委托办理报关业务的所有活动；

⑧ 每年报送“经营管理状况报告”；

⑨ 按照规定办理注册登记许可延续及“中华人民共和国海关报关企业报关注册登记证书”的换证手续和相关变更手续；

⑩ 在商务、人民银行、工商、税务、质检、外汇、监察等行政管理部门和机构无不良记录。

(3) 报关企业有下列情形之一的，适用C类管理：

① 有走私行为的；

② 1年内有3次以上违反海关监管规定行为，或者1年内因违反海关监管规定被处罚款累计总额人民币50万元以上的；

③ 1年内代理报关的货物因侵犯知识产权而被海关没收达3次的；

④ 上一年度代理申报的进出口报关差错率在10%以上的；

⑤ 拖欠应纳税款、应缴罚没款项人民币50万元以下的；

⑥ 代理报关的货物涉嫌走私、违反海关监管规定拒不接受或者拒不协助海关进行调查的；

⑦ 被海关暂停从事报关业务的。

(4) 报关企业有下列情形之一的，适用D类管理：

① 有走私罪的；

② 1年内有2次以上走私行为的；

③ 1年内代理报关的货物因侵犯知识产权而被海关没收达4次以上的；

④ 拖欠应纳税款、应缴罚没款项人民币50万元以上的。

(5) 报关企业未发生C类管理和D类管理所列情形并符合下列条件之一的，适用B类管理：

① 首次注册登记的；

② 首次注册登记后，管理类别未发生调整的；

③ AA类企业不符合原管理类别适用条件，并且不符合A类企业管理适用条件的；

④ A类企业不符合原管理类别适用条件的。

3. 报关单位分类管理措施的实施

(1) AA类或者A类企业涉嫌走私被立案侦查或调查的，海关暂停其与管理类别相应的管理措施；暂停期内，按照B类企业的管理措施实施管理。

(2) 企业仅名称或者海关注册编码发生变化的，其管理类别可以继续适用，但是有下列情形之一的，按照下列方式调整：

① 企业发生存续分立，分立后的存续企业承继分立前企业的主要权利义务或者债权债务关系的，其管理类别适用分立前企业的管理类别，其余的分立企业视为首次注册企业；

② 企业发生解散分立，分立企业视为首次注册企业；

③ 企业发生吸收合并，合并企业管理类别适用合并后存续企业的管理类别；

④ 企业发生新设合并，合并企业视为首次注册企业。

(3) 报关企业代理进出口货物收发货人开展报关业务，海关按照报关企业和进出口货物收发货人各自适用的管理类别分别实施相应的管理措施。

因企业的管理类别不同导致与应当实施的管理措施相抵触的，海关按照下列方式实施：

① 报关企业或者进出口货物收发货人为C类或者D类的，按照较低的管理类别实施相应的管理措施；

② 报关企业和进出口货物收发货人均为B类及以上管理类别的，按照报关企业的管理类别实施相应的管理措施。

(4) 加工贸易经营企业与承接委托加工的生产企业管理类别不一致的，海关对该加工贸易业务按照较低的管理类别实施相应的管理措施。

(5) 对于有跨关区分支机构的报关企业，在适用或调整其管理类别时，对进出口货物报关单及进出境备案清单总量、报关差错量、拖欠应纳税款和应缴罚没款项等，以该报关企业及其分支机构之和计算。

由于跨关区分支机构原因产生的刑事、行政及拖欠应纳税款、应缴罚没款项等法律后果，在企业管理类别调整时，仅作用于该分支机构和设立分支机构的报关企业，而不作用于其他跨关区分支机构。

2.2.2.4 报关单位的法律责任

报关单位在办理报关业务时，应遵守国家有关法律、行政法规和海关的各项规定，并对所申报货物、物品的品名、规格、价格、数量等的真实性、合法性负责，承担相应的法律责任。

(1) 报关单位违反《中华人民共和国刑法》、海关法律法规，逃避海关监管，偷逃应纳税款，逃避国家有关进出境的禁止性或者限制性管理，情节严重、数额较大，构成犯罪的，依法追究刑事责任。

(2) 报关单位有违反《海关法》及有关法律、行政法规、海关规章或海关规定程序、手续尚未构成走私的行为，海关按《中华人民共和国海关行政处罚实施条例》的有关规定处理。

(3) 报关单位在办理报关业务的过程中，进出口货物的名称、税则号列、数量、规格、价格、贸易方式、原产地、启运地、运抵地、最终目的地或者其他应当申报的项目未申报或者申报不实的，分别依照下列规定予以处罚，有违法所得的，没收违法所得：

① 影响海关统计准确性的，予以警告或者处 1 000 元以上 1 万元以下罚款；

② 影响海关监管秩序的，予以警告或者处 1 000 元以上 3 万元以下罚款；

③ 影响国家许可证件管理的，处货物价值 5%以上 30%以下罚款；

④ 影响国家税收征收的，处漏缴税款 30%以上 2 倍以下罚款；

⑤ 影响国家外汇、出口退税管理的，处申报价格 10%以上 50%以下罚款。

在代理报关业务中，因进出口货物收发货人未按照规定向报关企业提供所委托报关事项的真实情况，致使发生上述情形的，有关法律责任由委托人承担；因报关企业对委托人所提供情况的真实性未进行合理审查，或者因工作疏忽致使发生上述情形的，可以对报关企业处货物价值 10%以下罚款，暂停其 6 个月以内从事报关业务，情节严重的，撤销其报关注册登记。

(4) 报关企业有下列情形之一的，责令改正，给予警告，可以暂停其 6 个月以内从事报关业务：

① 拖欠税款或者不履行纳税义务的；

② 报关企业出让其名义供他人办理进出口货物报关纳税事宜的；

③ 有需要暂停其从事报关业务的其他违法行为的。

(5) 报关企业有下列情形之一的，海关可以撤销其注册登记：

① 报关企业构成走私犯罪或者 1 年内有 2 次以上的走私行为的；

② 所属报关员 1 年内 3 人次以上被海关暂停执业的；

③ 被海关暂停从事报关业务，恢复从事报关业务后 1 年内再次发生同类情形的；

④ 有需要撤销其注册登记的其他违法行为的。

(6) 报关企业非法代理他人报关或者超出海关准予的从业范围进行报关活动的，责令改正，处 5 万元以下罚款，暂停其 6 个月以内从事报关业务；情节严重的，撤销其报关注册登记。

(7) 进出口货物收发货人、报关企业向海关工作人员行贿的，撤销其报关注册登记，并处 10 万元以下罚款；构成犯罪的，依法追究刑事责任，并不得重新注册登记为报关企业。

(8) 未经海关注册登记从事报关业务的，予以取缔，没收违法所得，可以并处 10 万元以下罚款。

(9) 提供虚假资料骗取海关注册登记的，撤销其注册登记，并处 30 万元以下罚款。

(10) 报关单位有下列情形之一的，海关予以警告，责令其改正，并可以处人民币 1 000 元以上 5 000 元以下罚款：

① 报关企业取得变更注册登记许可后或者进出口货物收发货人单位名称、企业性质、企业住所、法定代表人(负责人)等海关注册登记的内容发生变更，未按照规定向海关办理变更手

续的；

② 未向海关备案，擅自变更或者启用“报关专用章”的；

③ 所属报关员离职，未按规定向海关报告并办理相关手续的。

2.2.3 报关员报关管理制度

报关员是指依法取得报关员从业资格，并在海关注册登记，向海关办理进出口货物报关业务的人员。

报关员是联系报关单位和海关之间的桥梁，在进出口货物的通关工作中起着重要作用。报关职业要求报关员必须具备一定的学识水平和实际业务能力，必须熟悉与货物进出口有关的法律、对外贸易、商品知识，必须精通海关法律、法规、规章并具备办理报关业务的技能。因此，提高报关员的业务水平，对于提高通关速度和海关现场的工作效率，增强报关单位的经济效益和声誉具有重要的意义。

成为一名报关员首先是通过报关员资格全国统一考试，取得报关员资格证书，然后受聘于某报关单位，向海关注册登记后取得报关证。

2.2.3.1 报关员注册登记管理制度

1. 报关员从业资格许可制度

《海关法》第十一条规定报关人员必须依法取得报关资格，未依法取得报关从业资格的人员，不得从事报关业务。

该规定明确了报关员从业资格许可制度，我国报关员从业资格许可是通过报关员资格全国统一考试和颁发报关员资格证书的形式进行的。

报关员资格全国统一考试由海关总署组织、领导，考试科目包括报关专业知识、报关专业技能、报关相关知识和与报关工作相关的法律法规，由海关总署负责确定考试原则，制定考试大纲、规则，并在全国范围内统考。

通过考试，海关对符合报名条件的人员进行全面、系统的业务知识水平和能力的检测，甄别其是否符合报关职业的基本要求，并通过行政许可的方式对其中符合条件者颁发报关员资格证书。

(1) 报关员资格考试的报名条件。

我国海关规定，报关员资格考试的报名条件是具有中华人民共和国国籍；年满18周岁，具有完全的民事行为能力；遵纪守法，品行端正；具有专科学校毕业以上的学历。

下列人员不得报名参加考试：

① 因触犯刑法受到刑事处罚的；

② 因在报关活动中发生走私或严重违反海关规定行为，被海关依法取消报关从业资格的；

③ 因向海关工作人员行贿，被海关依法撤销报关登记，取消报关从业资格的；

④ 曾被宣布考试成绩无效，并被撤销报关员资格，吊销资格证书，不满3年的。

(2) 报名手续。

申请参加考试的人员可以就近报名。报名时应当按规定交纳有关费用。海关对符合条件者准予报名并发放准考证，考生凭准考证及身份证件参加资格考试。

(3) 报关员资格证书的颁发。

海关总署核定并公布全国统一合格分数线。成绩合格的考生可在考试后依法向直属海关或其授权委托的隶属海关申请资格许可并接受审核，海关对符合条件者依法颁发报关员资格证书。

报关员资格证书是从事报关工作的专业资格证明，由海关总署统一制定，在全国范围内有效，持有资格证书者可以按规定申请注册成为报关员。

2. 报关员注册登记

取得报关员资格证书代表证书持有人拥有了从事报关活动的资格，但取得资格证书者并不是报关员，资格证书持有者还必须受雇于某一个报关单位，并在海关注册登记，才成为报关员，才可以向海关办理进出口货物的报关业务。

我国海关不接受由报关员以个人名义向海关申请的注册登记。取得报关员资格证书者，必须受聘于一家报关单位，并由该报关单位为其向海关申请注册登记后，才成为一名报关员。

报关员的报关行为是基于报关单位的授权而从事，是职务行为。所以报关单位对其所属报关员的报关行为承担相应的法律责任。但若报关员明知报关单位的行为违法而故意实施，应当与报关单位一并承担连带责任。

注册程序如下：

(1) 报关单位向海关提出申请。

依法取得报关员资格证书者，如需注册成为报关员，应由其所属的已在海关注册登记的报关单位向所在地海关提出报关员注册的申请。

除了有效的报关员资格证书外，还需具备下列文件或资料：报关员注册申请书；海关核发的报关企业登记证书或者收发货登记证书，申请注册人所属报关单位的用工劳动合同或证明申请注册人为本单位正式职工的人事证明文件；申请注册人有效的身份证件；申请注册人的近期免冠照片；海关需要的其他文件或资料。

(2) 海关审核。

海关对申请报关员注册的报关单位提交的上述有关文件或资料进行审核，确定其真实性、合法性、有效性，作出是否符合注册条件的审核意见，并决定是否给予注册。

(3) 颁发报关员证。

海关对符合报关员注册条件的人员予以办理注册手续，根据报关单位的性质，颁发不同的报关员证，并在报关员资格证书上批注。

报关员证是报关员在取得职业资格的前提下，取得从业资格的最终证明文件，凭该证可以向海关办理报关业务。

海关对进出口收发货人和报关企业的报关员分别发给两种不同颜色的报关员证，以便能一目了然地区分其报关业务范围，对其实施不同的管理措施。

对实行报关员条码卡管理的部分地区，海关对持有报关员证的报关员核发报关员条码卡。报关员报关时，根据不同情况，在交验报关单及有关单据时，应同时出示报关员证或交验报关员条码卡。如果报关员条码卡显示的身份与报关单的有关数据不符，海关将不接受报关。

3. 报关员的调动及离职

报关员调动工作单位，应持调出和调入双方单位的证明文件向调入单位所在地海关重新办理注册登记手续，经海关核准后，换发新的报关员证和报关员条码卡。

对本单位脱离报关员工作岗位和被企业解聘的报关员,企业应及时收回其报关员证和报关员条码卡,交海关办理注销手续。因未办理注销手续而发生的法律责任由企业自行负责。

2.2.3.2 报关员的权利和义务

1. 报关员的权利

(1) 根据海关规定,代表所属报关单位办理进出口货物的报关业务。

(2) 有权拒绝办理所属单位交办的单证不实、手续不齐全的报关业务。

(3) 根据《海关法》及有关法律规定,对海关的行政处罚决定不服的,有权向海关申请复议,或者向人民法院起诉。

(4) 有权根据国家法律法规对海关工作进行监督,并有权对海关工作人员的违法、违纪行为进行检举、揭发和控告。

(5) 有权举报报关活动中的走私违法行为。

2. 报关员的义务

(1) 遵守国家有关法律、法规和海关规章,熟悉所申报货物的基本情况。

(2) 提供齐全、正确、有效的单证,准确填制进(出)口货物报关单,并按有关规定办理进出口货物的报关手续。

(3) 海关检查进出口货物时,应按时到场,负责搬移货物、开拆和重封货物的包装。

(4) 在规定的时间、负责办理交纳所报货物的各项税费手续、海关罚款手续和销案手续。

(5) 配合海关对企业的稽查和对走私、违规案件的调查。

(6) 协助本企业完整保存各种原始报关单证、票据、函电等业务资料。

(7) 应按规定参加海关对报关员的记分考核。

(8) 承担海关规定报关员办理的与报关业务有关的工作。

2.2.3.3 报关员行为规范

报关员代表所属单位向海关办理报关业务时,应遵守下列行为规范:

(1) 不得同时兼任两个或两个以上报关单位的报关工作;

(2) 应在所属报关单位规定的报关地域范围内办理本企业授权承办的报关业务;

(3) 应持有效的报关员证件办理报关业务,其签字应在海关备案;报关员证件不得转借、涂改;报关企业的报关员办理报关业务,应交验委托单位的委托书;

(4) 调往其他单位从事报关工作,应持调出、调入双方单位的证明文件以及有效的报关员资格证书,向调入单位所在地海关申请办理重新注册手续;

(5) 遗失报关员证件,应及时向注册地海关递交情况说明,并登报声明作废。海关于声明作废之日起 20 日内予以补发,在此期间不得办理报关业务。

2.2.3.4 报关员的法律责任

(1) 报关员在报关活动中,违反《海关法》和相关法律、行政法规的,由海关或其他部门给予相应的处理和行政处罚,构成犯罪的,依法移送司法机关追究其刑事责任。

(2) 报关员因工作疏忽或在代理报关业务中因对委托人所提供情况的真实性未进行合理审查,致使发生进出口货物的品名、税则号列、数量、规格、价格、贸易方式、原产地、起运地、运抵地、最终目的地或者其他应当申报的项目未申报或者申报不实的，海关可以暂停其6个月以内报关执业；情节严重的，取消其报关从业资格。

(3) 报关员被海关暂停其报关执业，恢复从事有关业务后1年内再次被暂停报关执业的，海关可以取消其报关从业资格。

(4) 报关员非法代理他人报关或者超出海关准予的从业范围进行报关活动的，责令改正，处5万元以下罚款，暂停其6个月以内报关执业；情节严重的，取消其报关从业资格。

(5) 报关员向海关工作人员行贿的，取消其报关从业资格，并处10万元以下罚款；构成犯罪的，依法追究刑事责任，并不得重新取得报关从业资格。

(6) 未取得报关从业资格从事报关业务的，予以取缔，没收违法所得，可以并处10万元以下罚款。

(7) 提供虚假资料骗取海关注册登记、报关从业资格的，撤销其注册登记、取消其报关从业资格，并处30万元以下罚款。

(8) 报关员有违反《海关法》行为，受到海关按照《海关法》、《海关行政处罚实施条例》规定吊销其报关员证件处罚的，5年内不得重新申请报关员注册。

2.2.3.5 报关员的考核管理

依照《海关法》、《海关行政处罚实施条例》对报关员行为进行约束，海关采取的是刑罚、资格罚和财产罚三种形式。

对于报关员报关中报关单填制不规范、报关行为不规范，以及有违规违法行为但未被海关暂停执业、撤销报关从业资格的报关员的违规违法行为，适用于海关总署制定的《中华人民共和国海关对报关员记分考核管理办法》，简称《记分考核管理办法》。

《记分考核管理办法》其实质是一种教育和管理措施，而不是行政处罚。它通过对报关员记分，对记分达到一定分值的报关员中止其报关员证效力、不再接受其办理报关手续，并对其实行岗位考核管理，考核合格者，方可重新上岗。其目的是督促其增强遵纪守法意识，提高报关员自身业务水平。

1. 记分考核的具体内容

(1) 职能部门。

在记分考核中，海关的企业管理部门负责对报关员记分考核的职能指导、日常监督管理以及相关协调工作。海关通关业务现场及相关业务职能部门负责具体执行记分工作。

记分的行政行为以各级海关名义作出，记分时，海关人员应当将记分原因和记分分值以电子或者纸质告知单的形式告知报关员。

(2) 记分周期。

记分周期从每年1月1日起至12月31日止，报关员在海关注册登记之日起至当年12月31日不足1年的，按一个记分周期计算。一个记分周期期满后，记分分值累加未达30分的，该周期内的记分分值予以消除，不转入下一个记分周期。但报关员在一个记分周期内办理变更注册登记报关单位或者注销手续的，已记分分值在该记分周期内不予以消除。

(3) 记分类别。

海关对报关员的记分考核，依据其报关单填制不规范、报关行为不规范的程度和行为性质，一次记分的分值分别为1分、2分、5分、10分、20分、30分。海关对报关员记分分值及记分原因见表2-3。

表 2-3　海关对报关员记分分值及记分原因

记分分值	记 分 原 因
记 1 分	1. 电子数据报关单的有关项目填写不规范，海关退回责令更正的； 2. 在海关签印放行前，因为报关员原因造成申报差错，报关单位向海关要求修改申报单证及其内容，经海关同意修改，但未对国家贸易管制政策的实施、税费的征收及海关统计指标造成危害的； 3. 未按照规定在纸质报关单及随附单证上加盖报关专用章及其他印章或者使用印章不规范的； 4. 未按照规定在纸质报关单及随附单证上签名盖章或者由其他人代表签名盖章的。
记 2 分	1. 在海关签印放行前，因为报关员填制报关单不规范，报关单位向海关申请撤销申报单证及其内容，经海关同意撤销，但未对国家贸易管制政策的实施、税费征收及海关统计指标等造成危害的； 2. 海关人员审核电子数据报关单时，要求报关员向海关解释、说明情况及补充材料或者要求提交货物样品等有关内容的，海关告知后报关员拒不解释、说明及补充材料或者拒不提供货物样品等有关内容，导致海关退回报关单的。
记 5 分	1. 报关员自接到海关"现场交单"或者"放行交单"通知之日起 10 日内，没有正当理由，未按照规定持打印出的纸质报关单，备齐规定的随附单证，到货物所在地海关递交书面单证并办理相关海关手续，导致海关撤销报关单的； 2. 在海关签印放行后，因为报关员填制报关单不规范，报关单位向海关申请修改或者撤销报关单(因出口更换舱单除外)，经海关同意且不属于走私、偷逃税等违法违规性质的； 3. 在海关签印放行后，海关发现因为报关员填制报关单不规范，报关单币值或者价格填报与实际不符，且两者差额在 100 万元人民币以下的； 4. 数量与实际不符，且有 4 位数以下差值，经海关确认不属伪报，但影响海关统计的。
记 10 分	1. 出借本人报关员证件、借用他人报关员证件或者涂改报关员证件内容的； 2. 在海关签印放行后，海关发现因报关员填制报关单不规范，报关单币值或者价格填报与实际不符，且两者差额在 100 万元人民币以上的； 3. 数量与实际不符，且有 4 位数以上差值，经海关确认不属伪报的。
记 20 分	因违反海关监管规定行为被海关予以行政处罚，但未被暂停执业、取消报关从业资格的。
记 30 分	因为走私行为被海关予以行政处罚，但未被暂停执业、取消报关从业资格的。

(4) 岗位考核。

《记分考核管理办法》规定：记分达到 30 分的报关员，海关中止其报关员证效力，不再接受其办理报关手续。报关员应当参加注册登记地海关的报关业务岗位考核，经岗位考核合格之后，方可重新上岗。

岗位考核由报关员注册地直属海关或者直属海关委托的单位负责组织。岗位考核内容为海关法律、行政法规、报关单填制规范及相关业务知识和技能。

报关员经岗位考核合格的，可以向注册登记地海关申请将原记分分值予以消除。岗位考核不合格的，应当继续参加下一次考核。

报关员记分已达 30 分，拒不参加考核的，直属海关可以将报关员的姓名及所在单位情况对外公告。

2. 记分考核的救济办法

考虑到记分考核管理与报关员的利益密切相关,《记分考核管理办法》规定:报关员对记分的行政行为有异议的,应当自收到电子或纸质告知单之日起7日内向作出该记分行政行为的海关部门提出书面申辩;海关应当在接到申辩申请7日内作出答复,对记分错误的应当及时予以更正。

对海关答复不服者,可根据《行政复议法》、《行政诉讼法》的规定,对该行政行为提请行政复议或行政诉讼。

2.3 项目小结

本项目重点介绍了有关报关的基本知识,重点说明了报关的相关概念、报关的分类、报关单位的种类、各类报关单位的注册登记手续办理、报关单位的报关行为规则及法律责任、如何取得报关员资格证书、如何办理报关员注册登记、报关员的权力义务、行为规范、法律责任及海关对报关员的考核管理。力争使学习者能掌握不同报关单位在海关注册登记手续如何办理,同时明确海关针对报关单位及报关员的相关管理规定,知道如何与之打交道,并能按照规章制度办理实际工作中的报关业务。

2.4 项目练习

1. 不定项选择题

(1) 某报关员遗失了报关员证,向海关说明情况后登报遗失声明,海关应当自收到情况说明和报刊声明证明之日起(　　)内予以补发。

A. 10天　　B. 20天　　C. 1个月　　D. 3个月

(2) 准确无误地填写进出口货物报关单位和报关数据的预录入,配合海关查验,对货物进行税则归类,计算税费,缴纳税费,提货,提供报关事宜咨询服务等项工作,是属于(　　)的基本业务范围。

A. 进出口企业　　B. 海关

C. 专业报关企业　　D. 银行

(3) 报关员是代表一个企业向海关办理报关事项的人员,他不仅应对本企业负责,同时也要配合海关做好工作,他应对其行为及所产生的后果承担相应的法律责任。按照规定,(　　)是报关员在报关活动中应该履行的义务。

A. 遵守国家有关法律、行政法规和有关规章

B. 配合海关对走私违规案件的调查

C. 负责在规定的时间内办理交纳所申报进出口货物的各项税费手续、海关罚款和销案手续

D. 协助本企业完整保存各种原始报关单证、票据、函电等资料

(4) 根据海关对报关企业和报关员的有关管理规定,报关行为中(　　)不符合海关关于报关资格和报关范围的规定。

A. 自理报关单位代理其他企业(单位)报关

B. 自理报关单位委托报关企业报关
C. 报关企业受外商投资企业的委托报关
D. 报关企业为本企业进出口的货物报关

(5) 取得报关单位资格的法定要求是：（ ）
A. 是对外贸易经营者　　B. 是境内法人或其他组织
C. 经海关注册登记　　D. 有一定数量的报关员

(6) 报关企业注册登记许可，应由下列哪个部门作出：（ ）
A. 海关总署　　B. 直属海关
C. 隶属海关　　D. 海关总署授权的直属海关或隶属海关

(7) 报关企业报关注册登记证书和进出口收发货人报关注册登记证书的有效期是：（ ）
A. 均为 2 年
B. 均为 3 年
C. 报关企业为 3 年，进出口货物收发货人为 2 年
D. 报关企业为 2 年，进出口货物收发货人为 3 年

(8) 海关对于未取得报关从业资格的人员从事报关业务：（ ）
A. 予以取缔，没收违法所得，可以并处 10 万元以下罚款
B. 予以取缔，没收违法所得，可以并处 10 万元以下罚款，且规定其 3 年内不得参加报关员资格全国统一考试
C. 以走私行为论处，给予相应的行政处罚
D. 无权处理该人员，但可以对其所属报关单位处以罚款

2. 思考题

(1) 进出口货物收发货人海关注册登记管理和报关企业注册登记管理有何不同？
(2) 报关企业注册登记许可和报关企业注册登记的内容及其之间的内在联系是什么？
(3) 成为一名报关员需要经过哪些程序？

3. 案例分析题

张某于 2009 年参加了报关员资格考试，2010 年 5 月获得了报关员资格证书，2010 年 6 月至 9 月，张某先后在 A、B 两家报关单位进行了报关业务实习。2010 年 10 月，张某被 C 报关单位聘用，张某在随后的工作中借用 C 单位的报关员李某的报关证从事报关业务工作，后被主管海关查明。

请思考

(1) 张某是否有合法的报关资格？
(2) C 报关单位能否于 2010 年 10 月为张某办理报关员注册手续？
(3) 张某与李某的行为分别应当受到怎样的处罚？

项目3

确定进出口商品名称与编码

知识目标

1. 熟悉商品归类总规则。
2. 了解 HS 协调制度的分类体系。
3. 掌握商品归类的基本知识。

能力目标

1. 能够获取、整理海关商品归类管理信息。
2. 根据《中华人民共和国进出口税则》、《进出口税则商品及品目注释》、《中华人民共和国进出口税则本国子目注释》及海关发布的商品归类决定、裁定等明确规定进出口商品的编码。

3.1 案例导读

错误归类引来海关行政处罚

2010 年 8 月至 10 月，丽诚公司在 A 海关出口 1 票钢铁类产品，申报品名为镍铁，出口税率为 10%。A 海关在监控中发现其存在归类风险，认为该商品的正确商品名称为“合金生铁”，正确商品编码应为 72015000，出口税率为 20%，对该公司进行补税处理。2011 年 2 月至 4 月，该公司在 B 海关又申报出口 1 票同类产品，申报过程中，丽诚公司向海关提供了真实的出口合同、发票、质检机构的检验报告，但没有接受 A 海关的归类纠正，仍然申报商品名称为镍铁，商品编码为 72026000，出口税率为 10%。B 海关发现该公司的违法行为，于 2011 年 6 月以申报不实对丽诚公司进行了行政处罚。

（资料来源：海关网，有修改）

思考题

商品归类有何重要意义？

3.2 理论与实务知识

3.2.1 《商品名称与编码协调制度》

根据《中华人民共和国海关进出口货物商品归类管理规定》,海关进出口商品归类是指在《商品名称及编码协调制度》(以下简称《协调制度》)商品分类目录体系下,以《中华人民共和国进出口税则》(以下简称《进出口税则》)为基础,按照《进出口税则商品及品目注释》(以下简称《商品及品目注释》)、《中华人民共和国进出口税则本国子目注释》(以下简称《本国子目注释》)以及海关总署发布的关于商品归类的行政裁定、商品归类决定的要求,确定进出口货物商品编码的活动。

目前世界上大多数国家的税则都是根据《商品名称及编码协调制度》(Harmonized Commodity Description And Coding System)(以下简称为《协调制度》或 H. S.)制定的,它是在《海关合作理事会商品分类目录》和联合国的《国际贸易标准分类目录》的基础上,参照国际上主要国家的税则、统计、运输等分类目录而制定的一个多功能的国际贸易商品分类目录。经国务院批准,中国海关于 1992 年 1 月 1 日起正式根据《协调制度》目录的分类原则和内容,实施海关进出口税则和统计商品目录,这是加快海关业务制度改革,促进我国海关管理现代化的重要举措。截至 2010 年 3 月,已有 204 个国家、地区和国际组织采用《协调制度》分类目录。

《协调制度》是一部完整、系统、通用、准确的国际贸易商品分类体系,它主要由品目和两位子目(共 6 位)组成,所列商品名称的分类及其编排是有一定规律的。从类来看,它基本上是按生产部类进行分类,即将同一生产部类的产品归在同一类里。从章来看,它基本上是按商品的属性或功能、用途进行分类。同时,每章中各品目的排列次序一般也是按动、植、矿物质产品顺序排列,而且较为明显的是原材料先于成品,加工程度低的产品先于加工程度高的产品,列名具体的品种先于列名一般的品种。

随着新产品的不断出现和国际贸易结构的变化,《协调制度》一般每隔若干年就会修订一次。自 1988 年正式生效以来,《协调制度》共进行了 4 次修订,形成了 1988 年、1992 年、1996 年、2002 年和 2007 年共 5 个版本。

我国目前实施的税则中对商品的分类,全部采用了《协调制度》目录中对商品的分类原则、结构和全部商品名称。同时,根据海关征税和海关统计工作的需要,我国在《协调制度》的基础上增设了本国子目(三级子目和四级子目),形成了我国海关进出口商品分类目录,进而分别编制了《进出口税则》和《中华人民共和国海关统计商品目录》(以下简称《统计商品目录》)。我国 2007 年版的税则将商品分为 22 大类,同时又根据中国进出口商品结构的特点、关税政策及海关统计的需要,将《协调制度》原有的 6 位数编码扩充为 8 位数编码,第 1 章至第 97 章(其中第 77 章为空章)的前 6 位数码及其商品名称与《协调制度》完全一致,第 7、第 8 两位数码是根据我国关税、统计和贸易管理的需要细分的。《进出口税则》中的商品号列称为品目,为征税需要,每项品目后列出了该商品税率;《统计商品目录》中的商品号列称为商品编号,为统计需要,每项商品编号后列出了该商品的计量单位,并增加了第二十二类"特殊交易品及未分类商品"

(内分第 98、第 99 章)。

3.2.2 《协调制度》的主要优点

《协调制度》是各国专家长期共同努力的结晶,它综合了国际上多种商品分类目录的长处,成为国际贸易商品分类的一种“标准语言”,从而方便了国际贸易,避免了各工作环节的重新分类和重新编号,其主要优点如下。

3.2.2.1 完整

《协调制度》目录将迄今世界上国际贸易的主要商品全部分类列出,同时,为了适应各国征税、统计等商品分类目录全向型的要求和将来技术发展的需要,还在各类、章列有起到“兜底”作用的“其他”项目,使国际贸易中的任何商品,包括目前还无法预计到的新产品都能在目录的体系中归入合适的位置,无论任何一种商品都不被排斥在该目录范围之外。

例如,第 1 章“活动物”,最后的品目号 “01.06 其他活动物”,该品目涵盖了除本章章注所规定不包括的以及本章以前品目号列名以外的所有活动物。又如,第一类“活动物;动物产品”的最后品目号“05.11”,就包括了其他品目号未列名的动物产品,这样,凡在其他品目难于归类或找不到合适品目号的动物产品就可放在该项“兜底”品目号。加之归类总规则规则四“最相类似”原则的综合运用,这就保证了目录对所有货品无所不包的特点。

3.2.2.2 系统

《协调制度》的分类原则遵循了一定的科学原理和规则,将商品按人们所了解的自然属性、生产部类和不同用途来分类排列,同样,还照顾了商业习惯和实际操作的可能。如第 84 章“机器设备”是本目录中最大的一章,它有 85 个 4 位数级品目号和近 600 个品目,目录把它大体上分为 7 个组:1. 品目号 8401:包括核反应堆、未辐射燃料元件和同位素分离机器及装置。2. 品目号 8402 至 8424:机器装置主要是根据其功能列名,具有较大的通用性,如锅炉、发动机、泵、制冷设备、包装机械、衡器、液体或粉末的喷射机械等。3. 品目号 8425 至 8478:是按机器所适用的行业排列,在同一品目号中的机器尽管功能不同,但却属于同一行业,这些机器是某一工业部门或某一行业的专用机械。这一组中又可进一步细分为 12 个小部分,品目号 8425 至 8431 为起重、装卸机械、土木工程机械、采矿、钻探机械;品目号 8432 至 8438 是农业及园艺机械、饮食制品加工机械;品目号 8439 至 8443 是纸及纸制品加工机械、印刷机械;品目号 8444 至 8453 是纺织、针织机械、皮革加工机械;品目号 8454、8455 是金属冶炼及铸造机械;品目号 8456 至 8466 为各种材料的加工机械;品目号 8467 为非电动的动力工具;品目号 8468 为焊接机器;品目号 8469 至 8473 为办公机械及自动化数据处理设备;品目号 8474、8475 为矿山及矿物加工机械;品目号 8476 为商业机械,品目号 8477、8478 为橡塑机械、烟草加工机械。4. 品目号 8479 为未列名具有独立功能的机器。5. 品目号 8480 为金属铸造用型模。6. 品目号 8481 至 8484 为机器的通用零件。7. 品目号 8485 为未列名的非电气零部件。

从以上的排列可以清楚地看出,尽管第 84 章所包含的货品千头万绪,非常庞杂,但由于编排具有一定的科学性,因此便于理解。便于归类,便于查找。

3.2.2.3 通用

该目录在国际上影响很大,目前已为一百多个国家(地区)所采用,并且还有许多国家正积极做好准备,以期尽快采用。采用同一分类目录的国家的进出口商品相互之间具有可比性。另外,该目录适用性强,它既适合于作海关税则目录,又适合于作对外贸易统计目录,还可适用于作国际运输、保险、生产、贸易等部门的商品分类目录。因此,可以说,《协调制度》目录的通用性超过了以往任何一个商品分类目录,加之作为《协调制度》主体的《协调制度国际公约》规定了缔约国的权利和义务,这就保证了该目录的有效统一的实施。

3.2.2.4 准确

《协调制度》目录所列品目的概念清楚,内涵和外延清楚明了,互相不存在交叉或重复。为保证做到这一点,除了目录的品目条文有非常清楚的表述外,还有作为归类总纲的归类总规则以及类注、章注、子目注释加以具体说明,因此,各条品目的范围都非常清楚。如品目号17.01的条文为"固体甘蔗糖、甜菜糖及化学纯蔗糖",凡固体糖一般均可归入此号,但17章的章注二规定了本章不包括"品目29.40的化学纯糖(蔗糖、乳糖、麦芽糖、葡萄糖及果糖除外)及其他产品",这样就把品目号17.01所包括的范围规定得十分清楚了。

此外,《协调制度》目录作为一个国际公约的附件,在国际上有专门的机构和人员对其进行维护和管理,各国还可通过对《协调制度》目录提出修正意见,争取本国的经济利益,统一疑难商品的归类。这些都不是一个国家的力量所能办到的,也是国际上采用的其他商品分类目录无法比拟的。如第13章本国注释"子目1302.1100的鸦片,我国禁止进口"即为我国自行添加,属于本国注释。

3.2.3 《协调制度》的基本结构

《协调制度》由三部分组成,分别是商品编码表、注释(类注、章注及子目注释)、归类总规则。

3.2.3.1 商品编码表

商品编码表在报关实践中表现为《税则》,即带有商品名称、商品编码、各种税率、法定计量单位及监管条件的编码表。因此,商品编码表是商品分类目录的主体,2011年《税则》共有22类,98章。

《协调制度》是一部系统的国际贸易商品分类表,所列商品名称的分类和编排是有一定规律的。从类来看,基本上是按社会生产的分工(或生产部类)分类的,将属于同一生产部类的产品归在同一类里,如农产品在第一、第二类,矿产品在第五类,化工产品在第六类,纺织工业产品在第十一类,冶金工业产品在第十五类等。在同一章内,动植物产品在前,矿产品居中,其他在后。例如,"61.01针织或钩编的男式大衣……",6101.1000~6101.9000依次为"羊毛或动物细毛制"、"棉制"、"化学纤维制"、"其他纺织材料制"。一般原材料产品在前,半成品居中,制成品居后。如第45章"软木及软木制品"共有四个品目,依次为"未加工或简单加工过的天然软木"、"天然软木坯料"、"天然软木制品"和"压制软木及其制品"。整机与零部件相比,整机在前,零部件在后。例如,机械设备、仪器仪表、飞机等。协调制度分类时,还注意照顾了商业习惯和实际操作的可行性。对某些进出口量较多,又难以按生产行业分类的商品,专列类、章和商品品目,如第二十类第94章的活动房屋即属这种情况。

《协调制度》采用的是结构式商品编码。目前,世界海关组织制定的协调制度中商品编码的数字是6位。根据国情需要,我国的商品名称与编码表中的商品编码数字是8位;根据海关监管的需要,《税则》中的部分商品编码数字是10位。

3.2.3.2 注释

《协调制度》中的注释有三类:各个大类的类注释、各个章的章注释和各章中的子目注释。其具体内容是,位于各个大类标题下的条文说明为类注释,简称类注;位于各个章标题下的条文说明为章注释,简称章注;位于类注、章注下的条文说明为子目注释。

在协调制度商品归类中,各注释是具有法律效力的商品归类依据。我们运用注释解决商品归类问题时,子目注释优先,章注为次,最后是类注。

3.2.3.3 归类总规则

归类总规则又称解释性总规则,因考虑到国际贸易中商品种类繁多,变化无穷,为完善归类制度,确保每一种商品都可以准确无误地归入某一固定编码,排除其他模棱两可的情况,《协调制度》设置了6条归类总规则。

3.2.4 《协调制度》归类总规则

《协调制度》将国际贸易中种类繁多的商品,依据其在国际贸易中所占的比重和地位,分成若干类、章、分章和品目。为使人们在对各种商品进行归类时有所遵循,并使各类商品能准确地归入相应的子目项下,不发生交叉、重复或归类的不一致,《协调制度》将其商品分类的普遍规则加以归纳总结,作为规则列出,并使之成为《协调制度》的基本组成部分,这就是《协调制度》归类总规则,所有进出口货物在《协调制度》中的归类都必须遵循这些规则。

货品在协调制度上的归类,应遵循以下六条规则。

3.2.4.1 规则一

类、章及分章的标题,仅为查找方便而设;具有法律效力的归类,应按品目条文和有关类注或章注确定,如品目、类注或章注无其他规定,则按以下规则确定。

本协调制度系统地列出了国际贸易的货品,将这些货品分为类、章及分章,每类、章或分章都有标题,尽可能确切地列明所包括货品种类的范围。但在许多情况下,归入某类或某章的货品种类繁多,类、章标题不可能将其一一列出。

因此,本规则一开始就说明,标题"仅为查找方便而设"。据此,标题对商品归类不具有法律效力。例如,"观赏鱼",从名称上来看似乎应归入第1章"活动物",但在第1章章注里明确规定了本章不包括"品目03.01、03.06或03.07的鱼、甲壳动物、软体动物及其他水生无脊椎动物",因此应在第3章中查找。

本规则第二部分规定,商品应按以下两条规则进行归类:

(1) 按照品目条文及任何相关的类、章注释的规定办理。

(2) 品目和类、章注释无其他规定的,可以根据其他规则的规定办理。

3.2.4.2 规则二

(1) 品目所列货品，应视为包括该项货品的不完整品或未制成品，只要在报验时该项不完整品或未制成品具有完整品或制成品的基本特征；还应视为包括该项货品的完整品或制成品（或按本款可作为完整品或制成品归类的货品）在报验时的未组装件或拆散件。

(2) 品目中所列材料或物质，应视为包括该种材料或物质与其他材料或物质混合或组合的物品。品目所列某种材料或物质构成的货品，应视为包括全部或部分由该种材料或物质构成的货品。由一种以上材料或物质构成的货品，应按规则三归类。

(1) 规则二(1)要解决的是不完整品(或未制成品)及物品的未组装件(或拆散件)的归类问题。

规则二(1)将所有列出某一些物品的品目范围扩大为不仅包括完整的物品，而且还包括该物品的不完整品或未制成品，只要报验时它们具有完整品或制成品的基本特征。本款规则的规定也适用于毛坯，除非该毛坯已在某一品目具体列名。所称“毛坯”，是指已具有制成品或制成零件的大概形状或轮廓，但还不能直接使用的物品。除极个别的情况外，它们须经进一步完善方可作为制成品或制成零件使用。

尚未具有制成品基本形状的半制成品(例如，常见的杆、盘、管等)不应作为“毛坯”对待。

鉴于第一类至第六类各品目的商品范围，本款规则这一部分的规定一般不适用于这六类所包括的货品。

规则二(1)的第二部分规定，完整品或制成品的未组装件或拆散件应归入已组装物品的同一品目。货品以未组装或拆散形式报验，通常是由于包装、装卸或运输上的需要，或是为了便于包装、装卸或运输。

本款规则也适用于以未组装或拆散形式报验的不完整品或未制成品，只要按照本规则第一部分的规定，它们可作为完整品或制成品看待。本款规则所称“报验时的未组装件或拆散件”，是指其零件可通过紧固件(螺钉、螺母、螺栓等)，或通过铆接、焊接等组装方法便可装配起来的物品。组装方法的复杂性可不予考虑，但其零件必须是无须进一步加工的制成品。

某一物品的未组装零件如超出组装成品所需数量的，超出部分应单独归类。

(2) 规则二(2) 要解决的是不同材料或物质的混合品或组合品的归类问题。

规则二(2)所适用的品目是列出某种材料或物质的品目(例如，品目 05.03 列出“马毛”)和列出某种材料或物质制成的货品的品目(例如，品目 45.03 列出“天然软木制品”)。应注意到，仅在品目条文和类、章注释无其他规定的条件下才能运用本款规则(例如，品目 15.03 列出“液体猪油，未经混合”，这就不能运用本款规则)。

在类、章注释或品目条文列为调制品的混合物，应按规则一的规定进行归类。

本款规则旨在将任何列出某种材料或物质的品目扩大为包括该种材料或物质与其他材料或物质的混合品或组合品，同时还将任何列出某种材料或物质构成的货品的品目扩大为包括部分由该种材料或物质构成的货品。

然而，本款规则绝不意味着将品目范围扩大到不按照规则一的规定，将不符合品目条文的货品也包括进来，即由于添加了另外一种材料或物质，使货品丧失了原品目所列货品特征的情况。

本规则最后规定，混合及组合的材料或物质，以及由一种以上材料或物质构成的货品，如果看起来可归入两个或两个以上品目的，必须按规则三的原则进行归类。

3.2.4.3 规则三

当货品按规则二（2）或由于其他原因看起来可归入两个或两个以上品目时，应按以下规则归类：

（1）列名比较具体的品目，优先于列名一般的品目。但是，如果两个或两个以上品目都仅述及混合或组合货品所含的某部分材料或物质，或零售的成套货品中的某些货品，即使其中某个品目对该货品描述得更为全面、详细，这些货品在有关品目的列名应视为同样具体。

（2）混合物、不同材料构成或不同部件组成的组合物以及零售的成套货品，如果不能按照规则三（1）归类时，在本款可适用的条件下，应按构成货品基本特征的材料或部件归类。

（3）货品不能按照规则三（1）或（2）归类时，应按号列顺序归入其可归入的最末一个品目。

对于根据规则二(2)或其他原因看起来可归入两个或两个以上品目的货品，本规则规定了三条归类办法。这三条办法应按照其在本规则的先后次序加以运用。据此，只有在不能按照规则三(1)归类时，才能运用规则三(2)；不能按照规则三(1)和(2)两款归类时，才能运用规则三(3)。因此，它们优先权的次序为1.具体列名；2.基本特征；3.从后归类。

只有在品目条文和类、章注释无其他规定的条件下，才能运用本规则。例如，第九十七章注释四(二)规定，根据品目条文既可归入品目97.01至97.05中的一个品目，又可归入品目97.06的货品，应归入品目97.06以前的有关品目，即货品应按第九十七章注释四(二)的规定而不能根据本规则进行归类。

（1）具体列名是本规则的第一条归类办法，它规定列名比较具体的品目应优先于列名比较一般的品目。

通过制定几条一刀切的规则来确定哪个品目就比其他品目列名更为具体是行不通的。但作为一般原则可以这样说：

① 列出品名比列出类名更为具体(例如，电动剃须刀及电动理发推子应归入品目85.10，而不应作为手提式电动工具归入品目85.08或作为家用电动机械器具归入品目85.09)。

② 如果某一品目所列名称更为明确地述及某一货品，则该品目要比所列名称不那么明确述及该货品的其他品目更为具体。

例如，确定为用于小汽车的簇绒地毯，不应作为小汽车附件归入品目87.08，而应归入品目57.03，因该品目所列地毯更为具体。

但是，如果两个或两个以上品目都仅述及混合或组合货品所含的某部分材料或物质，或零售成套货品中的某些货品，那么即使其中某个品目比其他品目对该货品描述得更为全面、详细，这些货品在有关品目的列名也应视为同样具体。在这种情况下，货品应按规则三(2)或(3)的规定进行归类。

（2）第二条归类办法(基本特征)仅适用于：

① 混合物。

② 不同材料的组合货品。

③ 不同部件的组合货品。

④ 零售的成套货品。

只有在不能按照规则三(1)归类时，才能运用本款。

不同的货品，确定其基本特征的因素会有所不同。例如，可根据其所含材料或部件的性质、体积、数量、重量或价值来确定货品的基本特征，也可根据所含材料对货品用途的作用来确定货品的基本特征。本款规则所称“不同部件组成的组合物”，不仅包括部件相互固定组合在一起，构成了实际不可分离整体的货品，还包括其部件可相互分离的货品，但这些部件必须是相互补足，配合使用，构成一体并且通常不单独销售的。

例如，由一个带活动烟灰盘的架子构成的烟灰盅；由一个特制的架子及几个形状、规格相配的空调味料瓶子组成的家用调味架，这类组合货品的各件一般都装于同一包装内。

本款规则所称“零售的成套货品”，是指同时符合以下三个条件的货品：

① 由至少两种看起来可归入不同品目的不同物品构成的。例如，六把乳酪叉不能作为本款规则所称的成套货品。

② 为了迎合某项需求或开展某项专门活动而将几件产品或物品包装在一起的。

③ 其包装形式适于直接销售给用户而货物无须重新包装的(例如，装于盒、箱内或固定于板上)。

据此，它包括由不同食品构成，配在一起调制后可成为即食菜或即食饭的成套食品。

例如，由一个夹牛肉(不论是否夹奶酪)的小圆面包构成的三明治(品目16.02)和法式炸土豆片(品目20.04)包装在一起的成套货品，该货品应归入品目16.02。再如，配制一餐面条的成套货品，由装于一纸盒内的一包未煮的面条(品目19.02)、一小袋乳酪粉(品目04.06)及一小罐番茄酱(品目21.03)组成，该货品应归入品目19.02；成套理发工具，由一个电动理发推子(品目85.10)、一把梳子(品目96.15)、一把剪子(品目82.13)、一把刷子(品目96.03)及一条毛巾(品目63.02)，装于一个皮匣子(品目42.02)组成，该货品应归入品目85.10；等等。

以上成套货品应按其构成整套货品基本特征的部件进行归类。

(3) 货品如果不能按照规则三(1)或(2)归类时，应按号列顺序归入其可归入的最后一个品目(从后归类)。

例如，带电子计算器的手表，没有具体列名，其功能一半是计算器，一半是手表，也难以确定其主要特征，似乎既可以归入品目号84.70(计算器)，又可以归入91.02(手表)，根据从后归类的原则，该商品应归入91.02。

在运用从后归类原则时必须注意，只有在具体列名原则和基本特征原则解决不了的情况下才可以使用从后归类原则。例如，“豆油70%、花生油20%、蓖麻油10%的混合食用油”，不能因为是混合物，并且豆油含量最大，构成基本特征而归入豆油(15.07)，而应该首先运用具体列名原则，由15.17的品目条文确定归入15.17。

3.2.4.4 规则四

根据上述规则无法归类的货品，应归入与其最相类似的货品的品目。

本规则适用于不能按照规则一至三归类的货品。它规定，这些货品应归入与其最相类似的货品的品目中。在按照规则四归类时，必须将报验货品与类似货品加以比较以确定其与哪种货品最相类似。然后所报验的货品应归入与其最相类似的货品的同一品目。当然，所谓“类似”要看许多因素，例如，货品名称、特征、用途。

例如，切断尼龙纱线，2～3mm长，专用于卡车轮胎的增强材料。尼龙纱线被切断成2～3mm长的小段，无法运用品目条纹、类注、章注及归类总规则二至三归类，与品目56.01所列货品[长度不超过5mm的纺织纤维(纤维屑)]最相类似，因此应依据规则四归入56.01.

本规则主要是为了使整个规则制定得更严密，一般很少运用。

3.2.4.5 规则五

除上述规则外，本规则适用于下列货品的归类：

(1) 制成特殊形状仅适用于盛装某个或某套物品并适合长期使用的照相机套、乐器盒、枪套、绘图仪器盒、项链盒及类似容器，如果与所装物品同时报验，并通常与所装物品一同出售的，应与所装物品一并归类。但本款不适用于本身构成整个货品基本特征的容器。

(2) 除规则五(1)规定的以外，与所装货品同时报验的包装材料或包装容器，如果通常是用来包装这类货品的，应与所装货品一并归类。但明显可重复使用的包装材料和包装容器可不受本款限制。

(1) 规则五(1)仅适用于同时符合以下各条规定的容器：

① 制成特定形状或形式，专门盛装某一物品或某套物品的，即专门按所要盛装的物品进行设计的。有些容器还制成所装物品的特殊形状。

② 适合长期使用的，即容器的使用期限与所盛装的物品相比是相称的。在物品不使用期间(例如，运输或储藏期间)，这些容器还起保护物品的作用。本条标准使其与简单包装区别开来。

③ 与所装物品一同报验的，不论其是否为了运输方便而与所装物品分开包装。单独报验的容器应归入其所应归入的品目。

④ 通常与所装物品一同出售的。

⑤ 本身并不构成整个货品基本特征的。

例如，首饰盒及箱(品目71.13)、电动剃须刀套(品目85.10)、望远镜盒(品目90.05)等。

本款规则不包括某些容器，例如，装有茶叶的银质茶叶罐、装有糖果的装饰性瓷碗。

(2) 规则五(2)是关于通常用于包装有关货品的包装材料及包装容器的归类。但本款规则不适用于明显可以重复使用的包装材料或包装容器，例如，某些金属桶及装压缩或液化气体的钢铁容器。规则五(1)优先于规则五(2)，因此，规则五(1)所述的箱、盒及类似容器应按该款规定进行归类。

3.2.4.6 规则六

货品在某一品目项下各子目的法定归类，应按子目条文或有关的子目注释以及以上各条规则来确定，但子目的比较只能在同一数级上进行。除条文另有规定的以外，有关的类注、章注也适用于本规则。

规则六所用有关词语解释如下：

(1)"同一数级"子目，是指五位数级子目(一级子目)或六位数级子目(二级子目)。

据此，当按照规则三(1)规定考虑某一物品在同一品目项下的两个或两个以上五位数级子目的归类时，只能依据有关的五位数级子目条文来确定哪个五位数级子目所列名称更为具体或更为类似。只有确定了哪个五位数级子目列名更为具体后，而且该子目项下又再细分了六位数级子目,只能在这种情况下,才能根据有关的六位数级子目条文考虑物品应归入这些六位数级子目中的哪个子目。

(2)"除条文另有规定的以外",是指类、章注释与子目条文或子目注释不相一致的情况。

例如,第71章注释四(二)所规定"铂"的范围就与子目注释二所规定"铂"的范围不相同,因此,在解释子目号7110.11及7110.19范围时,应采用子目注释二,而不应考虑该章注释四(二)。

六位数级子目的范围不得超出其所属的五位数级子目的范围;同样,五位数级子目的范围也不得超出其所属的品目范围。

3.2.5 进出口商品归类的海关行政管理

商品预归类是WCO(世界海关组织)向各国海关当局和企业组织推荐的一种现代贸易通关中的商品管理工作模式,所以属于一种国际通行的做法。简单地讲,预归类就是把商品归类过程前置,在货物实际进出口之前完成商品归类品目的确定工作。当前我国海关实行的是一种约束性预归类制度,之所以称之为约束性预归类,是因为确定的预归类品目,它是对海关和当事人具有双向约束力的归类行为,受法律保护。它的好处是,可以有效地提高海关归类的准确性和时效性,加速货物通关,增强政策法规的透明度,方便合法进出。

商品归类是海关正确执行国家关税政策、贸易管制措施和准确编制海关进出口统计的基础和保障。因此,正确进行商品归类在进出口货物的通关中具有十分重要的意义。

3.2.5.1 商品归类的依据及对进出口货物报关的要求

《海关法》规定,进出口货物的商品归类按照国家有关商品归类的规定确定。我国的商品归类以协调制度为体系、以海关进出口税则为执法依据。在进出口商品归类中海关可以要求进出口货物的收发货人提供商品归类所需的有关资料;必要时,海关可以组织化验、检验,并将海关认定的化验、检验结果作为商品归类的依据。

我国海关规定,**预归类**是指一般贸易的货物在实际进出口前,申请人以海关规定的书面形式向海关提出申请并提供商品归类所需的资料,必要时提供样品,海关依法作出具有法律效力的商品归类决定的行为。进行约束性商品预归类符合以下两个条件就可办理:(1)申请人资格是在海关注册的进出口货物的经营单位或其代理人;(2)申请商品为一般贸易范围进出口货物。

3.2.5.2 对进出口商品进行归类的依据

(1)协调制度归类总规则、类注、章注、子目注释、子目条文。

(2)海关总署下发的关于商品归类的有关规定,包括总署的文件、归类问答书、预归类决定、归类技术委员会决议及总署转发的WCO归类决定等。

(3)《海关进出口税则——统计目录 商品及品目注释》。

(4)海关总署公布的本国子目注释。

其他部委、部门的文件、出版物中以HS编码表示的商品归类与海关不符的,以海关的归类为准。

参考案例

面包房用电加热的烤箱

"面包房用电烤箱"通常认为不属于"工业用",不能按工业用的烘箱归入品目 8514,似乎可按利用温度变化处理材料的设备归入品目 8419。但详细查看品目 8514 的注释可知,该品目还包括制作面包、点心或饼干用的电烘箱,牙科用电烘箱等,即此处的"工业用"的范围是广泛的,还包括食品工业等,在品目 8419 的排除条款中,已将品目 8514 项下的"工业或实验室用炉及烘箱"排除掉,所以该面包房用电烤箱不能归入品目 8419,而应按工业用的烘箱归入品目 8514 项下,若此电烤箱是通过电阻加热的,则归入子目 85141090;若此电烤箱是通过红外辐射加热的,则归入子目 85143000。

3.2.5.3 商品归类对货物报关的要求

商品归类是一项技术性很强的工作。因此,申报的货物品名、规格、型号等必须能够满足归类的要求,要详细提供归类所需要的货物的形态、性质、成分、加工程度、结构原理、功能、用途等技术指标和技术参数,尤其要注意提供:

(1) 农产品、未列名化工品等的成分和用途;

(2) 材料性商品的成分和加工方法、加工工艺;

(3) 机电仪产品的结构、原理和功能;

(4) 货物的进出口状态。

对一时难以确定的商品,如要求海关先予放行货物,凡不涉及许可证管理的,经海关批准,可先付保证金,如属于许可证管理的商品,则应按有关的法律、法规、规章办理。

按照有关规定必须化验的商品或因归类原因需要化验的商品还必须由海关送验,而后根据化验结果再由海关作出归类决定。

3.2.5.4 约束性预归类制度

由于商品归类工作技术性强,并涉及化验等诸多环节,需要一定的时间才能得出结论,因此完全依靠在通关环节进行商品归类已不能完全适应需要。为加速货物通关,提高归类的准确性,便利报关人办理海关手续,我国海关对进出口商品实行约束性预归类制度。

1. 预归类的含义

商品预归类是指一般贸易的货物在实际进出口前,申请人以海关规定的书面形式向海关提出申请并提供商品归类所需要的资料,必要时提供样品,海关依法作出具有法律效力的商品归类决定的行为。

预归类决定仅对该决定的申请人和作出决定的海关具有约束力,对该决定书所述货物的海关商品归类在其有效期内具有约束力。

2. 预归类申请的提出

预归类申请人应是在海关注册的进出口货物的经营单位或其代理人。

预归类申请应由申请人填写《海关进出口商品预归类申请书》(如表 3-1,以下简称《申请书》),以一式两份提交进出口地海关。《申请书》一式两份,申请人和作决定的海关各执一份。

《申请书》应准确填写下列内容：

（1）申请人名称、地址、在海关注册的企业代码、联系人姓名及电话等；

（2）申请约束性预归类商品的中英文名称（其他名称）；

（3）申请约束性预归类商品的详细描述，包括商品的规格、型号、结构原理、性能指标、功能、用途、成分、加工方法、分析方法等；

（4）预计进出口日期及进出口口岸；

（5）《申请书》必须加盖申请单位印章。

表 3-1　海关进出口商品预归类申请书

申请人：	
企业代码：	
通讯地址：	
联系电话：	
商品名称（中、英文）：	
其他名称：	
商品详细描述（规格、型号、结构原理、性能指标、功能、用途、成分、加工方法、分析方法等）：	
进出口计划（进出口日期、口岸、数量等）：	
随附资料清单：	
此前如就相同商品向海关申请预归类，请写明海关预归类决定书编码：	
申请人（章） 年　月　日	海关（章）： 预归类申字＿＿＿＿＿＿＿＿号 接受日期：　年　月　日 签收人：

注：① 填写此申请书前应阅读《预归类暂行办法》；

② 本申请书一式两份，申请人和海关各一份；

③ 本表加盖申请人和海关印章方为有效。

3. 申请人应按海关要求提供足以说明申报情况的资料

包括：进出口合同复印件、照片、说明书、分析报告、平面图等，必要时应提供商品样品。应提供证明申请人是在海关注册的进出口货物的经营单位或其代理人相关材料（海关备案复印件）。申请所附文件如为外文，申请人应同时提供外文原件及中文译文。所提供资料与申请书必须加盖骑缝章。

4. 预归类申请应注意内容

（1）申请人应按海关要求提供足以说明申报情况的资料，如：进出口合同复印件、照片、说明书、分析报告、平面图等，必要时提供商品样品。申请所附文件如为外文，应同时提供中文译文。

(2) 申请人应对其所提供资料的真实性负责，不得向海关隐瞒或向海关提供影响预归类准确性的倾向性资料。

(3) 如实际进出口货物与《海关进出口商品预归类决定书》(以下简称《决定书》)所述及的商品不相符，申请人应承担法律责任。一份预归类《申请书》只应包含一项商品，申请人对多项商品申请预归类的应分别提出。

(4) 申请人不得就同一种商品向两个或两个以上海关提出预归类申请。

(5) 申请人可向海关申请对其进出口货物所涉及的商业秘密进行保密。在预归类决定书的有效期内，申请人对归类决定持有异议，可向作出决定的海关提出复核。

(6)《申请书》必须加盖申请单位印章，所提供资料与申请书必须加盖骑缝章。

5. 预归类决定的作出

海关根据规定对预归类申请进行审查，下列情况海关可以不予受理：

(1) 不能满足预归类条件的申请。

(2) 所提申请与实际进出无关的。

直属海关或海关总署作出预归类决定以《决定书》的形式通知申请人。直属海关作出的预归类决定在本关区范围内有效，海关总署作出的预归类决定在全国范围内有效。

申请人在有关货物进出口时，应向进出口地海关递交《决定书》。《决定书》自海关签发之日起一年内有效，只准申请人使用。

6.《决定书》的失效

海关在作出预归类决定后，不得随意更改。因海关原因需要改变预归类决定的，由直属海关发出(变更通知书)，原《决定书》自《变更通知书》送达之日起失效。

下列原因造成归类决定改变时，原《决定书》即行失效：

(1) 申请人提供的商品资料不准确或不全面，造成原预归类决定需要改变的。

(2) 申请人补充资料或提交新资料，海关须按新提交的预归类申请重新审核，造成原《决定书》失效的。

(3) 国家政策调整、法律法规变化引起预归类决定改变的，申请人可持原决定书到原申请地海关申请换发《决定书》。

3.2.5.5 商品归类的行政裁定

海关行政裁定是指海关在货物实际进出口前，依据对外贸易经营者的申请，对有关海关法律、行政法规和规章在海关事务中的具体应用问题依法作出的具有普遍约束力的解释。

商品归类的行政裁定是海关行政裁定在进出口商品归类中的具体应用。

1. 行政裁定的申请

申请商品归类的海关行政裁定应注意：

(1) 申请海关作出行政裁定的申请人应当是在海关注册登记的进出口货物的经营单位，申请人可以委托他人向海关提出申请。

(2) 申请商品归类行政裁定应当在货物拟作进口或出口的 3 个月前向海关总署或其授权

的海关提交书面申请。

(3) 申请人不得就同一项海关事务向两个或者两个以上海关提出行政裁定申请。

(4) 申请人应提交行政裁定申请书以及提供足以说明申请情况的文件,如进出口合同(或意向书)复印件、照片、说明书、分析报告等。海关认为必要时,还应提供样品。

(5) 申请人应对其所提供的资料的真实性、完整性负责,不得隐瞒和提供虚假材料。

2. 行政裁定的受理和作出

(1) 海关不受理行政裁定申请的,会书面通知申请人,并说明不受理理由。

(2) 海关在受理申请之日起 60 日内作出商品归类行政裁定并通知申请人和对外公布。

(3) 海关接受补充材料的,根据补充的事实和资料为依据重新审查,作出行政裁定的期限可以顺延。

(4) 海关作出的行政裁定自公布之日起在中华人民共和国关境内具有法定效力。

(5) 进口或出口相同情形的货物,适用相同的裁定。

3. 行政裁定的失效和撤销

(1) 海关作出行政裁定所依据的法律、行政法规及规章中的相关规定发生变化,影响行政裁定效力的,原行政裁定自动失效。

(2) 下列情况海关将撤销原行政裁定:

① 原行政裁定错误;

② 因申请人提供的申请文件不准确或者不全面,造成原行政裁定需要撤销的;

③ 其他需要撤销的情况。

海关撤销原行政裁定,应当通知原申请人和对外公布,决定自公布之日起生效。

3.2.5.6 商品归类争议的处理

1. 归类争议的处理方式

报关人与海关的归类争议可通过磋商或行政复议的方式解决。

下列情形可通过磋商途径解决:

(1) 已向海关申报,货物尚未放行的;

(2) 应税货物未缴纳税款的;

(3) 证件管理部门的归类与海关归类不一致的;

(4) 对海关的预归类决定有异议的。

下列情况的归类争议应通过复议途径解决:

(1) 应税货物已缴纳税款的;

(2) 经磋商途径仍无法解决的;

(3) 海关已作结关处理的。

2. 归类争议的处理程序

产生归类争议的,应按照以下处理程序办理:

(1) 归类争议由报关人以书面形式向货物进出口地海关提出。

(2) 进出口地海关接到报关人提出的归类争议后,复核原始资料并作出明确的处理意见。

(3) 申请人不服该处理意见的,进出口地海关应将争议的材料报直属海关归类职能部门处理。

(4) 直属海关归类职能部门对报送的争议材料核实后，能够明确归类的，直接作出处理决定；对归类不明确的，填写《归类问答书》报海关总署(归类分中心)审查确定。申请人对直属海关或海关总署的归类争议处理结果仍不服的，可按行政复议程序办理。

3. 其他要求及说明

(1) 如申请人与接收申请的海关所在地海关不在同一直属海关关区的，申请人应提供所在地直属海关开具的允许异地申请证明，证明申请人所申请约束性预归类的同一种商品未向两个或两个以上海关提出约束性预归类申请。

(2) 申请人应对其所提供资料真实性负责，不得向海关隐瞒或提供影响预归类准确性的倾向性资料，可申请对其进出口货物所涉及的商业秘密进行保密。

(3) 直属海关作出的预归类决定在本关区范围内有效，期限均为一年，到期可再申请。

3.2.5.7 因商品归类错误引起的关税及其他进口环节税的退、补税问题

根据海关总署2003年6月18日公布的第40号公告的规定，为解决因商品归类错误引起的关税及其他进口环节税的退、补税问题，作出了相应的规定：

(1) 凡在《中华人民共和国海关进出口税则》(以下简称《税则》)中有具体列名的商品，在《税则》的类注释、章注释、子目注释、税目结构和《海关进出口税则——统计目录　商品及品目注释》中已明确归类的商品，以及海关总署或海关商品归类分中心已制发文件(包括归类决定)并对外公开或向进出口货物的收发货人或其代理人明确归类的商品，如因进出口货物的收发货人或其代理人违反规定造成海关归类错误而少征或漏征税款的，海关应自缴纳税款或者货物放行之日起三年内予以追征。

(2) 除第一条以外的其他归类错误造成少征或漏征税款的，海关应当自缴纳税款或者货物放行之日起一年内予以追征。

(3) 海关多征的税款，海关发现后应立即退还；纳税义务人自缴纳税款之日起一年内，可以要求海关退还。

(4) 海关总署改变已作出的归类决定造成执行税率不同的，所涉及商品的原征税款不予调整。如有特殊情况需要调整税款的，应报海关总署核批。

参考案例

都是商品归类惹的祸？

“我们每年的出口是2 000多万美金，少4个点，一年就是800多万人民币的损失。”

从2006年11月18日至今，广东某音响组合产品企业分管研发的总经理王先生一直为其公司DVD音响组合的出口退税问题奔走求助，但至今未果。在此期间，王先生发现因为出口商品编码的事，受损的不止其一家公司，涉及了音响行业众多厂家。

2006年11月18日，王先生所在的公司向深圳大鹏海关申报出口一批DVD音响组合(DVD、卡座、收音、功放组合机)产品时受阻，大鹏海关查货时怀疑申报的货物与商品编码

8521901290 不符，于 11 月底致函中山海关通关科重新确定归类。

12 月 4 日，中山海关通关科初步认定：1. DVD 音响组合/带卡式，DVD 功能、卡式收录音功能是一个整体的，归入 85273100[其他收录(放)音组合机]类。2. DVD 音响组合/带收音功能，主机分为 DVD 层、功放层，是分层的，归入 85273900(其他收音机)类。

“海关的归类不合理。”王先生提出异议，在其上报给海关的申诉材料中表示：我公司主要生产各种 DVD 音响组合，在向海关申请办理进出口手册时，确认此类产品的商品编码是 8521901290，该商品编码在海关《商品综合分类表》中的解释是“其他数字化视频光盘(DVD)播放机”(不论是否装有高频调谐放大器)。自我公司开始出口 DVD 组合产品时就一直采用该编码，海关对此无异议。

王先生所在的公司与海关在商品编码问题上的较真背后是争取 4% 的优惠出口退税率。2006 年 9 月 15 号，财政部、发改委、商务部、海关总署、国家税务总局五部委下发了《关于调整部分商品出口退税率和增补加工贸易禁止类商品目录的通知》(又称 139 号文件)，将部分产品的出口退税由 13% 调高到 17%，其中包括 8521901290 类商品，被认为是对国内 DVD 产品生产厂家的有益举措。然而，王先生所在公司的 DVD 音响组合产品现在被海关归为收音机类，只能按 13% 退税，无法享受调高的出口退税。

“我公司 DVD 音响组合均是以 DVD 为主要和基本功能进行销售和实际使用的，收(录)音功能的成本不到总成本的 5%。现在的手机都附带 MP3 和相机功能，难道归为 MP3 或相机类?”王先生据理力争。中山海关依据深圳大鹏海关通关科的答复是：“我们是按照海关内部一个文件《协调制度商品归类技术委员会第四次会议报告》作出的结论。”

“但我们查不到这个报告的内容。出这个报告的会议大约是 2001 年开的，当时还没有太多的 DVD 组合产品呢。”王先生说。

记者拨通中山海关通关科电话，值班的负责人向记者强调：“出口商品分类是个很复杂的技术问题，在电话里讲不清。”该负责人表示，他们也在与该音响企业沟通，搜集相关资料，向上级单位呈报。“如果企业有异议还可以继续向海关申诉。”该负责人说。

“虽然海关说我们可以翻案，但现在还是得先改了编码出口，每天都有货走。这样下去，将对我公司以后 DVD 出口产品退税带来很大损失。”上述音响企业负责出口业务的关女士透露，因为改编码，所以手册、放行单、通行单等都得改，很烦琐。

(资料来源：节选自 2007 年 2 月 7 日《中国经济时报》. 作者：陈军君)

3.3 项目小结

本项目重点是海关预归类及商品归类的一般方法。着重介绍了《协调制度》归类总规则，力争使学习者能知晓进出口商品归类的基本知识与管理规定，知道如何与之打交道，并能按照现代海关制度办理相应的报关业务。

3.4 项目练习

1. 不定项选择题

(1) 下列货品属于 HS 归类总规则中所规定的“零售的成套货品”的是：(　　)

A. 一个礼盒，内有咖啡一瓶、咖啡伴侣一瓶、塑料杯子两只

B. 一个礼盒，内有一瓶白兰地酒、一只打火机

C. 一个礼盒，内有一包巧克力、一个塑料玩具

D. 一碗方便面，内有一块面饼、两包调味品、一把塑料小叉

(2) 脲$(NH_2)_2CO$(毛重大于 10 千克；生产脲醛树脂用原料)的编码是：(　　)

A. 2924.1000　　B. 3102.1000

C. 3909.1000　　D. 其他编码

(3) 石棉制安全帽(帽内衬有纯棉机织物制衬里)的编码是：(　　)

A. 2524.0090　　B. 6505.9090

C. 6506.1000　　D. 6812.5000

(4) 化学机械木浆的编码是：(　　)

A. 47.01　　B. 47.04

C. 47.05　　D. 47.06

(5) 两套缺少鞍座的摩托车未组装件(装在一个木箱内一起报验)的编码是：(　　)

A. 44.15　　B. 87.11

C. 87.14　　D. 其他品目

2. 案例分析题

由商品归类引发的经典案例

2007 年 1 月 12 日，A 电子有限责任公司委托某国际货运代理有限公司申报进口“010720071077003338”号报关单项下商品：申报品名为“微波信号源”(通讯用)，型号为“MG3691B”，数量为 4 台，申报税号为“90304090”。首都机场海关经审核该票报关单及布控查验后，将上述商品税号变更为“85432090.90”，并于 2007 年 5 月 11 日作出(0701)010720071077003338 - A02/L03 号征税决定。2007 年 7 月 3 日，A 电子有限责任公司不服首都机场海关上述征税决定，向北京海关申请行政复议，认为涉案货物“MG3691B 型微波信号源”(通讯用)，是测量、检测通信产品电参数的电子测量仪器，应归入税号“90304090.00”；而首都机场海关将其归入税号“85432090.90”有误。故向北京海关提起行政复议，请求变更税号，撤销原征税决定，退还多缴纳税款。本案复议审理期间，北京海关法规处与归类的主管部门归类办进行合议，根据《中华人民共和国行政复议法》第二十八条第一款第(一)项的规定，北京海关作出了维持原征税决定的复议决定。后本案经过了一审、二审诉讼程序，最终以首都机场海关胜诉结案。2008 年 3 月 20 日，北京市高院作出终审宣判：认为根据《海关法》有关规定，海

关在认定进出口货物税率的过程中，确认商品类别，并依据确认的类别征收税款符合其法定职责，本案涉税商品的归类认定，事实、法律依据充分，观点阐述翔实，结论正确，据此判决驳回原告上诉，维持一审判决。

由归类问题引发的纳税争议案件，主要涉及进出口商品如何正确归类的问题。海关是进出口商品的归类职能部门，具有依法审核确定货物商品归类的职权。明确归类标准和相关政策，是解决这类争议案件的前提和关键。

（资料来源：浙江电子口岸，有删节）

请思考

商品归类争议的解决途径有哪些？

项目4

合同备案/减免税申请/项目审批

知识目标

1. 了解保税货物的前期备案手续。
2. 了解特定减免税货物申领征免税证明的过程。
3. 了解暂准进出境货物申领ATA单证册的程序。

能力目标

1. 能知晓哪些货物需要接受海关前期管理。
2. 能准备相关材料办理报关前期手续。

4.1 案例导读

组建海关监管车队　惠农区倾力打造物流“公路港”

2011年3月宁夏惠农陆路口岸，围绕陆港经济区建设，惠农区将结合周边工业园区的产业基础和物流条件，逐步建立以惠农陆路口岸为核心的通向天津等沿海港口和周边中心城市的公路物流体系，着力打造面向全国的区域性物流中心。

据了解，公路港物流基地项目规划占地面积450亩，计划总投资3.2亿元，运营模式主要以公路运输为主，主要功能区为信息交易、综合办公、停车、住宿餐饮、仓储、汽修汽配、物业管理等，按照“一次性规划，分期滚动开发”的原则进行，计划于2014年5月全部竣工投入使用。该项目整体运营后，预计仓储经营规模将达1万平方米，停车、货物堆场面积达5万平方米，年货运吞吐量达200万吨，年均实现利税总额1 000万元以上。此外，宁夏惠农陆路口岸还将组建2家公路物流海关监管车队，开展海关监管货物公路运输新途径，拓展公路物流与其他运输方式的有效联动和互为补充。目前，先期购置的15辆车已完成了入户、挂牌，办理了运营许可证；海关企业登记注册已完成，正在办理海关车辆登记注册手续。

（资料来源：中国日报网）

思考题

1. 物流公路港的组建对宁夏惠农经济发展有什么影响?

2. 海关监管车队的作用是什么?

4.2 理论与实务知识

4.2.1 海关监管货物

1. 海关监管货物的含义

海关监管货物是指自进境起到办结海关手续止的进口货物,自向海关申报起到出境止的出口货物,以及自进境起到出境止的过境、转运、通运货物等应当接受海关监管的货物,包括:一般进出口货物,保税货物,特定减免税货物,暂准进出境货物,过境、转运、通运货物以及其他尚未办结海关手续的进出境货物。

这是海关对进出境货物实施监督管理在法律意义上的时间、范围的限制规定。

2. 海关监管货物的分类

根据货物进出境目的的不同,海关监管货物可以分成六大类:

(1) 一般进出口货物,包括一般进口货物和一般出口货物。一般进口货物是指办结海关手续进入国内生产、消费领域流通的进口货物。一般出口货物是指办结海关手续到境外生产、消费领域流通的出口货物。

(2) 保税货物,是指经海关批准未办理纳税手续进境,在境内储存、加工、装配后复运出境的货物。保税货物又分为保税加工货物和保税物流货物两大类。

(3) 特定减免税货物,是指经海关依法准予免税进口的用于特定地区、特定企业,有特定用途的货物。

(4) 暂准进出境货物,包括暂准进境货物和暂准出境货物。暂准进境货物是指经海关批准凭担保进境,在境内使用后原状复运出境的货物。暂准出境货物是指经海关批准凭担保出境,在境外使用后原状复运进境的货物。

(5) 过境、转运、通运货物,是指由境外起运,通过中国境内继续运往境外的货物。

(6) 其他进出境货物,是指上述货物以外尚未办结海关手续的其他进出境货物。

海关按照对各种监管货物的不同要求,分别建立了相应的海关监管制度。

4.2.2 报关程序的前期阶段

1. 报关程序的含义

报关程序是指进出口货物收发货人、运输工具负责人、物品所有人或其代理人按照海关的规定,办理货物、物品、运输工具进出境及相关海关事务的手续和步骤。

货物进出境应当经过审单、查验、征税、放行4个海关作业环节。与之相适应，进出口货物收发货人或其代理人应当按程序办理相对应的进出口申报、配合查验、缴纳税费、提取或装运货物等手续，货物才能进出境。但是，这些程序还不能满足海关对所有进出境货物的实际监管要求。比如加工贸易原材料进口，海关要求事先备案，因此不能在“申报”和“审单”这一环节完成上述工作，必须有一个前期办理手续的阶段；如果上述进口原材料加工成成品出口，在“放行”和“装运货物”离境的环节也不能完成所有的海关手续，必须有一个后期办理核销结案的阶段。因此，从海关对进出境货物进行监管的全过程来看，报关程序按时间先后可以分为3个阶段：前期阶段、进出口阶段、后续阶段。

2. 前期阶段

前期阶段是指进出口货物收发货人或其代理人根据海关对进出境货物的监管要求，在货物进出口之前，向海关办理备案手续的过程，主要包括：

(1) 保税加工货物进口之前，进口货物收货人或其代理人办理加工贸易备案手续，申请建立加工贸易电子账册、电子化手册或者申领加工贸易纸质手册。

(2) 特定减免税货物进口之前，进口货物收货人或其代理人办理货物的减免税备案和审批手续，申领减免税证明。

(3) 暂准进出境货物进出口之前，进出口货物收发货人或其代理人办理货物暂准进出境备案申请手续。

(4) 其他进出境货物中的加工贸易不作价设备进口之前，进口货物收货人或其代理人办理加工贸易不作价设备的备案手续，出料加工货物出口之前，出口货物发货人或其代理人办理出料加工的备案手续。

4.2.3 保税货物的前期管理

4.2.3.1 保税加工货物

1. 保税加工货物概述

(1) 含义。

保税加工货物是指经海关批准未办理纳税手续进境，在境内加工、装配后复运出境的货物。

保税加工货物通常被称为加工贸易保税货物。加工贸易保税货物不完全等同于加工贸易货物。加工贸易货物只有经过海关批准才能保税进口。经海关批准准予保税进口的加工贸易货物才是保税加工货物。

加工贸易，即原材料、零部件、元器件、包装物料、辅助材料等从境外进口，在境内加工装配后，成品运往境外的贸易。

加工贸易通常有以下两种形式：

① 来料加工。**来料加工**是指由境外企业提供料件，经营企业不需要付汇进口，按照境外企业的要求进行加工或装配，只收取加工费，制成品由境外企业销售的经营活动。

② 进料加工。**进料加工**是指经营企业用外汇购买料件进口，制成成品后外销出口的经营活动。

(2) 特征。

保税加工货物有以下特征：

① 料件进口时暂缓缴纳进口关税及进口环节海关代征税，成品出口时除另有规定外无须缴纳关税；

② 料件进口时除国家另有规定外免予交验进口许可证件，成品出口时凡属许可证件管理的，必须交验出口许可证件；

③ 进出境海关现场放行并未结关。

(3) 范围。

保税加工货物包括：

① 专为加工、装配出口产品而从国外进口且海关准予保税的原材料、零部件、元器件、包装物料、辅助材料（简称料件）；

② 用进口保税料件生产的成品、半成品；

③ 在保税加工生产过程中产生的副产品、残次品、边角料和剩余料件。

(4) 管理。

海关对保税加工货物的监管模式有两大类：一类是物理围网的监管模式，采用海关特殊监管区域进行监管；另一类是非物理围网的监管模式，采用纸质手册管理或计算机联网监管。

所谓物理围网监管，是指在关境内或关境线上，经国家批准设立海关特殊监管区域，企业在物理围网的封闭区域内从事保税加工业务，海关在卡口进行监管的监管方式。非物理围网的监管模式主要有纸质手册管理和计算机联网监管两种。

纸质手册管理是一种传统的监管方式，主要是用加工贸易纸质手册进行合同内容的备案，凭以进出口，并记录进口料件及出口成品的实际情况，最终凭以办理核销结案手续。这种监管方式在海关对保税加工货物监管中曾经起过相当重要的作用，但随着对外贸易和现代科技的发展，逐渐被计算机联网监管所替代。联网监管主要是应用计算机手段实现海关对加工贸易企业实施监管，建立电子账册或电子化手册，合同备案、料件进口、产品出口、手册核销全部通过计算机进行。海关管理科学严密，企业通关便捷高效，成为海关对保税加工货物监管的主要模式。这种监管方式又分为两种：一种是针对大型企业的，以建立电子账册为主要标志，以企业为单元进行管理；另一种是针对中小企业的，以建立电子化手册为主要标志，以合同为单元进行管理。

知识链接

大连市外资备案金额大幅增长昭示吸引外资能力增强

2005 年一季度大连市加工贸易合同备案金额大幅增长，手册备案总量 5 362 份，备案总金额高达近 20 亿美元，日备案金额高达 3 300 万美元，同比增长了 45%。其中进料加工合同金额近 17 亿美元，占全市同期加工贸易备案总金额的 83%。

2005 年一季度大连市外商投资企业的加工贸易合同备案呈现量、值双增的良好态势，其中备案合同 3 534 份，同比增长 10%，在手册总量中所占比例达到 66%；备案金额达到 16.8 亿美元，同比增幅高达72%，在总备案金额中所占比例达到84%。这一数据明确反映出在振兴东北老工业基地的浪潮中，海关等各口岸部门积极配合努力营造便捷通关环境，大连市的投资软环境大幅提升，吸引外商投资的能力与日俱增。

（资料来源：大连海关网）

2．纸质手册管理下的保税加工货物报关程序

(1) 合同备案的含义。

加工贸易合同备案，是指加工贸易企业持经批准的加工贸易合同到主管海关备案，申请保税并领取加工贸易手册或其他准予备案凭证的行为。

海关受理合同备案，是指海关根据国家规定在接受加工贸易合同备案后，批准合同约定的进口料件保税，并把合同内容转化为手册内容或作必要的登记，然后核发手册或其他准予备案的凭证。

对符合规定的加工贸易合同，海关应当在规定的期限内予以备案，并核发加工贸易手册或其他准予备案的凭证。对不予备案的合同，海关应当书面告知经营企业。

(2) 合同备案的企业。

国家规定开展加工贸易业务应当由经营企业到加工企业的所在地主管海关办理加工贸易合同备案手续。经营企业和加工企业有可能是同一个企业，也可能不是同一个企业。

① 经营企业。经营企业是指负责对外签订加工贸易进出口合同的各类进出口企业和外商投资企业，以及经批准获得来料加工经营许可的对外加工装配服务公司。

② 加工企业。加工企业是指接受经营企业委托，负责对进口料件进行加工或者装配，且具有法人资格的生产企业，以及由经营企业设立的虽不具有法人资格，但实行相对独立核算并已经办理工商营业证(执照)的工厂。

(3) 合同备案的步骤。

企业办理加工贸易合同备案前需要报商务主管部门审批合同，领取“加工贸易业务批准证”和“加工贸易企业经营状况和生产能力证明”；需要领取其他许可证件的还要向有关主管部门申领许可证件。然后进入海关合同备案的程序。其步骤为：

① 将合同相关内容预录入与主管海关联网的计算机。

② 由海关审核确定是否准予备案。准予备案的，由海关确定是否需要开设加工贸易银行保证金台账。

③ 需办理开设台账手续的，应向银行(中行、工行)办理台账保证金专用账户设立手续。已设立台账保证金专用账户的企业，凭“海关注册登记证明”向银行进行一次性备案登记。

银行与海关目前采用台账电子化联网管理模式。企业在预录入端收到回执后，直接凭银行签发的电子“银行保证金台账登记通知单”向海关办理加工贸易备案手续，无须再往返于海关与银行之间传递单证，有关单证的电子数据均实现网上传输。

④ 不需要开设台账的，直接向海关领取加工贸易手册或其他备案凭证。

(4) 合同备案的内容。

① 备案单证：

a. 商务主管部门按照权限签发的“加工贸易业务批准证”和“加工贸易企业经营状况和生

产能力证明”;

b. 加工贸易合同或合同副本;

c. 加工贸易合同备案申请表及企业加工贸易合同备案呈报表;

d. 属于加工贸易国家管制商品的需交验主管部门的许可证件或许可证件复印件;

e. 为确定单耗和损耗率所需的有关资料;

f. 其他备案所需要的单证。

② 备案商品:

a. 加工贸易禁止类商品不准备案;

b. 进出口消耗臭氧层物质、易制毒化学品、监控化学品,在备案时需要提供进出口许可证或两用物项进出口许可证复印件;

c. 进出口音像制品、印刷品、地图产品及附有地图的产品,进口工业再生废料等,在备案时需要提供有关主管部门签发的许可证件或批准文件。

③ 保税额度。

加工贸易合同项下海关准予备案的料件,全额保税。

加工贸易合同项下海关不予备案的料件,以及试车材料、未列名消耗性物料等,不予保税,进口时按照一般进口货物照章征税。

④ 台账制度。

按加工贸易银行保证金台账分类管理的原则,或不设台账,或设台账不付保证金,或设台账并付保证金。

加工贸易银行保证金台账制度的核心是对不同地区的加工贸易企业和加工贸易涉及的进出口商品实行分类管理,对部分企业进口的部分料件,由银行按照海关根据规定计算的金额征收保证金。

地区分为东部地区和中西部地区。东部地区包含辽宁省、北京市、天津市、河北省、山东省、江苏省、上海市、浙江省、福建省、广东省。中西部地区指东部地区以外的中国其他地区。

加工贸易企业按报关单位分类管理中“收发货人的审定标准”分为 AA 类、A 类、B 类、C 类、D 类 5 个管理类别。

商品分为禁止类、限制类、允许类 3 类。

加工贸易禁止类和限制类商品目录由商务部、海关总署会同国家其他有关部门适时公布。

目前公布的加工贸易禁止类目录共计 1 700 余个 10 位商品编号,主要包括:

a. 国家明令禁止进出口的商品;

b. 为种植、养殖而进口的商品;

c. 高能耗、高污染的商品;

d. 低附加值、低技术含量的商品;

e. 其他列名的加工贸易禁止类商品。

列入加工贸易禁止类进口商品目录的,凡用于深加工结转转入,或从具有保税加工功能的海关特殊监管区域内企业经实质性加工后进入区外的商品,不按加工贸易禁止类进口商品管理。列入加工贸易禁止类出口商品目录的,凡用于深加工结转转出,或进入具有保税加工功能的海关特殊监管区域内企业加工生产的商品,不按加工贸易禁止类出口商品管理。这些商品未经实质性加工不得直接出境。以加工贸易深加工结转方式转出、转入的商品属于限制类的按允许类商品管理。

禁止类和限制类以外的商品为允许类商品。

分类管理的具体内容如下。

a. 任何企业都不得开展禁止类商品的加工贸易。

b. 适用D类管理的企业不得开展加工贸易。

c. 适用C类管理的企业，不管在什么地区开展加工贸易，进口限制类、允许类商品都要设台账，按全部进口料件应征税款金额全额征收保证金。

d. 东部地区适用B类管理的企业开展加工贸易，进口限制类、允许类商品均设台账，进口限制类商品按进口的限制类商品应征税款的50%征收保证金，进口允许类商品不征收保证金。

e. 东部地区适用A类管理的企业，中西部地区A类、B类管理的企业开展加工贸易，进口限制类、允许类商品均设台账，但不征收保证金。

f. 适用AA类管理的企业，不管在什么地区开展加工贸易，进口允许类商品不设台账，进口限制类商品设台账，但不征收保证金。

g. 适用AA类、A类、B类管理的企业，不管在什么地区，进口料件(不管是限制类还是允许类商品)金额在1万美元及以下的，可以不设台账，因此也不征收保证金。

h. 东部地区适用B类管理的企业从事限制类商品加工贸易，其台账保证金计算公式如下。

进口料件属限制类商品或进口料件、出口成品均属限制类商品：

台账保证金＝(进口限制类料件的关税＋进口限制类料件的增值税)×50%

出口成品属限制类商品：

台账保证金＝进口料件备案总值×(限制类成品备案总值÷全部出口成品备案总值)×22%×50%

i. 适用C类管理的企业从事限制类商品加工贸易，其台账保证金计算公式如下。

台账保证金＝(进口全部料件的进口关税＋进口全部料件的进口增值税)×100%

加工贸易银行保证金台账分类管理的大体内容见表4-1。

表4-1 加工贸易银行保证金台账分类管理表

<table>
<tr><th rowspan="2">分 类</th><th rowspan="2">禁止类</th><th colspan="2">限制类</th><th colspan="2">允许类</th><th rowspan="2">1万美元及以下零星料件</th><th rowspan="2">5 000美元及以下78种客供辅料</th></tr>
<tr><th>东 部</th><th>中西部</th><th>东 部</th><th>中西部</th></tr>
<tr><td>AA类</td><td rowspan="5">不准开展加工贸易</td><td colspan="2" rowspan="2">空 转</td><td colspan="2">不 转</td><td rowspan="3">不 转</td><td rowspan="3">不转/免册</td></tr>
<tr><td>A 类</td><td colspan="2">空 转</td></tr>
<tr><td>B 类</td><td>半实转</td><td colspan="3">空 转</td></tr>
<tr><td>C 类</td><td colspan="6">实 转</td></tr>
<tr><td>D 类</td><td colspan="6">不准开展加工贸易</td></tr>
</table>

为了简化手续，进口料件金额在1万美元及以下的，适用AA类、A类、B类管理的加工贸易企业可以不设台账，因此也不必向银行交付保证金。适用AA类、A类、B类管理的加工贸易企业进口金额在5 000美元及以下的客供服装辅料(拉链、纽扣、鞋扣、扣绊、摁扣、垫肩、胶袋、花边等78种)免领手册，但必须凭出口合同向主管海关备案。

(5) 合同备案的凭证。

海关受理并准予备案后，企业应当领取海关签章的加工贸易手册或其他准予备案的凭证。

① 加工贸易手册。

按规定可以不设台账的合同，在准予备案后，由企业直接向受理合同备案的主管海关领取海关签章的加工贸易手册。

按规定在银行开设了台账的合同，由企业凭银行签发的“银行保证金台账登记通知单”，到合同备案主管海关领取海关签章的加工贸易手册。

经海关批准，企业在领取加工贸易手册的基础上，可以根据不同的情况，申请领取加工贸易手册分册。

加工贸易手册分册是指海关在企业多口岸报关周转困难或异地深加工结转需要的情况下，由企业申请并经主管海关核准，在加工贸易手册(总册)的基础上，将总册的部分内容重新登记备案，载有该部分内容、有独立编号的另一本手册。加工贸易手册分册进出口报关时可以与原手册分开使用，但必须同时报核。

② 其他准予备案的凭证。

对为生产出口产品而进口属于国家规定的78种列名服装辅料，且金额不超过5 000美元的合同，除C类企业外，免予申领手册，直接凭出口合同备案准予保税后，凭海关在备案出口合同上的签章和编号直接进入进、出口报关阶段。

(6) 合同备案的变更。

已经海关登记备案的加工贸易合同，其品名、规格、金额、数量、加工期限、单耗、商品编码等发生变化的，须向主管海关办理合同备案变更手续，开设台账的合同还须变更台账。

合同变更应在合同有效期内报原商务审批部门批准。为简化合同变更手续，对贸易性质不变、商品品种不变，合同变更的金额小于1万美元(含1万美元)和合同延长不超过3个月的合同，企业可直接到海关和银行办理变更手续，不需再经商务主管部门重新审批。

1万美元及以下的备案合同，变更后进口金额超过1万美元的，适用AA类、A类、B类管理的企业，需重新开设台账的，应重新开设台账；东部地区适用B类管理的企业的合同金额变更后，进口料件如果涉及限制类商品的，由银行按海关计算的金额加收相应的保证金。

因企业管理类别调整，合同从“空转”转为“实转”的，应对原备案合同交付台账保证金。经海关批准，可只对原合同未履行出口部分收取台账保证金。

管理类别调整为D类的企业，经海关批准，对已备案合同允许交付全额台账保证金后继续执行，但合同不得再变更和延期。

对允许类商品转为限制类商品的，已备案合同不再交付台账保证金。对原限制类或允许类商品转为禁止类的，对已备案合同按国家即时发布的规定办理。

(7) 与合同备案相关的事宜。

① 异地加工贸易合同备案。

异地加工贸易是指一个直属海关的关区内加工贸易经营企业，将进口料件委托另一个直属海关关区内的加工生产企业加工，并组织出口的加工贸易。

其合同备案要求如下：

a. 需要开设银行台账的，应在加工企业所在地指定银行开设台账。

b. 由加工贸易经营企业向加工企业所在地主管海关办理合同备案手续。

c. 海关对开展异地加工贸易的经营企业和加工企业实行分类管理，如果两个企业的管理类别不一样，则按照其中较低的类别管理。

异地加工贸易合同备案的步骤如下：

a. 经营企业凭所在地商务主管部门核发的“加工贸易业务批准证”和加工企业所在地县级以上商务主管部门出具的“加工贸易加工企业经营状况和生产能力证明”，填制“异地加工贸易申请表”，向经营企业所在地主管海关提出异地加工贸易申请，经海关审核后，领取经营企业所在地主管海关的关封。

b. 经营企业持关封和合同备案的必要单证，到加工企业所在地主管海关办理合同备案手续。

② 加工贸易单耗申报。

加工贸易单耗申报是指加工贸易企业进行备案时，在货物出口、深加工结转、内销及报核前填写“中华人民共和国海关加工贸易单耗申报单”向海关如实申报加工贸易单耗的行为。

单耗，是指加工贸易企业在正常加工条件下加工单位成品所耗用的料件量，单耗包括净耗和工艺损耗。

净耗，是指在加工后，料件通过物理变化或者化学反应存在或者转化到单位成品中的量。

工艺损耗，是指因加工工艺原因，料件在正常加工过程中除净耗外所必需耗用，但不能存在或者转化到成品中的量，包括有形损耗和无形损耗。

工艺损耗率，是指工艺损耗占所耗用料件的百分比。

上述几个概念之间的关系可用公式表示如下：

$$净耗=单耗\times(1-工艺损耗率)$$

单耗申报的具体内容包括：

a. 加工贸易项下料件和成品的商品名称、商品编号、计量单位、规格型号和品质；

b. 加工贸易项下成品的单耗；

c. 加工贸易同一料件有保税和非保税料件的，应当申报非保税料件的比例、商品名称、计量单位、规格型号和品质。

③ 加工贸易外发加工申请。

外发加工，是指经营企业因受自身生产特点和条件限制，经海关批准并办理有关手续，委托承揽企业对加工贸易货物进行加工，在规定期限内将加工后的产品运回本企业并最终复出口的行为。

外发加工的成品、剩余料件及生产过程中产生的边角料、残次品、副产品等加工贸易货物，经经营企业所在地主管海关批准，可以不运回本企业。

经营企业申请开展外发加工业务，应当向海关提交下列单证：

a. 经营企业签章的“加工贸易货物外发加工申请表”；

b. 经营企业与承揽企业签订的加工合同或者协议；

c. 承揽企业营业执照复印件；

d. 经营企业签章的“承揽企业经营状况和生产能力证明”；

e. 海关需要收取的其他单证和材料。

经营企业申请开展外发加工业务，应当如实填写“加工贸易货物外发加工申请审批表”及“加工贸易外发加工货物外发清单”，经海关审核批准后，方可进行外发加工。

④ 加工贸易串料申请。

经营企业因加工出口产品急需，申请在本企业内部进行料件串换的，需提交书面申请并符合下列条件：

a. 保税进口料件和保税进口料件之间及保税进口料件和征税进口料件之间的串换，必须符合同品种、同规格、同数量的条件；

b. 保税进口料件和国产料件（不含深加工结转料件）之间的串换必须符合同品种、同规格、同数量、关税税率为零，且商品不涉及进出口许可证件管理的条件。

经海关批准的保税进口料件和征税进口料件之间及保税进口料件和国产料件之间发生串换，串换下来的同等数量的保税进口料件，由企业自行处置。

⑤ 深加工结转货物计划备案。

加工贸易深加工结转是指加工贸易企业将保税进口料件加工的产品转至另一加工贸易企业进一步加工后复出口的经营活动。其程序分为计划备案、收发货登记、结转报关3个环节。

加工贸易企业开展深加工结转，转入、转出企业应当向各自主管海关提交保税加工货物深加工结转申请表，申报结转计划：

a. 转出企业在申请表（一式四联）中填写本企业的转出计划并签章，凭申请表向转出地海关备案。

b. 转出地海关备案后，留存申请表第一联，其余三联退转出企业交转入企业。

c. 转入企业自转出地海关备案之日起20日内，持申请表其余三联，填制本企业的相关内容后，向转入地海关办理报备手续并签章。转入企业在20日内未递交申请表，或者虽向海关递交但因申请表的内容不符合海关规定而未获准的，该份申请表作废。转出、转入企业应当重新填报和办理备案手续。

d. 转入地海关审核后，将申请表第二联留存，第三、第四联交转入、转出企业凭以办理结转收发货登记及报关手续。

知识链接

西宁海关采取差别化管理　你不守信用　莫怪监管严

青海新闻网讯　3月18日，西宁海关召开《中华人民共和国海关企业分类管理办法》（以下简称《办法》）宣介会。海关对企业实行分类管理，就是海关根据企业诚信记录采取差别管理措施，守法企业简化通关手续，降低通关成本，而海关的监管力量主要用于对低类别失信企业的严密监管上，促使企业规范进出口行为。

据了解，当日共有5家报关企业、12家拟评定AA类、A类企业派员参加了这次宣介会。实施企业分类管理，对高类别的守法企业简化通关手续，加快通关速度，降低通关成本，给企业带来实实在在的便捷和效益。同时，海关的监管力量将主要用于对低类别失信企业的严密监管上，促使企业规范其进出口行为，同时也对其他企业起到警示、教育和预防作用。新《办法》的实施将对企业和海关相关工作产生重要影响，海关将通过审核标准的全面化、科学化，加强日常调整和年度审核等工作，使我省更多的诚信企业迈入到AA类、A类企业的行列中，享受"属地申报，口岸验放"，优先办理货物申报、查验和放行手续等多种便捷通关措施。

（资料来源：西宁海关网）

3. 电子账册管理下的保税加工货物备案

1）电子账册管理简介

(1) 含义。

海关对加工贸易企业实施联网监管，是指加工贸易企业通过数据交换平台或者其他计算机网络方式向海关报送能满足海关监管要求的物流、生产经营等数据，海关对数据进行核对、核算，并结合实物进行核查的一种海关保税加工监管方式。

电子账册管理是加工贸易联网监管中海关以加工贸易企业的整体加工贸易业务为单元对保税加工货物实施监管的一种模式。海关为联网企业建立电子底账，联网企业只设立一个电子账册。根据联网企业的生产情况和海关的监管需要确定核销周期，并按照该核销周期对实行电子账册管理的联网企业进行核销。

(2) 特点。

电子账册模式的适用对象是加工贸易进出口较为频繁、规模较大、原料和产品较为复杂、管理信息化程度较高较完善的大型加工贸易企业。电子账册模式联网监管的基本管理原则是“一次审批、分段备案、滚动核销、控制周转、联网核查”，有以下特点：

① 对企业经营资格、经营范围（商品编码前4位数）和加工生产能力一次性审批，不再对加工贸易合同进行逐票审批；

② 采取分段备案，先备案进口料件，在生产成品出口前（包括深加工结转）再备案成品及申报准确、实际的单损耗情况，取消纸质手册实行的进口料件、出口成品及单损耗关系同时一次备案的规程；

③ 建立以企业为单元的电子账册，实行与企业物流、生产实际接轨的滚动核销制度，取代以合同为单元的纸质手册；

④ 对进出口保税货物的总价值（或数量）按照企业生产能力进行周转量控制，取消对进出口保税货物备案数量的控制，满足企业在国际化大生产条件下的零库存生产需要，提高通关速度；

⑤ 企业通过计算机网络向商务主管部门和海关申请办理审批、备案及变更等手续，大大简化纸质手册模式下审批、备案及变更等各种复杂手续，满足现代企业快速生产和进出口的需求；

⑥ 实施电子账册模式联网监管企业同样实行银行保证金台账制度；

⑦ 纳入电子账册的加工贸易货物全额保税；

⑧ 凭电子身份认证卡实现在全国口岸的通关。

(3) 电子账册的建立。

电子账册的建立要经过加工贸易经营企业的联网监管申请和审批、加工贸易业务的申请和审批、建立商品归并关系和电子账册等3个步骤。

① 联网监管的申请和审批。

i) 加工贸易经营企业申请电子账册管理模式的加工贸易联网监管，一般应当具备下列条件：

a. 在中国境内具有独立法人资格，并具备加工贸易经营资格，在海关注册的生产型企业；

b. 守法经营，资信可靠，内部管理规范，对采购、生产、库存、销售等实行全程计算机管理；

c. 能按照海关监管要求提供真实、准确、完整并具有被查核功能的数据。

申请电子账册管理模式的加工贸易联网监管的企业在向海关申请联网监管前，应当先向企业所在地商务主管部门办理前置审批手续,由商务主管部门对申请联网监管企业的加工贸易经营范围依法进行审批。

ii) 经商务主管部门审批同意后,加工贸易企业向所在地直属海关提出书面申请,并提供加工贸易企业联网监管申请表、企业进出口经营权批准文件、企业上一年度经审计的会计报表、工商营业执照复印件、经营范围清单(含进口料件和出口制成品的品名及 4 位数的 HS 编码)及海关认为需要的其他单证。

iii) 主管海关在接到加工贸易企业电子账册管理模式的联网监管申请后,对申请实施联网监管的企业进口料件、出口成品的归类和商品归并关系进行预先审核和确认。经审核符合联网监管条件的,主管海关制发"海关实施加工贸易联网监管通知书"。

② 加工贸易业务的申请和审批。

联网企业的加工贸易业务由商务主管部门审批。商务主管部门总体审定联网企业的加工贸易资格、业务范围和加工生产能力。

商务主管部门收到联网企业申请后,对非国家禁止开展的加工贸易业务,予以批准,并签发"联网监管企业加工贸易业务批准证"。

③ 建立商品归并关系和电子账册。

联网企业凭商务主管部门签发的"联网监管企业加工贸易业务批准证"向所在地主管海关申请建立电子账册。

海关以商务主管部门批准的加工贸易经营范围、年生产能力等为依据,建立电子账册,取代纸质手册。电子账册包括加工贸易"经营范围电子账册"和"便捷通关电子账册"。"经营范围电子账册"用于检查控制"便捷通关电子账册"进出口商品的范围,不能直接报关。"便捷通关电子账册"用于加工贸易货物的备案、通关和核销。电子账册编码为 12 位。"经营范围电子账册"第一、第二位为标记代码"IT",因此"经营范围电子账册"也叫"IT 账册";"便捷通关电子账册"第一位为标记代码"E",因此"便捷通关电子账册"也叫"E 账册"。

电子账册是在商品归并关系确立的基础上建立起来的,没有商品归并关系就不能建立电子账册,所以联网监管的实现依靠商品归并关系的确立。

商品归并关系,是指海关与联网企业根据监管的需要按照中文品名、HS 编码、价格、贸易管制等条件,将联网企业内部管理的"料号级"商品与电子账册备案的"项号级"商品归并或拆分,建立"一对多"或"多对一"的对应关系。

同时满足以下条件的商品,才可归入同一个联网监管商品项号:

a. 10 位 HS 编码相同的;

b. 商品名称相同的;

c. 申报计量单位相同的;

d. 规格型号虽不同但单价相差不大的。

海关审批通过后,联网监管企业的加工贸易商品归并关系就建立了起来。联网监管商品关系的建立,主要表现在经海关审批通过的在归并原则基础上产生的"企业物料表"及归并关系数据。每个联网监管企业只有一份"企业物料表"及归并关系数据,并据此生成电子账册。

2) 备案

(1) "经营范围电子账册"备案。

企业凭商务主管部门的批准证通过网络向海关办理"经营范围电子账册"备案手续,备案内容为：

① 经营单位名称及代码；

② 加工单位名称及代码；

③ 批准证件编号；

④ 加工生产能力；

⑤ 加工贸易进口料件和成品范围(商品编码前4位)。

企业在收到海关的备案信息后，应将商务主管部门的纸质批准证交海关存档。

(2)"便捷通关电子账册"备案。

企业可通过网络向海关办理"便捷通关电子账册"备案手续，"便捷通关电子账册"的备案包括以下内容：

① 企业基本情况表，包括经营单位及代码、加工企业及代码、批准证编号、经营范围账册号、加工生产能力等；

② 料件、成品部分，包括归并后的料件、成品名称、规格、商品编码、备案计量单位、币制、征免方式等；

③ 单耗关系，包括出口成品对应料件的净耗、损耗率等。

其他部分可同时申请备案，也可分阶段申请备案，但料件必须在相关料件进口前备案，成品和单耗关系最迟在相关成品出口前备案。

海关将根据企业的加工能力设定电子账册最大周转金额，并对部分高风险或需要重点监管的料件设定最大周转数量。电子账册进口料件的金额、数量，加上电子账册剩余料件的金额、数量，不得超过最大周转金额和最大周转数量。

每一个企业一般只能申请建立一份"便捷通关电子账册"，但是如果企业设有无法人资格独立核算的分厂，料件、成品单独管理的，经海关批准，可另建立电子账册。

企业需在异地口岸办理进出口报关或异地深加工结转报关手续的，可以向海关申请办理"便捷通关电子账册"异地报关备案。

(3) 备案变更。

① "经营范围电子账册"变更。

企业的经营范围、加工能力等发生变更时，经商务主管部门批准后，企业可通过网络向海关申请变更，海关予以审核通过，并收取商务主管部门出具的"联网监管企业加工贸易业务批准证变更证明"等相关书面材料。

② "便捷通关电子账册"变更。

"便捷通关电子账册"的最大周转金额、核销期限等需要变更时，企业应向海关提交申请，海关批准后直接变更。"便捷通关电子账册"的基本情况表中的内容、料件成品发生变化的，包括料件、成品品种、单损耗关系的增加等，只要未超出经营范围和加工能力的，企业不必报经商务主管部门审批，可通过网络直接向海关申请变更，海关予以审核通过。

4. 电子化手册管理下的保税加工货物备案

1) 电子化手册管理简介

电子化手册管理是加工贸易联网监管的另一个监管方式。

电子化手册管理仍然以企业的单个加工贸易合同为单元实施对保税加工货物的监管，但不再使用纸质手册。海关为联网企业建立电子底账。一个加工贸易合同建立一个电子化手册。

(1) 电子化手册管理特点。

电子化手册管理有以下特点:

① 以合同(订单)为单元进行管理。商务主管部门审批每份加工贸易合同(订单),海关根据合同(订单)建立电子底账,企业根据合同(订单)的数量建立多本电子化手册。

② 企业通过计算机网络向商务主管部门和海关申请办理合同审批和合同备案、变更等手续。

③ 纳入加工贸易银行保证金台账制度管理。

④ 纳入电子化手册的加工贸易货物进口时全额保税。

⑤ 无须调度手册,凭身份认证卡实现全国口岸的报关。

(2) 电子化手册的建立。

电子化手册的建立同样要经过加工贸易经营企业的联网监管申请和审批、加工贸易业务的申请和审批、建立商品归并关系和电子化手册等3个步骤,基本程序同电子账册。

电子化手册商品归并关系的建立是针对联网企业的所有料号级保税加工货物的,是一项基础性预备工作。归并关系一经海关审核,即产生企业以后所有向海关申报的HS编码级的基础数据,不需要每本电子化手册都进行申报审核。

电子化手册商品归并原则与"便捷通关电子账册"商品归并原则一致。

海关审核通过企业提交的预归类、预归并关系后,企业将申报地海关、企业内部编号、经营单位、加工单位、主管海关、管理对象等企业基本信息,以及保税进口料件和出口成品的序号、货号、中文品名、计量单位、法定单位等企业料号级物料数据传送到电子口岸数据中心,海关对数据进行审核,审核通过后,系统自动向企业发送回执。

企业接收回执后,再将包括归并关系列表、归并后物料信息、归并前物料信息列表等数据在内的料件归并关系和成品归并关系发送至电子口岸,海关予以审核通过,建立电子底账。

2) 备案

电子化手册的备案分为按合同常规备案和分段式备案两种。

(1) 按合同常规备案。

按合同常规备案除不申领纸质手册以外其他要求同纸质手册管理基本一样。

(2) 分段式备案。

分段式备案指将电子化手册的相关内容分为合同备案和通关备案两部分分别备案,通关备案的数据建立在合同备案数据的基础上。

合同备案环节的备案内容有3部分,即表头数据、料件表和成品表。

① 表头数据。表头数据包括企业及企业合同的基本信息,如经营单位、加工单位、手册类型、主管海关、商务主管部门、贸易方式、征免性质、加工贸易业务批准证编号、进口合同、备案进口总额、进口币制、备案出口总额、出口币制、加工种类、有效日期、管理对象等内容。

② 料件表。料件表包括料件序号、商品编号、商品名称、申报计量单位、法定计量单位、申报数量、申报单价、总价、币制等内容。

③ 成品表。成品表包括成品序号、商品编号、商品名称、申报计量单位、法定计量单位、申报数量、申报单价、总价、币值等内容。

电子化手册备案时,海关审核要求与对纸质手册的审核要求完全一致:审核企业的备案申请内容与商务主管部门出具的"加工贸易业务批准证"是否相符,备案申请数量是否超出了商务主管部门确定的加工生产能力,企业的相关申请是否符合法律、行政法规的规定。

电子化手册审核通过后,系统自动生成手册编号。

(3) 备案变更。

① 合同备案变更。企业办理合同备案变更手续应当通过电子口岸向主管海关发送合同备案变更数据,并提供企业的变更申请与商务主管部门出具的"加工贸易业务批准证变更证明",以及相关单证材料。

② 通关备案变更。如果通关备案已通过,则合同备案变更通过后,系统将对通关备案的数据自动进行变更。

5. 出口加工区监管货物

(1) 含义。

出口加工区是指经国务院批准在中华人民共和国境内设立的,由海关对保税加工进出口货物进行封闭式监管的特定区域。

(2) 功能。

出口加工区具有从事保税加工、保税物流及研发、检测、维修等业务的功能。出口加工区内设置出口加工企业、仓储物流企业,以及经海关核准专门从事区内货物进出的运输企业。

(3) 管理。

出口加工区是海关监管的特定区域。出口加工区与境内其他地区之间设置符合海关监管要求的隔离设施及闭路电视监控系统,在进出区通道设立卡口。海关在出口加工区内设立机构,并依照有关法律、行政法规,对进出区的货物及区内相关场所实行24小时监管。区内不得经营商业零售业务,不得建立营业性的生活消费设施。除安全人员和企业值班人员外,其他人员不得在出口加工区内居住。区内企业建立符合海关监管要求的电子计算机管理数据库,并与海关实行电子计算机联网,进行电子数据交换。

出口加工区与境外之间进出的货物,除国家另有规定的之外,不实行进出口许可证件管理。国家禁止进出口的货物,不得进出出口加工区。因国内技术无法达到产品要求,须将国家禁止出口商品运至出口加工区内进行某项工序加工的,应报经商务主管部门批准,海关比照出料加工管理办法进行监管,其运入出口加工区的货物,不予签发出口退税报关单。

境内区外进入出口加工区的货物视同出口,办理出口报关手续,除属于取消出口退税的基建物资外,可以办理出口退税手续。

从境外运入出口加工区的加工贸易货物全额保税。出口加工区区内企业开展加工贸易业务不实行加工贸易银行保证金台账制度,适用电子账册管理,实行备案电子账册的滚动累加、扣减,每6个月核销一次。出口加工区内企业从境外进口的自用的生产、管理所需设备、物资,除交通车辆和生活用品外,予以免税。

4.2.3.2 保税物流货物的前期管理

1. 保税物流货物概述

(1) 含义。

保税物流货物是指经海关批准未办理纳税手续进境,在境内进行分拨、配送或储存后复运出境的货物,也称作保税仓储货物。

已办结海关出口手续尚未离境,经海关批准存放在海关保税监管场所或特殊监管区域的货物，带有保税物流货物的性质。

(2) 特征。

保税物流货物有以下特征：

① 进境时暂缓缴纳进口关税及进口环节海关代征税，复运出境免税，内销应当缴纳进口关税和进口环节海关代征税，不征收缓税利息。

② 进出境时除国家另有规定外，免予交验进出口许可证件。

③ 进境海关现场放行不是结关，进境后必须进入海关保税监管场所或特殊监管区域，运离这些场所或区域必须办理结关手续。

(3) 范围。

保税物流货物包括：

① 进境经海关批准进入海关保税监管场所或特殊监管区域，保税储存后转口境外的货物；

② 已经办理出口报关手续尚未离境，经海关批准进入海关保税监管场所或特殊监管区域储存的货物；

③ 经海关批准进入海关保税监管场所或特殊监管区域保税储存的加工贸易货物，供应国际航行船舶和航空器的油料、物料和维修用零部件，供维修外国产品所进口寄售的零配件，外商进境暂存货物；

④ 经海关批准进入海关保税监管场所或特殊监管区域保税的其他未办结海关手续的进境货物。

(4) 管理。

海关对保税物流货物的监管模式有两大类：一类是非物理围网的监管模式，包括保税仓库、出口监管仓库；另一类是物理围网的监管模式，包括保税物流中心、保税物流园区、保税区、保税港区、综合保税区。

2. 保税仓库货物

(1) 含义。

保税仓库是指经海关批准设立的专门存放保税货物及其他未办结海关手续货物的仓库。

我国的保税仓库根据使用对象分为公用型和自用型两种。

① 公用型保税仓库。

公用型保税仓库由主营仓储业务的中国境内独立企业法人经营，专门向社会提供保税仓储服务。

② 自用型保税仓库。

自用型保税仓库由特定的中国境内独立企业法人经营，仅存储供本企业自用的保税货物。

根据所存货物的特定用途，公用型保税仓库和自用型保税仓库下面还衍生出一种专用型保税仓库，即专门用来存储具有特定用途或特殊种类商品的保税仓库，包括液体危险品保税仓库、备料保税仓库、寄售维修保税仓库和其他专用保税仓库。其中液体危险品保税仓库是指符合国家关于危险化学品存储规定的，专门提供石油、成品油或者其他散装液体危险化学品保税仓储服务的保税仓库。

(2) 功能。

保税仓库的功能单一，就是仓储，而且只能存放进境货物。

经海关批准可以存入保税仓库的进境货物有下列几种：

① 加工贸易进口货物；

② 转口货物；

③ 供应国际航行船舶和航空器的油料、物料和维修用零部件；

④ 供维修外国产品所进口寄售的零配件；

⑤ 外商进境暂存货物；

⑥ 未办结海关手续的一般贸易进口货物；

⑦ 经海关批准的其他未办结海关手续的进境货物。

保税仓库不得存放国家禁止进境货物，不得存放未经批准的影响公共安全、公共卫生或健康、公共道德或秩序的国家限制进境货物及其他不得存入保税仓库的货物。

(3) 设立。

保税仓库应当设立在设有海关机构、便于海关监管的区域。申请设立保税仓库的企业应当是已在海关办理进出口收发货人注册登记的，不同时拥有报关企业身份的企业，同时还应当具备下列条件。

① 经工商行政管理部门注册登记，具有企业法人资格；

② 注册资本最低限额为300万元人民币；

③ 具备向海关缴纳税款的能力；

④ 经营特殊许可商品存储的，应当持有规定的特殊许可证件；

⑤ 经营备料保税仓库的加工贸易企业，年出口额最低为1 000万美元；

⑥ 具有专门存储保税货物的营业场所并达到：

a. 符合海关对保税仓库布局的要求；

b. 具备符合海关监管要求的安全隔离设施、监管设施和办理业务必需的其他设施；

c. 具备符合海关监管要求的保税仓库计算机管理系统并与海关联网；

d. 具备符合海关监管要求的保税仓库管理制度，符合《会计法》要求的会计制度；

e. 符合国家土地管理、规划、交通、消防、安全、质检、环保等方面法律、行政法规及有关规定；

f. 公用保税仓库面积最低为2 000平方米，液体危险品保税仓库容积最低为5 000立方米，寄售维修保税仓库面积最低为2 000平方米。

企业申请设立保税仓库的，应向仓库所在地主管海关提交书面申请，提供能够证明上述条件已经具备的有关文件，由主管海关受理并报直属海关审批。

(4) 管理。

① 保税仓库所存货物的储存期限为1年。需要延长储存期限，应向主管海关申请延期，经海关批准可以延长，无特殊情形，延长的期限最长不超过1年。特殊情况下，延期后货物存储期超过2年的，由直属海关审批。

保税仓库货物超出规定的存储期限未申请延期或海关不批准延期申请的，经营企业应当办理超期货物的退运、纳税、放弃、销毁等手续。

② 保税仓库所存货物，是海关监管货物，未经海关批准并按规定办理有关手续，任何人不得出售、转让、抵押、质押、留置、移作他用或者进行其他处置。

③ 货物在仓库储存期间发生损毁或者灭失，除不可抗力原因外，保税仓库应当依法向海关缴纳损毁、灭失货物的税款，并承担相应的法律责任。

④ 保税仓库货物可以进行分级分类、分拆分拣、分装、计量、组合包装、打膜、加刷或刷贴运输标志、改换包装、拼装等辅助性简单作业。在保税仓库内从事上述作业必须事先向主管海关提出书面申请，经主管海关批准后方可进行。

⑤ 保税仓库经营企业应于每月前 5 个工作日内，向海关提交月报关单报表、库存总额报表及其他海关认为必要的月报单证，将上月仓库货物入、出、转、存、退等情况以计算机数据和书面形式报送仓库主管海关。

3. 出口监管仓库货物

(1) 含义。

出口监管仓库，是指经海关批准设立，对已办结海关出口手续的货物进行存储、保税货物配送，提供流通性增值服务的海关专用监管仓库。

出口监管仓库分为出口配送型仓库和国内结转型仓库。

出口配送型仓库是指存储以实际离境为目的的出口货物的仓库。

国内结转型仓库是指存储用于国内结转的出口货物的仓库。

(2) 功能。

出口监管仓库的功能也只有仓储，主要用于存放出口货物。

经海关批准可以存入出口监管仓库的货物有以下几种：

① 一般贸易出口货物；

② 加工贸易出口货物；

③ 从其他海关特殊监管区域、场所转入的出口货物；

④ 其他已办结海关出口手续的货物。

出口配送型仓库还可以存放为拼装出口货物而进口的货物。

出口监管仓库不得存放下列货物：

① 国家禁止进出境货物；

② 未经批准的国家限制进出境货物；

③ 海关规定不得存放的货物。

(3) 设立。

① 申请设立的条件。

出口监管仓库的设立应当符合区域物流发展和海关对出口监管仓库布局的要求，符合国家土地管理、规划、交通、消防、安全、环保等有关法律、行政法规的规定。

申请设立出口监管仓库的经营企业，应当具备下列条件：

a. 经工商行政管理部门注册登记，具有企业法人资格；

b. 具有进出口经营权和仓储经营权；

c. 注册资本在 300 万元人民币以上；

d. 具备向海关缴纳税款的能力；

e. 具有专门存储货物的场所，其中出口配送型仓库的面积不得低于 5 000 平方米，国内结转型仓库不得低于 1 000 平方米。

② 申请设立和审批。

企业申请设立出口监管仓库，应当向仓库所在地主管海关提交书面申请，提供能够证明上述条件已经具备的有关文件。

海关受理、审查设立出口监管仓库的申请属于海关行政许可，应当按照行政许可的法定程序，对符合条件的，作出准予设立的决定，并出具批准文件；对不符合条件的，作出不予设立的决定，并书面告知申请企业。

③ 验收和运营。

申请设立出口监管仓库的企业应当自海关出具批准文件之日起1年内向海关申请验收出口监管仓库。

出口监管仓库验收合格后，经直属海关注册登记并核发“中华人民共和国出口监管仓库注册登记证书”，可以投入运营。

(4) 管理。

① 出口监管仓库必须专库专用，不得转租、转借给他人经营，不得下设分库。

② 出口监管仓库经营企业应当如实填写有关单证、仓库账册，真实记录并全面反映其业务活动和财务状况，编制仓库月度进、出、转、存情况表和年度财务会计报告，并定期报送主管海关。

③ 出口监管仓库所存货物的储存期限为6个月。如因特殊情况需要延长储存期限，应在到期之前向主管海关申请延期，经海关批准可以延长，延长的期限最长不超过6个月。货物存储期满前，仓库经营企业应当通知发货人或其代理人办理货物的出境或者进口手续。

④ 出口监管仓库所存货物，是海关监管货物，未经海关批准并按规定办理有关手续，任何人不得出售、转让、抵押、质押、留置、移作他用或者进行其他处置。

⑤ 货物在仓库储存期间发生损毁或者灭失，除不可抗力原因外，出口监管仓库应当依法向海关缴纳损毁、灭失货物的税款，并承担相应的法律责任。

⑥ 经主管海关同意，可以在出口监管仓库内进行品质检验、分级分类、分拣分装、印刷运输标志、改换包装等流通性增值服务。

4. 保税物流中心货物

(1) 含义。

保税物流中心，是指经海关总署批准，由中国境内一家企业法人经营，多家企业进入并从事保税仓储物流业务的海关集中监管场所。

(2) 功能。

保税物流中心的功能是保税仓库和出口监管仓库功能的叠加，既可以存放进口货物，也可以存放出口货物，还可以开展多项增值服务。

① 存放货物的范围。

a. 国内出口货物；

b. 转口货物和国际中转货物；

c. 外商暂存货物；

d. 加工贸易进出口货物；

e. 供应国际航行船舶和航空器的物料、维修用零部件；

f. 供维修外国产品所进口寄售的零配件；

g. 未办结海关手续的一般贸易进口货物；

h. 经海关批准的其他未办结海关手续的货物。

② 开展业务的范围。

保税物流中心可以开展以下业务：

a. 保税存储进出口货物及其他未办结海关手续货物；

b. 对所存货物开展流通性简单加工和增值服务；

c. 全球采购和国际分拨、配送；

d. 转口贸易和国际中转业务；

e. 经海关批准的其他国际物流业务。

但不得开展以下业务：

a. 商业零售；

b. 生产和加工制造；

c. 维修、翻新和拆解；

d. 存储国家禁止进出口货物，以及危害公共安全、公共卫生或者健康、公共道德或者秩序的国家限制进出口货物；

e. 存储法律、行政法规明确规定不能享受保税政策的货物；

f. 其他与保税物流中心无关的业务。

(3) 设立。

① 保税物流中心的设立。

保税物流中心应当设在靠近海港、空港、陆路枢纽及内陆国际物流需求量较大，交通便利，设有海关机构且便于海关集中监管的地方。

经营企业需满足以下资格条件：

a. 经工商行政管理部门注册登记，具有独立的企业法人资格；

b. 注册资本不低于5 000万元人民币；

c. 具备对中心内企业进行日常管理的能力；

d. 具有协助海关对进出保税物流中心的货物和中心内企业的经营行为实施监管的能力。

申请设立保税物流中心需满足以下条件：

a. 符合海关对保税物流中心的监管规划建设要求；

b. 仓储面积，东部地区不低于10万平方米，中西部地区不低于5万平方米；

c. 经省级人民政府确认，符合地方发展总体布局，满足加工贸易发展对保税物流的需求；

d. 建立符合海关监管要求的计算机管理系统，提供海关查阅数据的终端设备，并按照海关规定的认证方式和数据标准，通过电子口岸平台与海关联网，以便海关在统一平台上与国税、外汇管理等部门实现数据交换及信息共享；

e. 设置符合海关监管要求的安全隔离设施、视频监控系统等监管、办公设施。

保税物流中心的申请由直属海关受理，报海关总署审批，并由海关总署出具批准申请企业筹建保税物流中心的文件。

保税物流中心验收合格后，由海关总署向企业核发“保税物流中心验收合格证书”和“保税物流中心注册登记证书”，颁发保税物流中心标牌。

保税物流中心在验收合格后方可开展有关业务。

② 保税物流中心内企业的设立。

企业进入保税物流中心的条件如下：

a. 具有独立的法人资格或者特殊情况下的中心外企业的分支机构；

b. 具有独立法人资格的企业注册资本最低限额为500万元人民币，属企业分支机构的，该企业注册资本不低于1 000万人民币；

c. 具备向海关缴纳税款和履行其他法律义务的能力；

d. 建立符合海关监管要求的计算机管理系统并与海关联网；

e. 在保税物流中心内有专门存储海关监管货物的场所。

企业申请进入保税物流中心应当向所在地主管海关提交书面申请，提供能够证明上述条件已经具备的有关文件。

主管海关受理后报直属海关审批。直属海关对经批准的企业核发“中华人民共和国海关保税物流中心企业注册登记证书”。

保税物流中心内企业须变更有关事项的，由主管海关受理后报直属海关审批。

(4) 管理。

① 保税物流中心经营企业应当设立管理机构负责物流中心的日常工作，制定完善的物流中心管理制度，协助海关实施对进出物流中心的货物及中心内企业经营行为的监管。

② 保税物流中心经营企业不得在本中心内直接从事保税仓储物流的经营活动。

③ 保税物流中心内货物保税存储期限为2年，确有正当理由的，经主管海关同意可以予以延期，除特殊情况外，延期不得超过1年。

④ 企业根据需要经主管海关批准，可以分批进出货物，月度集中报关，但集中报关不得跨年度办理。实行集中申报的进出口货物，应当适用每次货物进出口时海关接受申报之日实施的税率、汇率。

⑤ 未经海关批准，保税物流中心不得擅自将所存货物抵押、质押、留置、移作他用或者进行其他处置。

保税物流中心内的货物可以在中心内企业之间进行转让、转移，但必须办理相关海关手续。

⑥ 保税仓储货物在存储期间发生损毁或者灭失的，除不可抗力外，保税物流中心经营企业应当依法向海关缴纳损毁、灭失货物的税款，并承担相应的法律责任。

5. 保税物流园区进出货物

(1) 含义。

保税物流园区是指经国务院批准，在保税区规划面积内或者毗邻保税区的特定港区内设立的、专门发展现代国际物流的海关特殊监管区域。

(2) 功能。

保税物流园区的主要功能是保税物流，可以开展以下保税物流业务：

① 存储进出口货物及其他未办结海关手续的货物；

② 对所存货物开展流通性简单加工和增值服务，如分级分类、分拆分拣、分装、计量、组合包装、打膜、印刷运输标志、改换包装、拼装等具有商业增值的辅助性服务；

③ 国际转口贸易；

④ 国际采购、分销和配送；

⑤ 国际中转；

⑥ 商品展示；

⑦ 经海关批准的其他国际物流业务。

(3) 管理。

保税物流园区是海关监管的特定区域。园区与境内其他地区之间应当设置符合海关监管要求的卡口、围网隔离设施、视频监控系统及其他海关监管所需的设施。海关在园区派驻机构，依照有关法律、行政法规，对进出园区的货物、运输工具、个人携带物品及园区内相关场所实行 24 小时监管。

① 禁止事项。

a. 除安全人员和相关部门、企业值班人员外，其他人员不得在园区内居住。

b. 园区内不得建立工业生产加工场所和商业性消费设施。

c. 园区内不得开展商业零售、加工制造、翻新、拆解及其他与园区无关的业务。

d. 法律、行政法规禁止进出口的货物、物品不得进出园区。

② 企业管理。

保税物流园区行政机构及其经营主体、在保税物流园区内设立的企业等单位的办公场所应当设置在园区规划面积内、围网外的园区综合办公区内。

海关对园区企业实行电子账册监管制度和计算机联网管理制度。

园区行政管理机构或者其经营主体应当在海关指导下通过电子口岸建立供海关、园区企业及其他相关部门进行电子数据交换和信息共享的计算机公共信息平台。园区企业建立符合海关监管要求的电子计算机管理系统，提供海关查阅数据的终端设备，按照海关规定的认证方式和数据标准与海关进行联网。

园区企业须依照法律、行政法规的规定，规范财务管理，设置符合海关监管要求的账簿、报表，记录本企业的财务状况和有关进出园区货物、物品的库存、转让、转移、销售、简单加工、使用等情况，如实填写有关单证、账册，凭合法、有效的凭证记账核算。

③ 物流管理。

园区内设立仓库、堆场、查验场和必要的业务指挥调度操作场所。园区货物不设存储期限。但园区企业自开展业务之日起，应当每年向园区主管海关办理报核手续。园区主管海关应当自受理报核申请之日起 30 天内予以核库。企业有关账册、原始数据应当自核库结束之日起至少保留 3 年。园区企业须编制月度货物进、出、转、存情况表和年度财务会计报告，并定期报送园区主管海关。

经主管海关批准，园区企业可以在园区综合办公区专用的展示场所举办商品展示活动。展示的货物应当在园区主管海关备案，并接受海关监管。

园区内货物可以自由流转。园区企业转让、转移货物时应当将货物的具体品名、数量、金额等有关事项向海关进行电子数据备案，并在转让、转移后向海关办理报核手续。

未经园区主管海关许可，园区企业不得将所存货物抵押、质押、留置、移作他用或者进行其他处置。

园区与区外非海关特殊监管区域或者保税监管场所之间货物的往来，企业可以使用其他非海关监管车辆承运。承运车辆进出园区通道时应当经海关登记，海关对货物和承运车辆进行查验、检查。

④ 特殊情况处理。

除法律、行政法规规定不得声明放弃的货物外，园区企业可以申请放弃货物。放弃的货物由主管海关依法提取变卖，变卖收入由海关按照有关规定处理。依法变卖后，企业凭放弃该批货物的申请和园区主管海关提取变卖该货物的有关单证办理核销手续;确因无使用价值无法变卖并经海关核准的,由企业自行处理,园区主管海关直接办理核销手续。放弃货物在海关提取变卖前所需的仓储等费用,由企业自行承担。

对按照规定应当销毁的放弃货物,由企业负责销毁,园区主管海关可以派员监督。园区主管海关凭有关主管部门的证明材料办理核销手续。

因不可抗力造成园区货物损坏、损毁、灭失的,园区企业应当及时书面报告园区主管海关,说明理由并提供保险、灾害鉴定部门的有关证明。经主管海关核实确认后,按照下列规定处理:

a. 货物灭失,或者完全失去使用价值的,海关予以办理核销和免税手续。

b. 进境货物损坏、损毁,失去原使用价值但可再利用的,园区企业可以向园区主管海关办理退运手续,如不退运出境并要求运往区外的,由区内企业提出申请,并经主管海关核准,根据受灾货物的使用价值估价、征税后运出园区外。

c. 区外进入园区的货物损坏、损毁,失去原使用价值但可再利用,且须向出口企业进行退换的,可以退换为与损坏货物同一品名、规格、数量、价格的货物,并向园区主管海关办理退运手续。退运到区外的,如属于尚未办理出口退税手续的,可以向园区主管海关办理退税手续;如属于已经办理出口退税手续的,按照进境货物运往区外的有关规定办理。

因保管不善等非不可抗力因素造成货物损坏、损毁、灭失的,按下列规定办理:

a. 对于从境外进入园区的货物,园区企业应当按照一般进口货物的规定,以货物进入园区时海关接受申报之日适用的税率、汇率,依法向海关缴纳损毁、灭失货物原价值的关税、进口环节增值税和消费税。

b. 对于从区外进入园区的货物,园区企业应当重新缴纳因出口而退还的国内环节有关税收,海关据此办理核销手续。

6. 保税区进出货物

(1) 含义。

保税区是指经国务院批准在中华人民共和国境内设立的由海关进行监管的特定区域。

(2) 功能。

保税区具有出口加工、转口贸易、商品展示、仓储运输等功能。

(3) 管理。

保税区与境内其他地区之间,设置符合海关监管要求的隔离设施。

① 禁止事项。

a. 除安全保卫人员外,其他人员不得在保税区居住。

b. 国家禁止进出口的货物、物品,不得进出保税区。

c. 国家明令禁止进出口的货物和列入加工贸易禁止类商品目录的商品在保税区内也不准开展加工贸易。

② 物流管理。

海关对进出保税区的货物、物品、运输工具、人员及区内有关场所,有权依照《海关法》的规定进行检查、查验。

在保税区内设立的企业,必须向海关办理注册手续。区内企业必须依照国家有关法律、行政法规的规定设置账簿、编制报表,凭合法、有效凭证记账并进行核算,记录有关进出保税区货物和物品的库存、转让、转移、销售、加工、使用和损耗等情况。

区内企业必须与海关实行电子计算机联网，进行电子数据交换。

进出保税区的运输工具的负责人，必须持保税区主管机关批准的证件连同运输工具的名称、数量、牌照号码及驾驶员姓名等清单，向海关办理登记备案手续。

未经海关批准，从保税区到非保税区的运输工具和人员不得运输、携带保税区内的免税、保税货物。

从非保税区进入保税区的货物，按照出口货物办理手续。企业在办结海关手续后，可办理结汇、外汇核销、加工贸易核销等手续。出口退税必须在货物实际报关离境后才能办理。

保税区内的转口货物可以在区内仓库或者区内其他场所进行分级、挑选、印刷运输标志、改换包装等简单加工。

③ 加工贸易管理。

保税区企业开展加工贸易，除进口易制毒化学品、监控化学品、消耗臭氧层物质要提供进口许可证件，生产激光光盘要主管部门批准外，其他加工贸易料件进口免予交验许可证件。

保税区内企业开展加工贸易，不实行银行保证金台账制度。

区内加工企业加工的制成品及其在加工过程中产生的边角余料运往境外时，应当按照国家有关规定向海关办理手续，除法律、行政法规另有规定外，免征出口关税。

区内加工企业将区内加工贸易料件及制成品，在加工过程中产生的副产品、残次品、边角料，运往非保税区时，应当依照国家有关规定向海关办理进口报关手续，并依法纳税，免交缓税利息。

7. 保税港区进出货物

(1) 含义。

保税港区是指经国务院批准，设立在国家对外开放的口岸港区和与之相连的特定区域内，具有口岸、物流、加工等功能的海关特殊监管区域。

(2) 功能。

保税港区具备保税加工、保税物流功能，可以开展下列业务：

① 存储进出口货物和其他未办结海关手续的货物；

② 国际转口贸易；

③ 国际采购、分销和配送；

④ 国际中转；

⑤ 检测和售后服务维修；

⑥ 商品展示；

⑦ 研发、加工、制造；

⑧ 港口作业；

⑨ 经海关批准的其他业务。

(3) 管理。

保税港区实行封闭式管理。保税港区与中华人民共和国关境内的其他地区之间设置符合海关监管要求的卡口、围网、视频监控系统及海关监管所需的其他设施。

保税港区享受的税收和外汇管理政策为：国外货物入港区保税；货物出港区进入国内销售按货物进口的有关规定办理报关手续，并按货物实际状态征税；国内货物入港区视同出口，实行退税；港区内企业之间的货物交易不征增值税和消费税。

① 禁止事项。

保税港区有以下禁止事项：

a. 保税港区内不得居住人员；

b. 除保障保税港区内人员正常工作、生活需要的非营利性设施外，保税港区内不得建立商业性生活消费设施和开展商业零售业务；

c. 国家禁止进出口的货物、物品不得进出保税港区；

d. 区内企业的生产经营活动应当符合国家产业发展要求，不得开展高耗能、高污染和资源性产品及列入《加工贸易禁止类商品目录》商品的加工贸易业务。

② 物流管理。

海关对进出保税港区的运输工具、货物、物品及保税港区内企业、场所进行监管。

区内企业需要开展危险化工品和易燃易爆物品生产、经营和运输业务的，应当取得安全监督、交通等相关部门的行政许可，并报保税港区主管海关备案。有关储罐、装置、设备等设施应当符合海关的监管要求。通过管道进出保税港区的货物，应当配备计量检测装置和其他便于海关监管的设施、设备。

申请在保税港区内开展维修业务的企业应当具有企业法人资格，并在保税港区主管海关登记备案。区内企业所开展的维修业务仅限于我国出口的机电产品的售后维修，维修后的产品、更换的零配件及维修过程中产生的物料等应当复运出境。

经保税港区主管海关批准，区内企业可以在保税港区综合办公区专用的展示场所举办商品展示活动。展示的货物应当在海关备案，并接受海关监管。

保税港区内货物可以自由流转。区内企业转让、转移货物的，双方企业应当及时向海关报送转让、转移货物的品名、数量、金额等电子数据信息。

保税港区货物不设存储期限。但存储期限超过2年的，区内企业应当每年向海关备案。

经海关核准，区内企业可以办理集中申报手续。实行集中申报的区内企业应当对1个自然月内的申报清单数据进行归并，填制进出口货物报关单，在次月底前向海关办理集中申报手续。集中申报适用报关单集中申报之日实施的税率、汇率。集中申报不得跨年度办理。

③ 加工贸易管理。

区内企业不实行加工贸易银行保证金台账和合同核销制度，海关对保税港区内加工贸易货物不实行单耗标准管理。区内企业应当自开展业务之日起，定期向海关报送货物的进区、出区和储存情况。

④ 特殊情况处理。

区内企业申请放弃的货物，经海关及有关主管部门核准后，由保税港区主管海关依法提取变卖，变卖收入由海关按照有关规定处理，但法律、行政法规和海关规章规定不得放弃的货物除外。

因不可抗力造成保税港区货物损毁、灭失的，区内企业应当及时书面报告保税港区主管海关，说明情况并提供灾害鉴定部门的有关证明。经保税港区主管海关核实确认后，按照下列规定处理：

a. 货物灭失，或者虽未灭失但完全失去使用价值的，海关予以办理核销和免税手续；

b. 进境货物损毁，失去部分使用价值的，区内企业可以向海关办理退运手续，如不退运出境并要求运往区外的，由区内企业提出申请，经保税港区主管海关核准，按照海关审定的价格进行征税；

c. 区外进入保税港区的货物损毁，失去部分使用价值，且须向出口企业进行退换的，可以退换为与损毁货物相同或者类似的货物，并向保税港区主管海关办理退运手续。

须退运到区外的，属于尚未办理出口退税手续的，可以向保税港区主管海关办理退运手续；属于已经办理出口退税手续的，按照进境货物运往区外的规定办理。

因保管不善等非不可抗力因素造成货物损毁、灭失的，区内企业应当及时书面报告保税港区主管海关，说明情况。经保税港区主管海关核实确认后，按照下列规定办理：

a. 从境外进入保税港区的货物，区内企业应当按照一般贸易进口货物的规定，按照海关审定的货物损毁或灭失前的完税价格，以货物损毁或灭失之日适用的税率、汇率缴纳关税、进口环节海关代征税；

b. 从区外进入保税港区的货物，区内企业应当重新缴纳因出口而退还的国内环节有关税收，海关据此办理核销手续，已缴纳出口关税的，不予退还；

c. 从区外进入保税港区供保税港区行政管理机构和区内企业使用的生活消费用品和交通运输工具，海关不予签发出口货物报关单证明联；

d. 从区外进入保税港区的原进口货物、包装物料、设备、基建物资等，区外企业应当向海关提供上述货物或者物品的清单，按照出口货物的有关规定办理申报手续，海关不予签发出口货物报关单证明联，原已缴纳的关税、进口环节海关代征税不予退还。

知识链接

天津海关为企业“量身定做”个性化保税监管服务

天津海关近日与16家企业签订了“量身定做”保税监管模式备忘录。新的保税监管模式有助于帮助企业解决经营瓶颈，促进持续发展，提高通关效率。

据了解，“量身定做”保税监管模式是海关针对资信良好的大型骨干企业自身特点，并根据企业提出的不同问题和在发展中面临的困难，尊重企业自身的经营发展规律，在依法监管基础上，采取的个性化管理措施，为企业提供最大便利。

据介绍，本次实施“量身定做”海关保税监管模式的16家企业包括滨海新区内拥有著名商标和出口名牌的技术型加工贸易企业及具有一定规模和发展潜力的较大型重点物流企业。

此前，天津经济技术开发区海关先后对美克国际家私（天津）制造有限公司、天津三星电机有限公司等7家企业实施了“量身定做”监管模式，并收到了良好效果。

天津三星电机有限公司进出口通关部次长孟红说，他们向海关提出在苏州建立分公司，且分公司与天津公司是同一个法人，使用同一个公章、同一个海关编码的请求。经过实际调研，海关同意其请求，对其采取个性化的管理措施。此举加快了企业供货速度，增加销售订单，提升了产品的竞争力。公司仅在苏州地区高附加值产品销售额从350万美元升至1 370万美元，物流费用由原来6万元人民币/月降至0.47万元人民币/月。

（资料来源：新华网）

4.2.4 特定减免税货物备案和审批

4.2.4.1 特定减免税货物概述

1. 含义

特定减免税货物是指海关根据国家的政策规定准予减免税进口使用于特定地区、特定企业、特定用途的货物。

特定地区是指我国关境内由行政法规规定的某一特别限定区域，享受减免税优惠的进口货物只能在这一特别限定的区域内使用。

特定企业是指由国务院制定的行政法规专门规定的企业，享受减免税优惠的进口货物只能由这些专门规定的企业使用。

特定用途是指国家规定可以享受减免税优惠的进口货物只能用于行政法规专门规定的用途。

2. 特征

特定减免税货物有以下特征：

(1) 特定条件下减免进口关税。特定减免税是我国关税优惠政策的重要组成部分，是国家无偿向符合条件的进口货物使用企业提供的关税优惠，其目的是优先发展特定地区的经济，鼓励外商在我国的直接投资，促进国有大中型企业和科学、教育、文化、卫生事业的发展。因而，这种关税优惠具有鲜明的特定性，只能在国家行政法规规定的特定条件下使用。

(2) 进口申报应当提交进口许可证件。特定减免税货物是实际进口货物。按照国家有关进出境管理的法律法规，凡属于进口需要交验许可证件的货物，收货人或其代理人都应当在进口申报时向海关提交进口许可证件。

(3) 进口后在特定的海关监管期限内接受海关监管。进口货物享受特定减免税的条件之一就是在规定的期限，使用于规定的地区、企业和用途，并接受海关的监管。特定减免税进口货物的海关监管期限按照货物的种类各有不同。以下是特定减免税货物的海关监管期限：

① 船舶、飞机，8年；

② 机动车辆，6年；

③ 其他货物，5年。

监管期限自货物进口之日起计算。

3. 范围

特定减免税货物大体有以下三大类：

(1) 特定地区减免税货物；

(2) 特定企业减免税货物；

(3) 特定用途减免税货物。

4. 管理

(1) 减免税备案、审批、税款担保和后续管理业务等相关手续应当由进口货物减免税申请人或其代理人办理。

进口货物减免税申请人，是指根据有关进口税收优惠政策和有关法律法规的规定，可以享受进口税收优惠，并依法向海关申请办理减免税相关手续的具有独立法人资格的企事业单位、社会团体、国家机关；符合规定的非法人分支机构；经海关总署审查确认的其他组织。

减免税申请人可以自行向海关申请办理减免税备案、审批、税款担保和后续管理业务等相关手续，也可以由已经在海关办理注册登记并取得报关注册登记证书的报关企业或进出口货物收发货人代理。

(2) 减免税申请人面临下列情形之一的，可以向海关申请凭税款担保先予办理货物放行手续：

① 主管海关按照规定已经受理减免税备案或者审批申请，尚未办理完毕的；

② 有关进口税收优惠政策已经国务院批准，具体实施措施尚未明确，海关总署已确认减免税申请人属于享受该政策范围的；

③ 其他经海关总署核准的情况。

国家对进出口货物有限制性规定，应当提供许可证件而不能提供的，以及法律、行政法规规定不得担保的其他情形，不得办理减免税货物凭税款担保放行手续。

减免税申请人在货物申报进口前向主管海关提出申请，主管海关准予担保的，出具“中华人民共和国海关准予办理减免税货物税款担保证明”，进口地海关凭主管海关出具的准予担保证明，办理货物的税款担保和验放手续。税款担保期限不超过 6 个月，经直属海关关长或其授权人批准可以予以延期，延期时间自税款担保期限届满之日起算，延长期限不超过 6 个月。特殊情况仍需要延期的，应当经海关总署批准。海关按规定延长减免税备案、审批手续办理时限的，减免税货物税款担保时限可以相应延长，主管海关应当及时通知减免税申请人向海关申请办理减免税货物税款担保延期的手续。

(3) 在海关监管年限内，减免税申请人应当自进口减免税货物放行之日起，在每年的第一季度向主管海关递交减免税货物使用状况报告书，报告减免税货物使用状况。在海关监管年限及其后 3 年内，海关依照《海关法》和《中华人民共和国海关稽查条例》有关规定对减免税申请人进口和使用减免税货物情况实施稽查。

(4) 减免税货物转让给进口同一货物享受同等减免税优惠待遇的其他单位的，不予恢复减免税货物转出申请人的减免税额度，减免税货物转入申请人的减免税额度按照海关审定的货物结转时的价格、数量或者应缴税款予以扣减。减免税货物因品质或者规格原因原状退运出境，减免税申请人以无代价抵偿方式进口同一类型货物的，不予恢复其减免税额度；未以无代价抵偿方式进口同一类型货物的，减免税申请人在原减免税货物退运出境之日起 3 个月内向海关提出申请，经海关批准，可以恢复其减免税额度。对于其他提前解除监管的情形，不予恢复减免税额度。

4.2.4.2 特定减免税货物的减免税备案和审批

特定减免税货物的报关程序大体有减免税备案和审批、进口报关、后续处置和解除监管 3 个阶段。

减免税申请人向投资项目所在地海关申请办理减免税备案、审批手续。投资项目所在地涉及多个海关的，减免税申请人可以向其所在地海关或者有关海关的共同上级海关申请办理减免税备案、审批手续。有关海关的共同上级海关可以指定相关海关办理减免税备案、审批手续。

减免税备案和审批阶段包括减免税备案和减免税证明申领两个环节，基本程序为：

1. 减免税备案

减免税申请人到主管海关办理减免税备案手续，海关对申请享受减免税优惠政策的减免税申请人进行资格确认，对项目是否符合减免税政策要求进行审核，确定项目的减免税额度等事项。

2. 减免税审批

减免税备案后，货物进口前，减免税申请人应当持以下单证向主管海关申领减免税证明：

(1) 进出口货物征免税申请表；

(2) 企业营业执照或者事业单位法人证书、国家机关设立文件、社团登记证书、民办非企业单位登记证书、基金会登记证书等证明材料；

(3) 进出口合同、发票及相关货物的产品情况资料；

(4) 相关政策规定的享受进出口税收优惠政策资格的证明材料；

(5) 海关认为需要提供的其他材料。

主管海关进行审核，确定其所申请货物的免税方式，依据其是否符合减免税政策要求决定签发"进出口货物征免税证明"。

"进出口货物征免税证明"的有效期一般为6个月，持证人应当在海关签发征免税证明的有效期内进口经批准的特定减免税货物。如情况特殊，可以向海关申请延长，延长的最长期限为6个月。

"进出口货物征免税证明"实行一份证明只能验放一批货物的原则，即一份征免税证明上的货物只能在一个进口口岸一次性进口。如果一批特定减免税货物需要分两个或两个以上口岸进口，或者分两次或两次以上进口的，应当事先分别申领征免税证明。

4.2.5 暂准进出境货物

4.2.5.1 暂准进出境货物概述

1. 含义

暂准进出境货物是暂准进境货物和暂准出境货物的合称。

暂准进境货物是指为了特定的目的，经海关批准暂时进境，按规定的期限原状复运出境的货物。

暂准出境货物是指为了特定的目的，经海关批准暂时出境，按规定的期限原状复运进境的货物。

2. 特征

(1) 有条件暂时免予缴纳税费

暂准进出境货物在向海关申报进出境时，不必缴纳进出口税费，但收发货人须向海关提供担保。

(2) 免予提交进出口许可证件

暂准进出境货物不是实际进出口货物，只要按照暂准进出境货物的有关法律、行政法规办理进出境手续，可免予交验进出口许可证件。但是，涉及公共道德、公共安全、公共卫生所实施的进出境管制制度的暂准进出境货物应当凭许可证件进出境。

(3) 规定期限内按原状复运进出境

暂准进出境货物应当自进境或者出境之日起6个月内复运出境或者复运进境；经收发货

人申请，海关可以根据规定延长复运出境或者复运进境的期限。

(4) 按货物实际使用情况办结海关手续

暂准进出境货物都必须在规定期限内，由货物的收发货人根据货物不同的情况向海关办理核销结关手续。

3. 范围

暂准进出境货物分为两大类。

第一类是指经海关批准暂时进境，在进境时纳税义务人向海关缴纳相当于应纳税款的保证金或者提供其他担保可以暂不缴纳税款，并按规定的期限复运出境的货物和经海关批准暂时出境，在出境时纳税义务人向海关缴纳相当于应纳税款的保证金或者提供其他担保可以暂不缴纳税款，并按规定的期限复运进境的货物。

第二类是指第一类以外的暂准进出境货物。第二类暂准进出境货物应当按照该货物的完税价格和其在境内、境外滞留时间与折旧时间的比例，按月缴纳进、出口税。

第一类暂准进出境货物的范围如下：

(1) 在展览会、交易会、会议及类似活动中展示或者使用的货物；

(2) 文化、体育交流活动中使用的表演、比赛用品；

(3) 进行新闻报道或者摄制电影、电视节目使用的仪器、设备及用品；

(4) 开展科研、教学、医疗活动使用的仪器、设备和用品；

(5) 上述4项所列活动中使用的交通工具及特种车辆；

(6) 货样；

(7) 慈善活动使用的仪器、设备及用品；

(8) 供安装、调试、检测、修理设备时使用的仪器及工具；

(9) 盛装货物的容器；

(10) 旅游用自驾交通工具及其用品；

(11) 工程施工中使用的设备、仪器及用品；

(12) 海关批准的其他暂准进出境货物。

4.2.5.2 暂准进出境货物

1. 使用ATA单证册的暂准进出境货物

(1) 含义。

ATA单证册是“暂准进口单证册”的简称，是指世界海关组织通过的《货物暂准进口公约》及其附约A和《关于货物暂准进口的ATA单证册海关公约》(以下简称《ATA公约》)中规定使用的，用于替代各缔约方海关暂准进出口货物报关单和税费担保的国际性通关文件。

(2) 格式。

一份ATA单证册一般由8页ATA单证组成：一页绿色封面单证、一页黄色出口单证、一页白色进口单证、一页白色复出口单证、两页蓝色过境单证、一页黄色复进口单证、一页绿色封底。

我国海关只接受用中文或者英文填写的ATA单证册。

(3) 适用。

在我国，使用ATA单证册的范围仅限于展览会、交易会、会议及类似活动项下的货物。除此以外的货物，我国海关不接受持ATA单证册办理进出口申报手续。

(4) 管理。

① 出证担保机构。

中国国际商会是我国ATA单证册的出证和担保机构,负责签发出境ATA单证册,向海关报送所签发单证册的中文电子文本,协助海关确认ATA单证册的真伪,并且向海关承担ATA单证册持证人因遣返暂准进出境规定而产生的相关税费、罚款。

② 管理机构。

海关总署在北京海关设立ATA核销中心。ATA核销中心对ATA单证册的进出境凭证进行核销、统计及追索,应成员方担保人的要求,依据有关原始凭证,提供ATA单证册项下暂准进出境货物已经进境或者从我国复运出境的证明,并且对全国海关ATA单证册的有关核销业务进行协调和管理。

③ 延期审批。

使用ATA单证册报关的货物暂准进出境期限为自货物进出境之日起6个月。超过6个月的,ATA单证册持证人可以向海关申请延期。延期最多不超过3次,每次延长期限不超过6个月。延长期届满应当复运出境、进境或者办理进出口手续。ATA单证册项下货物延长复运出境、进境期限的,ATA单证册持证人应当在规定期限届满30个工作日前向货物暂准进出境申请核准地海关提出延期申请,并提交"货物暂时进/出境延期申请书"及相关申请材料。

直属海关受理延期申请的,应当于受理申请之日起20个工作日内制发"中华人民共和国海关货物暂时进/出境延期申请批准决定书"或者"中华人民共和国海关货物暂时进/出境延期申请不予批准决定书"。

参加展期在24个月以上展览会的展览品,在18个月延长期届满后仍需要延期的,由主管地直属海关报海关总署审批。

ATA单证册项下暂时进境货物申请延长期限超过ATA单证册有效期的,ATA单证册持证人应当向原出证机构申请续签ATA单证册。续签的ATA单证册经主管地直属海关确认后可替代原ATA单证册。

续签的ATA单证册只能变更单证册有效期限,其他项目均应当与原单证册一致。续签的ATA单证册启用时,原ATA单证册失效。

④ 追索。

ATA单证册项下暂时进境货物未能按照规定复运出境或者过境的,ATA核销中心向中国国际商会提出追索。自提出追索之日起9个月内,中国国际商会向海关提供货物已经在规定期限内复运出境或者已经办理进口手续证明的,ATA核销中心可以撤销追索;9个月期满后未能提供上述证明的,中国国际商会应当向海关支付税款和罚款。

2. 不使用ATA单证册报关的进出境展览品

进出境展览品的海关监管有使用ATA单证册的,也有不使用ATA单证册直接按展览品填制进出口货物报关单报关的。以下介绍不使用ATA单证册报关的展览品。

1) 进出境展览品的范围

(1) 进境展览品。

进境展览品包含在展览会中展示或示范用的货物、物品,为示范展出的机器或器具所需用的物品,展览者设置临时展台的建筑材料及装饰材料,供展览品作示范宣传用的电影片、幻灯片、录像带、录音带、说明书、广告、光盘、显示器材等。

下列在境内展览会期间供消耗、散发的用品(以下简称展览用品),由海关根据展览会性质、参展商规模、观众人数等情况,对其数量和总值进行核定,在合理范围内的,按照有关规定免征进口关税和进口环节税:

① 在展览活动中的小件样品,包括原装进口的或者在展览期间用进口的散装原料制成的食品或者饮料的样品;

② 为展出的机器或者器件进行操作示范被消耗或者损坏的物料;

③ 布置、装饰临时展台消耗的低值货物;

④ 展览期间免费向观众散发的有关宣传品;

⑤ 供展览会使用的档案、表格及其他文件。

上述货物、物品应当符合下列条件:

① 由参展人免费提供并在展览期间专供免费分送给观众使用或者消费的;

② 单价较低,作广告样品用的;

③ 不适用于商业用途,并且单位容量明显小于最小零售包装容量的;

④ 食品及饮料的样品虽未包装分发,但确实在活动中消耗掉的。

展览用品中的酒精饮料、烟草制品及燃料不适用有关免税的规定。

展览会期间出售的小卖品,属于一般进口货物范围,进口时应当缴纳进口关税和进口环节海关代征税,属于许可证件管理的商品,应当交验许可证件。

(2) 出境展览品。

出境展览品包含国内单位赴国外举办展览会或参加外国博览会、展览会而运出的展览品,以及与展览活动有关的宣传品、布置品、招待品、其他公用物品。与展览活动有关的小卖品、展卖品,可以按展览品报关出境;不按规定期限复运进境的办理一般出口手续,交验出口许可证件,缴纳出口关税。

2) 展览品的暂准进出境期限

进境展览品的暂准进境期限是6个月,即自展览品进境之日起6个月内复运出境。出境展览品的暂准出境期限为自展览品出境之日起6个月内复运进境。超过6个月的,进出境展览品的收发货人可以向海关申请延期。延期最多不超过3次,每次延长期限不超过6个月。延长期届满应当复运出境、进境或者办理进出口手续。

展览品申请延长复运出境、进境期限的,展览品收发货人应当在规定期限届满30个工作日前向货物暂准进出境申请核准地海关提出延期申请,并提交"货物暂时进/出境延期申请书"及相关申请材料。

直属海关受理延期申请的,应当于受理申请之日起20个工作日内制发"中华人民共和国海关货物暂时进/出境延期申请批准决定书"或者"中华人民共和国海关货物暂时进/出境延期申请不予批准决定书"。

参加展期在24个月以上展览会的展览品,在18个月延长期届满后仍需要延期的,由主管地直属海关报海关总署审批。

3. 其他暂准进出境货物

(1) 范围。

可以暂不缴纳税款的上述12项暂准进出境货物,除使用ATA单证册报关的货物、不使用ATA单证册报关的展览品、集装箱箱体按各自的监管要求由海关进行监管外,其余的均按其他暂准进出境货物进行监管，均属于其他暂准进出境货物的范围。

(2) 期限。

其他暂准进出境货物应当自进出境之日起6个月内复运出境或复运进境。超过6个月的，收发货人可以向海关申请延期。延期最多不超过3次，每次延长期限不超过6个月。延长期届满应当复运出境、进境或者办理进出口手续。

国家重点工程、国家科研项目使用的暂准进出境货物，在18个月延长期届满后仍需要延期的，由主管地直属海关报海关总署审批。

(3) 管理。

其他暂准进出境货物进出境核准属于海关行政许可事项，应当按照海关行政许可的程序办理。

① 暂准进出境申请和审批。

暂准进出境货物收发货人向海关提出货物暂准进出境申请时，应当按照海关要求提交"货物暂时进/出境申请书"、暂准进出境货物清单、发票、合同或者协议、其他相关单据。

海关就暂准进出境货物的暂准进出境申请作出是否批准的决定后，应当制发"中华人民共和国海关货物暂时进/出境申请批准决定书"或者"中华人民共和国海关货物暂时进/出境申请不予批准决定书"。

② 延期申请和审批。

暂准进出境货物申请延长复运出境、进境期限的，收发货人应当在规定期限届满30个工作日前向货物暂准进出境申请核准地海关提出延期申请，并提交"货物暂时进/出境延期申请书"及相关申请材料。直属海关作出决定并制发相应的决定书。申请延长超过18个月的由海关总署作出决定。

知识链接

"西博会"期间杭州海关9项服务提供通关便利

杭州西湖博览会的举行，许多展品都要从国外进口，涉及海关多种业务，如暂准进出境展览品的审批、备案担保、进出口申报、滞报金减免及担保核销手续。记者今天从杭州海关获悉，为了支持2007年第9届西湖博览会的举办，该关将推出了9项便捷通关措施，最大限度地为进出境人员和展览品提供通关便利。

这9项便捷通关措施主要包括：实行全天候服务，做到无假日通关；开通博览会进口货物及进境人员、物品的"三优先、一简化"绿色通道，即简化办事程序，优先报关、优先装卸、优先放行；对博览会实行"跟进式"服务，及时处理通关疑难问题或紧急情况；就通关过程中的政策规定和实务操作与承办单位加强联系沟通；实行上门验放服务；联系萧山机场等口岸海关为煤炭博览会暂时进口的展览品设立专门通道；建立专门的担保制度；对博览会期间发放的宣传品等按照有关规定免征进口关税和环节税；对会展留购的暂时进口货物，主动进行操作指导，予以快速办理通关手续。

据杭州海关工作人员介绍，这9项措施将力求突出办事简洁、通关快速的特点。主要体现在进口展览品可以提前申报，也就是货物还在路上，就可以凭舱单电子数据申报，货到直接验放。对时间紧迫的展览品，实行“预约通关”，海关在非工作时间和节假日期间照常办理相关手续，并且随到随办。

（资料来源：杭州海关网）

4.2.6 加工贸易不作价设备

1. 概述

(1) 含义。

加工贸易不作价设备是指与加工贸易经营企业开展加工贸易（包括来料加工、进料加工及外商投资企业履行产品出口合同）的境外厂商，免费（不需境内加工贸易经营企业付汇，也不需用加工费或差价偿还）向经营单位提供的加工生产所需设备。

加工贸易不作价设备既包括来料加工项下进口的不作价设备，也包括进料加工项下进口的不作价设备。加工贸易进口设备必须是不作价的，可以是由境外厂商免费提供，也可以是向境外厂商免费借用（临时进口不超过半年的单件的模具、机器除外），进口设备的一方不能以任何方式、任何途径，包括用加工费扣付、出口产品减价等方式来偿付提供设备的一方设备价款或租金。

(2) 范围。

加工贸易境外厂商免费提供的不作价设备，如果属于国家禁止进口商品和《外商投资项目不予免税的进口商品目录》所列商品，海关不能受理加工贸易不作价设备申请。除此以外的其他商品，加工贸易企业可以向海关提出加工贸易不作价设备免税进口的申请。

(3) 特征。

加工贸易不作价设备与保税加工货物进境后虽然都用于加工贸易生产，但有明显的区别，主要区别在于：前者是加工贸易生产设备，进境后使用时一般不改变形态，国家政策不强调复运出境；后者是加工贸易生产料件，进境后使用时一般改变形态，国家政策强调加工后复运出境。

加工贸易不作价设备与特定减免税设备都是免税进境的生产设备，但在海关管理上有明显的区别：前者按保税货物管理，后者按特定减免税货物管理。

加工贸易不作价设备与保税加工货物、特定减免税货物一样，在进口放行后需要继续监管。

2. 前期备案

加工贸易不作价设备的报关程序，与保税货物、特定减免税货物的报关程序一样，包括备案、进口、核销三个阶段。

加工贸易不作价设备的备案合同应当是订有加工贸易不作价设备条款的加工贸易合同或者加工贸易协议，单独的进口设备合同不能办理加工贸易不作价设备的合同备案。

加工贸易设备备案的加工贸易经营企业应当符合下列条件之一：

(1) 设立独立专门从事加工贸易（不从事内销产品加工生产）的工厂或车间，并且不作价设备仅限在该工厂或车间使用。

(2) 对未设立独立专门从事加工贸易的工厂或车间、以现有加工生产能力为基础开展加工贸易的项目,使用不作价设备的加工生产企业,在加工贸易合同(协议)期限内,其每年加工产品必须是70%以上属出口产品。

加工贸易不作价设备的备案手续如下:

(1) 凭商务主管部门批准的加工贸易合同(协议)和批准件及"加工贸易不作价设备申请备案清单"到加工贸易合同备案地主管海关办理合同备案申请手续。

(2) 主管海关根据加工贸易合同(协议)、批准件和"加工贸易不作价设备申请备案清单"及其他有关单证,对照《外商投资项目不予免税的进口商品目录》,审核准予备案后,核发登记手册。

海关核发的加工贸易登记手册有效期一般为1年,1年到期前,加工贸易经营企业向海关提出延期申请,延长期一般为1年,可以申请延长4次。

加工贸易不作价设备不纳入加工贸易银行保证金台账管理的范围,因此不需要设立台账。

海关可以根据情况对加工贸易不作价设备收取相当于进口设备应纳进口关税和进口环节海关代征税税款金额的保证金或者银行或非银行金融机构的保证函。不在加工贸易合同或者协议里订明的单独进口的不作价设备及其零配件、零部件不予备案。

4.2.7 出料加工货物

1. 概述

(1) 含义。

出料加工货物是指我国境内企业运到境外进行技术加工后复运进境的货物。

(2) 原则。

出料加工的目的是为了借助国外先进的加工技术提高产品的质量和档次,因此只有在国内现有的技术手段无法或难以达到产品质量要求而必须运到境外进行某项工序加工的情况下,才可开展出料加工业务。

出料加工原则上不能改变原出口货物的物理形态。对完全改变原出口货物物理形态的出境加工,属于一般出口。

(3) 管理。

出料加工货物自运出境之日起6个月内应当复运进境;因正当理由不能在海关规定期限内将出料加工货物复运进境的,应当在到期之前书面向海关说明情况,申请延期。经海关批准可以延期,延长的期限最长不得超过3个月。

2. 备案手续

开展出料加工的经营企业应当到主管海关办理出料加工合同的备案申请手续。海关根据出料加工的有关规定审核决定是否受理备案,受理备案的应当核发"出料加工手册"。

4.2.8 进出境修理货物

1. 概述

(1) 含义。

进境修理货物是指运进境进行维护修理后复运出境的机械器具、运输工具或者其他货物,以及为维修这些货物需要进口的原材料、零部件。**出境修理货物**是指运出境进行维护修理后复运进境的机械器具、运输工具或者其他货物，以及为维修这些货物需要出口的原材料、零部件。

进境修理包括原出口货物运进境修理和其他货物运进境修理。出境修理包括原进口货物运出境修理和其他货物运出境修理。

原进口货物出境修理包括原进口货物在保修期内运出境修理和原进口货物在保修期外运出境修理。

(2) 特征。

进出境修理货物的海关监管特征如下：

① 进境维修货物免予缴纳进口关税和进口环节海关代征税，但要向海关提供担保，并接受海关后续监管。对于一些进境维修的货物，也可以申请按照保税货物办理进境手续。

② 出境修理货物进境时，在保修期内并由境外免费维修的，可以免征进口关税和进口环节海关代征税；在保修期外或者在保修期内境外收取维修费用的，应当按照境外修理费和材料费审定完税价格计征进口关税和进口环节海关代征税。

③ 进出境修理货物免予交验许可证件。

2. 前期手续

(1) 进境修理货物。

货物进境后，收货人或其代理人持维修合同或者含有保修条款的原出口合同及申报进口需要的所有单证办理货物进口申报手续，并提供进口税款担保。

货物进口后在境内维修的期限为进口之日起 6 个月，可以申请延长，延长的期限最长不超过 6 个月。在境内维修期间受海关监管。

(2) 出境修理货物。

发货人在货物出境时，向海关提交维修合同或含有保修条款的原进口合同，以及申报出口需要的所有单证，办理出境申报手续。

货物出境后，在境外维修的期限为出境之日起 6 个月，可以申请延长，延长的期限最长不超过 6 个月。

4.3 项目小结

本项目主要使学生了解海关前期管理阶段的业务情况，通过学习让学生掌握需要接受海关前期管理的保税货物、特定减免税货物、暂准进出境货物等海关监管货物的前期业务的操作流程与操作要点。

4.4 项目练习

1. 不定项选择题

(1) 某加工企业开展服装的加工贸易，该企业属于纸质手册管理模式，并且须开设台账，该企业在领取加工贸易登记手册时，应凭(　　)到海关领取。

A. 加工贸易业务批准证　　B. 台账登记通知单

C. 加工贸易登记手册　　D. 银行保证金台账开设联系单

(2) 某实行纸质手册管理模式的B类管理的企业，签订由国外客户提供4 000美元的垫肩、拉链等进行加工贸易的合同，合同备案的手续应当是(　　)。

A. 不转，申领《登记手册》　　B. 不转，不申领《登记手册》

C. 实转，申领《登记手册》　　D. 空转，申领《登记手册》

(3) 上海加工贸易企业A进口料件生产半成品后转给苏州加工贸易企业B继续深加工，最终产品由B企业出口。A、B企业都采用纸质手册管理，A、B企业都需要向海关提交加工贸易保税深加工结转申请表，办理计划备案。下列哪项办理计划备案的手续是正确的(　　)。

A. 先由A企业向转出地海关申请备案，后由B企业向转入地海关申请备案

B. 先由A企业向转入地海关申请备案，后由B企业向转入地海关申请备案

C. 先由B企业向转入地海关申请备案，后由A企业向转出地海关申请备案

D. 先由B企业向转出地海关申请备案，后由A企业向转入地海关申请备案

2. 思考题

(1) 加工贸易的形式有哪几种？

(2) 保税物流货物有哪些？

3. 案例分析题

2003年3月，某地合资企业天利食品饮料有限公司按外商投资鼓励项目将其所拟定的以生产果汁饮料为主要产品的可行性研究报告报所在地外经贸主管部门审批。同年5月，外经贸主管部门批准了该企业的可行性研究报告，并出具《国家鼓励发展的内外资项目确认书》(以下简称《项目确认书》)。2003年6月，天利公司凭《项目确认书》向某海关申请办理了生产果蔬类饮料(《项目确认书》批准生产项目)所需的吹瓶机、注塑设备、洗瓶灌装瓶盖三合一机、空气压缩机、液位瓶盖标签检测系统等灌装生产线设备的特定减免税证明。2003年7月至9月间，天利公司持海关出具的减免税证明从某海关陆续免税进口了上述设备，总价值折合人民币约850万元。此后，天利公司因生产资金出现大幅缺口、配套设备无法到位，上述果蔬类灌装饮料生产线进口后未能实际投入使用。为解决企业所面临的资金短缺问题，天利公司改变了先前制订的运营计划，与该市另一家食品饮料生产企业恒祥公司就上述免税进口设备签订租赁协议，双方在协议中约定：天利公司将果蔬类灌装饮料生产线出租给恒祥公司用于生产果汁饮料，租赁期限3年，年租金人民币50万元；租赁期间，设备归天利公司所有，恒祥公司拥有使用权，但不得转租或出售；租赁期届满后，天利公司收回全套设备。2003年11月15日，天利公司在未经海关许可的情况下，根据租赁协议将上述特定减免税设备移交恒祥公司使用，后者将该设备用于生产果蔬混合型罐装饮品。

2004年12月，某海关在对天利公司特定减免税设备使用情况进行中期稽查过程中发现上述问题，遂对此立案调查。某海关经调查认定，天利公司未经海关许可并办理有关手续，擅自将限于特定主体和特定用途的免税进口设备出租给他人使用，致使有关设备脱离海关监管，其行为违反了《海关法》第五十七条的规定，构成将特定减免税货物移作他用的违反海关监管规

定的行为，该公司应承担相应的法律责任；天利公司在设备租赁期间(1年)所收取的50万元租金属不法收益，应予没收。2005年2月15日，某海关根据《海关法》第八十六条第(十)项和《海关行政处罚实施条例》第十八条第(一)项的有关规定，对天利公司作出没收租金50万元及罚款人民币55万元的行政处罚决定。

（资料来源：海关总署网站）

请思考

(1) 出租特定减免税设备是否构成"移作他用"？

(2) 海关能否没收天利公司出租减免税设备所得租金？

项目5 申领进出口文件

知识目标

1. 国家对进出口货物管制的主要内容。
2. 许可证管理制度。
3. 其他进出口许可管理制度。

能力目标

1. 了解我国对外贸易管制的主要措施，确定申报商品是否需要申领许可证或批件、配额证。若需要，是何种许可文件？向何部门进行申领？申领的流程如何？
2. 能办理法定检验检疫手续，获得出/入境货物通关单。

5.1 案例导读

8 504 吨洋垃圾在广州黄埔码头堆放1年

在广州黄埔的新港码头，有366个集装箱已经堆放了整整一年。被依次码放成4层的集装箱高达10米，让人惊奇的是，集装箱里装着的，是8 504吨的废轮胎及其切片，也就是我们常说的洋垃圾。这是黄埔海关日前刚刚公布的一起固体废物走私案，也是我国近年来查获数量最大的一起固体废物走私案。

黄埔海关的工作人员发现企业进口这些东西没有申报，且联系不到企业人，就请示关里面进行径行查验处理。工作人员对366个集装箱24小时不间断地过磅，整整用了一周时间；对货品进行商检，也用了长达一个半月的时间。最终确定了这批货品的数量及其准确名称。该366个货柜装载的货物是废轮胎及其切片。原来填报的是合成橡胶、合成橡胶下脚料以及再生橡胶这三种。重量达8 500多吨，是属于高污染的物质，而且是国家禁止进口的废物。

目前，全球每年产生大约十多亿条废轮胎，世界上许多国家，包括发展中国家，出于安全、环保及保护新轮胎市场等方面的考虑，大都签订了《巴塞尔国际公约》，坚决禁止废轮胎进口。

在暴利的驱使下，企图通过走私各种类别的洋垃圾大发横财的人为数不少。据海关总署的统计，2005 年至今，全国海关共立案查处走私废物犯罪案件 229 起，查获工业废物、生活垃圾、危险废物等各类固体废物 44 275.8 吨，609 名犯罪嫌疑人陆续被抓获。国家环保总局首席科学家不久前也对外披露：全世界 70%的电子垃圾进入中国，中国正在成为世界最大的电子垃圾倾倒场。

（资料来源：中国广播网，有删节）

思考题

1. 为什么国家要对货物的进出口进行管制？
2. 国家实现贸易管制的手段是什么？
3. 进出境货物顺利通关的条件是什么？

5.2 理论与实务知识

5.2.1 对外贸易管制概述

对外贸易管制是指一国政府为了国家的宏观经济利益、国内外政策需要以及履行所缔结或加入国际条约的义务，确立实行各种管制制度，设立相应管制机构和规范对外贸易活动的总称。

对外贸易管制是政府的一种强制性行政管理行为。它所涉及的法律、行政法规、部门规章，是强制性的法律文件，不得随意改变，对外贸易经营者或其代理人在报关活动中必须严格遵守，按相应要求办理报关业务，以确保国家利益不受损害。

5.2.1.1 对外贸易管制的目的与特点

国家对对外贸易进行管制既出于经济目的，也出于政治目的，主要表现在如下几个方面：

(1) 对本国经济利益予以保护。发展中国家通过对外贸易管制的各项措施，防止外国产品对本国市场的冲击和危害，以利用本国工业的发展，实现经济的独立；发达国家实行对外贸易管制则是出于稳住其在世界经济中优势地位的需要，以保持该国的产品、技术、服务垄断地位。此外，一国为实现本国的国际贸易收支平衡也会采取措施对对外贸易进行管制。

(2) 实现本国的外交政治目的。政治与经济是紧密相连的，相互渗透，相互影响。不管是发达国家还是发展中国家，都会根据其所处的政治环境，通过对不同的国家或不同的商品实施不同的对外贸易管制措施，以实现其政治目标，甚至不惜牺牲本国一时的经济利益。例如 2009 年美国政府决定对从中国进口的轮胎征收惩罚性关税，中国则予以回击，对美国向中国出口的肉鸡和汽车产品展开了反倾销审查。

(3) 实现国家管理职责的需要。国家要履行诸多职能。国家要保护本国的自然资源，生态环境；保障国民的人身安全与健康；调控经济的运行；提供社会公共服务；协调国际政治经济关系；等等。而上述管理职能的实现，都离不开国家对国门的“严守”，国家根据不同时期的不同情况调整并实施对外贸易管制措施，以实现上述目的。

尽管对外贸易管制对一个国家的利益是不可缺失的，但它也有消极的一面。它对本国产业与市场进行保护的同时，却阻碍了世界经济交流，降低了资源的利用效益，抑制了生产效率的提高与国际贸易的发展。因此，如何趋利避害，是一个国家实施外贸管制政策要认真思考的问题。

对外贸易管制的特点主要体现在两方面：首先，不同的时间，一国面临的政治与经济环境不同，外贸管制措施不会一成不变，国家会进行相应调整以适用新的形势，解决新的问题。其次，受奖入限出的贸易保护主义思想的长期影响，各国均以对进口的管制为重点，制定的管制措施甚多，而对出口的管制一般只涉及关系国计民生的重要货物。

5.2.1.2 海关监管与对外贸易管制

国家为实现对外贸易管制的目标，制定了强制性的对外贸易管制法律、法规，并通过政府行政管理手段来予以实现。《海关法》第四十条规定："国家对进出境货物、物品有禁止性或者限制性规定的，海关依据法律、行政法规、国务院的规定或者国务院有关部门依据法律、行政法规的授权作出的规定实施监管。具体监管办法由海关总署制定。"由此可见，国家通过《海关法》授权海关对进出口货物进行监管来实现贸易管制。

国家进出口贸易管制政策是通过国家商务主管部门及其他政府职能主管部门依据国家贸易管制政策发放各类许可证件或者下发相关文件，最终由海关依据许可证件、相关文件及其他单证资料对实际进出口货物的合法性实施监督管理来实现的。经海关审核查验，"单"(报关单及电子数据)、"证"(各类许可证、相关文件及电子数据)、"货"(实际进出口货物)三者相符，该货物才被认为可以合法进出口，海关方能放行货物。但若进出口货物收发货物人不向海关申报，不提供相关的单证资料，海关便无法审定该货物进出口合法性。因此，报关是海关确认进出口货物合法性的先决条件。

《海关法》第二十四条规定：进口货物的收货人、出口货物的发货人应当向海关如实申报，交验进出口许可证件和有关单证。国家限制进出口的货物，没有进出口许可证件的，不予放行。可见，海关作为一国国门的把守者，所有的国家贸易管制政策措施，最终都要通过海关的监督核查来实现，只有当海关确认进出境的"物"合法、合格之后，"物"才可以进出境。如果缺少海关这一环节的严格执法与最终把关，那么任何对外贸易管制政策都是空谈。

5.2.1.3 我国对外贸易管制的基本框架及其法律体系

1. 基本框架

我国对外贸易管制制度是一种综合性的管理制度，主要由下列的制度构成：

(1) 海关监管制度；

(2) 关税制度；

(3) 对外贸易经营者管理制度；

(4) 进出口许可制度；

(5) 出入境检验检疫制度；

(6) 进出口货物收付汇管理制度；

(7) 贸易救济制度。

2. 法律体系

我国已基本建成了以《对外贸易法》为核心的对外贸易管制法律体系，并依照这些法律、行政法规、部门规章和我国履行的国际公约的有关规定，自主实行对外贸易管制。需要注意的是，其法律体系不包括地方性法规、规章及各民族自治区政府的地方条例和单行条例。

我国对外贸易法律体系具体如下：

(1) 法律。我国现行的与对外贸易管制有关的法律主要有《对外贸易法》、《海关法》、《进出口商品检验法》、《进出境动植物检疫法》、《固体废物污染环境防治法》、《国境卫生检疫法》、《野生动物保护法》、《药品管理法》、《文物保护法》、《食品卫生法》等。

(2) 行政法规。我国现行的与对外贸易管制有关的行政法规主要有《中华人民共和国货物进出口管理条例》、《中华人民共和国技术进出口管理条例》、《中华人民共和国进出口关税条例》、《中华人民共和国知识产权海关保护条例》、《中华人民共和国野生植物保护条例》、《中华人民共和国外汇管理条例》、《中华人民共和国反补贴条例》、《中华人民共和国反倾销条例》、《中华人民共和国保障措施条例》等。

(3) 部门规章。我国现行的与对外贸易管制有关的部门规章很多，例如《货物进口许可证管理办法》、《货物出口许可证管理办法》、《货物自动进口许可管理办法》、《出口收汇核销管理办法》、《进口药品管理办法》、《放射性药品管理办法》、《两用物项和技术进出口许可证管理办法》等。

(4) 国际条约、协定。各国在通过国内立法实施本国进出口贸易管制的各项措施的同时，必然要与其他国家协调立场，确定相互之间在国际贸易活动中的权利与义务关系，以实现其外交政策和对外贸易政策所确立的目标，因此，国际贸易条约与协定便成为各国之间确立国际贸易关系立场的重要法律形式。我国目前所缔结或者参加的各类国际条约、协定，虽然不属于我国国内法的范畴，但就其效力而言可视为我国的法律渊源之一。主要有：加入世界贸易组织(WTO)所签订的有关双边或多边的各类贸易协定、《关于简化和协调海关业务制度的国际公约》(亦称《京都公约》)、《濒危野生动植物种国际贸易公约》(亦称《华盛顿公约》)、《关于消耗臭氧层物质的蒙特利尔议定书》、《关于麻醉品和精神药物的国际公约》、《关于化学品国际贸易资料交换的伦敦准则》、《关于在国际贸易中对某些危险化学品和农药采用事先知情同意程序的鹿特丹公约》、《控制危险废物越境转移及其处置的巴塞尔公约》、《建立世界知识产权组织公约》等。

5.2.2 我国货物、技术进出口许可管理制度

一国对进出口的管制可分为关税措施与非关税措施。随着世界贸易自由化进程的加速，关税措施日益减少，非关税措施由于其具有灵活、隐蔽等特点被各国广泛采用。而进出口许可管理制度则是非关税措施的一种。进出口许可制度是国家对进出口的一种行政管理制度，既包括准许进出口的有关证件的审批和管理制度本身的程序，也包括以国家各类许可为条件的其他行政管理手续，这种行政管理制度称为进出口许可管理制度。

货物、技术进出口许可管理制度是我国进出口许可管理制度的主体，是国家对外贸易管制中极其重要的管理制度。其管理范围如下：

(1) 禁止进出口的货物和技术。

(2) 限制进出口的货物和技术。

(3) 自由进出口的技术。

(4) 自由进出口中部分实行自动许可管理的货物。

5.2.2.1 禁止进出口管理

基于维护国家安全和社会公共利益，保护人民的生命健康，履行我国所缔结或者参加的国际条约和协定的需要，国务院商务主管部门会同国务院有关部门，依照《对外贸易法》等有关法律法规，制定、调整并公布禁止进出口货物、技术目录。海关依据国家相关法律法规对禁止进出口商品实施监督管理。

1. 禁止进口货物管理

我国政府明令禁止进口的货物包括：列入由国务院商务主管部门或由其会同国务院有关部门制定的《禁止进口货物目录》的商品、国家有关法律法规明令禁止进口的商品以及其他各种原因停止进口的商品。

(1) 列入《禁止进口货物目录》的商品(共6批)。

目前，我国公布的《禁止进口货物目录》包括：

①《禁止进口货物目录》(第一批)，是为了保护我国的自然生态环境和生态资源，履行我国所缔结或者参加的与保护世界自然生态环境相关的一系列国际条约和协定而发布的。如国家禁止进口属破坏臭氧层物质的四氯化碳，禁止进口属世界濒危物种管理范畴的犀牛角、麝香、虎骨等。

②《禁止进口货物目录》(第二批)，均为旧机电产品类，如压力容器、电器、医疗设备、汽车、工程及车船机械等旧机电产品。

③《禁止进口货物目录》(第三、第四、第五批)，所涉及的是对环境有污染的固体废物类，包括废药物，杂项化学品废物，废橡胶、皮革，废特种纸，废动物产品，废动植物油脂，矿产品、矿渣、矿物油、沥青的废料，废纺织原料及制品，玻璃废物，金属和含金属废物等。

④《禁止进口货物目录》(第六批)，为了保护人的健康，维护环境安全，淘汰落后产品，履行《关于在国际贸易中对某些危险化学品和农药采用事先知情同意程序的鹿特丹公约》和《关于持久性有机污染物的斯德哥尔摩公约》而颁布，如长纤维青石棉、二噁英等。

(2) 国家有关法律法规明令禁止进口的商品。

① 来自动植物疫情流行的国家和地区的有关动植物及其产品和其他检疫物；

② 动植物病源(包括菌种、毒种等)及其他有害生物、动物尸体、土壤；

③ 带有违反"一个中国"原则内容的货物及其包装；

④ 以氯氟羟物质为制冷剂、发泡剂的家用电器产品和以氯氟羟物质为制冷工质的家用电器用压缩机；

⑤ 滴滴涕(DDT)、氯丹等；

⑥ 莱克多巴胺和盐酸莱克多巴胺。

(3) 其他各种原因停止进口的商品。

① 以CFC-12为制冷工质的汽车及以CFC-12为制冷工质的汽车空调压缩机(含汽车空调器)；

② 右置方向盘的汽车；

③ 旧服装；

④ Ⅷ因子制剂等血液制品；

⑤ 氯酸钾、硝酸铵。

参考案例

我国明文规定废旧橡胶禁止进口

近几年，对于我国能否进口废旧橡胶含废旧轮胎的议题，一直在国内外闹得沸沸扬扬。特别在今年的“两会”期间，某些单位和某些人打着循环经济及利用国外资源的旗号，大张旗鼓地在各种场合忽悠，为了个别人、个别企业、个别小团体的私利，继续向政府提出希望放开废旧橡胶含废旧轮胎进口的无理要求。而承担着既要保护环境又要促进中国橡胶工业快速健康发展重任的中国橡胶工业协会，从国家利益、行业利益和企业利益出发，一直在为坚决反对废旧橡胶含废旧轮胎进口坚持不懈地做工作。

最近，从商务部、海关总署和环保总局获悉，我国不仅一贯坚持禁止废旧橡胶含废旧轮胎进口，并且从 2007 年 4 月 26 日起，在对加工贸易禁止类商品又新增禁止利用加工贸易进口橡胶废碎料及下脚料及其粉、粒。

自 2007 年 4 月 26 日起，我国已经对所有的废旧橡胶含废旧轮胎禁止进口。为我国因橡胶工业的高速发展，将避免因产生大量废旧橡胶含废旧轮胎将给环境带来污染和环境净化奠定了扎实的基础。

这次，我国由商务部、海关总署和环保总局联合颁布的 2007 年 17 号公告，特别针对废旧橡胶的橡胶废碎料及下脚料及其粉、粒，并且在附件中注明包括加工贸易。公告公布的禁止进口商品废旧橡胶，序号为 386，商品编码为 4004000090，商品名称为橡胶废碎料及下脚料及其粉、粒，禁止方式为进口（新增）；由此，自 2007 年 4 月 26 日起，我国明文规定废旧橡胶禁止进口，包括在加工贸易进口商品中也不例外。

商务部、海关总署和环保总局公告 2007 年第 17 号文件，在我国禁止进口废旧橡胶含废旧轮胎后，又新增加了对原来模糊不清的橡胶废碎料及下脚料（包括胶粉、胶粒）也被禁止进口的细化说明。杜绝了国外废旧橡胶含废旧轮胎在经过简单加工后，改头换面大量涌入我国，使我国逐步变为废旧橡胶固体垃圾处理厂的可能性。

我们坚决支持和拥护我国政府果断采取禁止一切废旧橡胶进口的措施，这项决定不仅符合我国的节能减排政策，而且有利于我国的环境保护、有利于我国废橡胶综合利用行业的有序稳定，更有利于我国废橡胶综合利用企业的公平、健康发展。

（资料来源：中国化工信息网）

2. 禁止进口技术管理

根据《对外贸易法》、《技术进出口管理条例》以及《中华人民共和国禁止进口限制进口技术管理办法》（以下简称《禁止进口限制进口技术管理办法》）的有关规定，国务院商务主管部门会同国务院有关部门，制定、调整并公布禁止进口的技术目录。属于禁止进口的技术，不得进口。目前，《中国禁止进口限制进口技术目录》所列明的禁止进口的技术涉及钢铁冶金、有色金属冶金、化工、石油炼制、石油化工、消防、电工、轻工、印刷、医药、建筑材料生产等技术领域。

3. 禁止出口货物管理

禁止出口的货物主要有：

(1) 列入《禁止出口货物目录》的商品(共5批)。

①《禁止出口货物目录》(第一批),是为了保护我国自然、生态环境和生态资源,以及履行我国所缔结或者参加的国际条约和协定而禁止出口的货物。如国家禁止出口属破坏臭氧层物质的四氯化碳,禁止出口属世界濒危物种管理范畴的犀牛角、虎骨、麝香,禁止出口有防风固沙作用的发菜和麻黄草等植物。

②《禁止出口货物目录》(第二批),主要是为了保护我国匮乏的森林资源,如禁止出口木炭。

③《禁止出口货物目录》(第三批),为了保护人的健康,维护环境安全,淘汰落后产品,履行《关于在国际贸易中对某些危险化学品和农药采用事先知情同意程序的鹿特丹公约》和《关于持久性有机污染物的斯德哥尔摩公约》而颁布,如长纤维青石棉、二噁英等。

④《禁止出口货物目录》(第四批),主要包括硅砂、石英砂及其他天然砂。

⑤《禁止出口货物目录》(第五批),包括无论是否经化学处理过的森林凋落物以及泥炭(草炭)。

(2) 国家有关法律、法规明令禁止出口的商品。

① 未定名的或者新发现并有重要价值的野生植物;

② 原料血浆;

③ 商业性出口的野生红豆杉及其部分产品;

④ 劳改产品;

⑤ 以氯氟羟物质为制冷剂、发泡剂的家用电器产品和以氯氟羟物质为制冷工质的家用电器用压缩机;

⑥ 滴滴涕、氯丹等;

⑦ 莱克多巴胺和盐酸莱克多巴胺。

4. 禁止出口技术管理

主要包括根据《对外贸易法》、《技术进出口管理条例》以及《中华人民共和国禁止出口限制出口技术管理办法》的有关规定,国务院商务主管部门会同国务院有关部门制定、调整并公布禁止出口的技术目录。属于禁止出口的技术,不得出口。

参考案例

我国将禁止矿泉水进出口

商务部会同海关总署、环保总局发布了《加工贸易禁止类目录》,矿泉水、蒸馏水、纯净水作为加工层次低的产品,将被禁止进出口。

此次发布的加工贸易禁止类目录细分为禁止进口、禁止出口、禁止进出口三类。其中,禁止进口的77个,主要是国际公约禁止进口的、加工环节污染较为严重的商品,如甘蔗糖蜜、虎骨、纤维废料等;禁止出口的503个,主要是用于深加工的初级原材料,如木制一次性筷子、竹制一次性筷子、木制厨房餐具及用具等商品,加工贸易企业进口这些原料商品仍可享受保税待遇;禁止进出口224个,主要是加工层次低的、高耗能、高污染的商品,如未加糖及未加味的矿泉水、味精、饮用蒸馏水、饮用纯净水、农药类产品等。

考虑到部分企业已签订了加工贸易合同,公告设定了过渡期。规定自2006年11月22日起至2007年11月22日前执行完毕，但在期限到期仍未执行完毕的，将不予延期。

（资料来源：腾讯网）

5.2.2.2 限制进出口管理

为维护国家安全和社会公共利益，保护人民的生命健康，履行我国所缔结或者参加的国际条约和协定，国务院商务主管部门会同国务院有关部门，依照《对外贸易法》的规定，制定、调整并公布各类限制进出口货物、技术目录。海关依据国家相关法律、法规对限制进出口目录货物、技术实施监督管理。限制进出口的管理架构如图5-1所示。

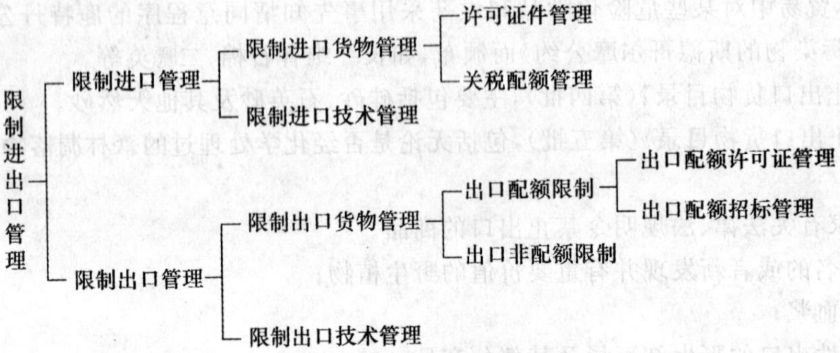

图 5-1 限制进出口管理框架图

1. 限制进口货物管理

目前，我国限制进口货物管理按照其限制方式划分为许可证件管理和关税配额管理。

(1) 许可证件管理。

许可证件管理以经国家各主管部门签发许可证件的方式来实现各类限制进口的措施。许可证件管理主要包括进口许可证、两用物项和技术进口许可证、濒危物种进口、限制类可利用固体废物进口、药品进口、音像制品进口、黄金及其制品进口等管理。

(2) 关税配额管理。

关税配额管理系指一定时期内，国家对部分商品的进口制定关税配额税率并规定该商品进口数量总额，在限额内，经国家批准后允许按照关税配额税率征税进口，如超出限额则按照配额外税率征税进口的措施。一般情况下，关税配额税率优惠幅度很大。关税配额管理是一种相对数量的限制。

2. 限制进口技术管理

限制进口技术实行目录管理。根据《对外贸易法》、《技术进出口管理条例》以及《禁止进口限制进口技术管理办法》的有关规定，国务院商务主管部门会同国务院有关部门，制定、调整并公布限制进口的技术目录。属于目录范围内的限制进口的技术，实行许可证管理，未经国家许可，不得进口。

进口属于限制进口的技术，应当向国务院商务主管部门提出技术进口申请。经审核符合发证条件的，由国务院商务主管部门颁发“中华人民共和国技术进口许可证”，企业持证向海关办理进口通关手续。

3. 限制出口货物管理

按照《货物进出口管理条例》规定，国家规定有数量限制的出口货物，实行配额管理；其他限制出口货物，实行许可证件管理；实行配额管理的限制出口货物，由国务院商务主管部门和国务院有关经济管理部门按照国务院规定的职责划分进行管理。

(1) 出口配额限制。

① 出口配额许可证管理。

出口配额许可证管理是国家对部分商品的出口，在一定时期内(一般是1年)规定数量总额，经国家批准获得配额的允许出口，否则不准出口的配额管理措施。出口配额许可证管理是通过直接分配的方式，由国务院商务主管部门或者国务院有关部门在各自的职责范围内根据申请者需求并结合其进出口实绩、能力等条件，按照效益、公正、公开和公平竞争的原则进行分配。国家各配额主管部门对经申请有资格获得配额的申请者发放各类配额证明。

申请者取得配额证明后，凭配额证明到国务院商务主管部门及其授权发证机关申领出口许可证。

② 出口配额招标管理。

配额招标管理是国家对部分商品的出口，在一定时期内(一般是1年)规定数量总额，采取招标分配的原则，经招标获得配额的允许出口，否则不准出口的配额管理措施。出口配额招标管理是国家通过行政管理手段对一些重要商品以规定绝对数量的方式来实现限制出口的目的。

国家各配额主管部门对中标者发放各类配额证明。中标者取得配额证明后，凭配额证明到国务院商务主管部门或其授权发证机关申领出口许可证。

(2) 出口非配额限制(许可证件管理)。

出口非配额限制是指在一定时期内根据国内政治、军事、技术、卫生、环保、资源保护等领域的需要，以及为履行我国所加入或缔结的有关国际条约的规定，以经国家各主管部门签发许可证件的方式来实现的各类限制出口措施。目前，我国非配额限制管理主要包括出口许可证、濒危物种出口、两用物项出口、黄金及其制品出口等许可管理。

4. 限制出口技术管理

限制出口技术实行目录管理。我国目前限制出口的技术目录主要有《两用物项和技术进出口许可证管理目录》和《中国禁止出口限制出口技术目录》等。出口列入上述目录限制出口的技术，应当向国务院商务主管部门提出技术出口申请，经国务院商务主管部门审核批准后取得技术出口许可证件，企业持证向海关办理出口通关手续。

5.2.2.3 自由进出口管理

除上述国家禁止、限制进出口货物、技术外的其他货物、技术，均属于自由进出口范围。自由进出口货物、技术的进出口不受限制，但基于监测进出口情况的需要，国家对部分属于自由进口的货物实行自动进口许可管理，对自由进出口的技术实行技术进出口合同登记管理。

1. 货物自动进口许可管理

自动进口许可管理是在任何情况下对进口申请一律予以批准的进口许可制度。进口属于自动进口许可管理的货物，进口经营者应当在办理海关报关手续前，向国务院商务主管部门或者国务院有关经济管理部门提交自动进口许可申请，凭相关部门发放的自动进口许可证，向海关办理报关手续。

2. 技术进出口合同登记管理

进出口属于自由进出口的技术，应当向国务院商务主管部门或者其委托的机构办理合同备案登记。国务院商务主管部门应当自收到规定的文件之日起3个工作日内，对技术进出口合同进行登记，颁发技术进出口合同登记证，申请人凭技术进出口合同登记证办理其他后续手续。

5.2.3 其他贸易管制制度

5.2.3.1 对外贸易经营者管理制度

1. 对外贸易经营者的概念

对外贸易经营者是指依法办理工商登记或者其他执业手续，依照《对外贸易法》和其他有关法律、行政法规、部门规章的规定，从事对外贸易经营活动的法人、其他组织或者个人。

2. 对外贸易经营者备案登记制度

目前，我国对对外贸易经营者的管理实行备案登记制。也就是法人、其他组织或者个人在从事对外贸易经营活动前，必须按照国家的有关规定，依法定程序在国务院商务主管部门备案登记，取得对外贸易经营资格后，方可在国家允许的范围内从事对外贸易经营活动。国务院商务主管部门可以对部分进出口商品实施国有贸易管理。从事货物进出口或者技术进出口的对外贸易经营者，应当向国务院商务主管部门或者其委托的机构办理备案登记，但法律、行政法规和国务院商务主管部门规定不需要备案登记的除外。备案登记的具体实施办法由国务院商务主管部门规定。对外贸易经营者未按照规定办理备案登记的，海关不予办理进出口货物的报关验放手续；对外贸易经营者可以接受他人的委托，在经营范围内代为办理对外贸易业务。

3. 国有贸易管理

国家对关系国计民生的重要商品的进出口实行国有贸易管理。实行国有贸易管理的货物的进出口业务只能由经授权的企业经营，但国家允许部分数量的国有贸易管理的货物的进出口业务由非授权企业经营的除外。实行国有贸易管理的货物和经授权经营企业的目录，由国务院商务主管部门会同国务院其他有关部门确定、调整并公布。未经批准擅自进出口实行国有贸易管理的货物，海关不予放行。

目前我国实行国有贸易管理的商品主要包括：玉米、大米、煤炭、原油、成品油、棉花、锑及锑制品、钨及钨制品、白银等。

知识链接

个体户办理对外贸易经营者备案登记前应考虑的几个问题

2004年7月1日商务部出台了《对外贸易经营者备案登记办法》（以下简称《办法》），该《办法》放宽了对外贸易经营者的资格限制，并明确规定，只要能够提交出合法公证机构出具的财产公证证明，个体工商户也可以办理对外贸易经营者备案登记，获得从事外贸经营的资格。新政策出台后笔者所在的地市有很多个体户前来咨询相关事宜，到2006年6月底有15家个体户办理了对外贸易经营者备案登记，但只有一家正常开展了进出口业务，而且金额很小。通过调查，了解到大部分个体户在办理对外贸易经营者备案登记前都没有考虑到以下几个主要问题，导致业务开展不顺畅：

1. 成本问题。一些个体户出口业务量不大，纯粹是为了偶尔一次贸易而办理办案登记，没有考虑到登记以后还要到工商、海关、税务、检验检疫、外管等部门办理相关手续，办理完这些手续需用一笔费用，而且以后每年年审和雇佣人员也要费用。如果业务量不大的情况下完全可以通过外贸公司代理完成，代理费约为1.5%～3%。

2. 时间问题。个体户经营外贸仍然需要通过一系列的法定程序，不仅要到工商部门进行登记和外经贸主管部门进行备案，还要到海关、税务、外汇、出入境检验检疫等部门办理相关手续，办理通过后才能开展进出口业务。而办理完这些手续的时间一般要2—3个月，但有一些个体户不了解这个程序，先接下订单然后才来办理相关手续，往往等办理完手续，交货的日子也将近或已经过了，造成了被动或损失。

3. 人才问题。缺乏专业知识人才这个问题在个体户中十分突出，对外贸易不同于做国内贸易，有一定的特殊性和复杂性，而贸易人才除了要有一定的国际贸易知识外，还需要有很强的外语交流能力，要熟悉各国市场、文化和相关规定，还要在国内能组织好货源。很多个体户往往就是因为没有外贸专业人才，所以出现了办理备案的企业多能正常开展业务少的状况。

4. 贸易产品限制问题。外贸经营权的全面放开，并不意味什么贸易都能做。每年我国都会颁布一些禁止或限制进出口的商品名单，或需要许可证及配额的商品名单，像粮食、石油、烟草等是不允许个人经营的。但在办理过程中一些个体户不了解自己将经营的产品列入哪一类商品，到真正开展业务的时候才发现经营的产品属于指定经营或要配额的商品，导致一时无所适从，业务无法开展。

5. 退税问题。国家有关政策规定个体户是不能取得一般纳税人资格的，但只有一般纳税人才能办理出口退税，所以个体户没有资格办理出口退税，相对地，出口成本就上升了，从而导致个体户的竞争力减弱，在这微利的时代，个体户的生存空间就更小了。

6. 承担风险问题。个人经营外贸，得承担起以往整个公司的风险，这个风险则是无限的，而对这些风险的承担和能否取得对方的信任、如何周转开资金也是个人从事外贸前要慎重考虑的问题。另外，个人如何结汇、开信用证，在报关、纳税、经商过程中怎样保持诚信，减少风险，提高效率都是需要在办理备案登记前就要考虑的问题。

（资料来源：梧州市商务局，有删节）

5.2.3.2 出入境检验检疫制度

出入境检验检疫制度是指由国家出入境检验检疫部门依据我国有关法律和行政法规以及我国政府所缔结或者参加的国际条约、协定，对出入境的货物、物品及其包装物、交通运输工具、运输设备和出入境人员实施检验检疫监督管理的法律依据和行政手段的总和。其国家主管部门是国家质量监督检验检疫总局。

出入境检验检疫制度是我国贸易管制制度的重要组成部分，其目的是确保货物能合格进出境，以维护国家声誉，保护本国国民与消费者的利益。

1. 出入境检验检疫职责范围

(1) 我国出入境检验检疫制度实行目录管理，即国家质量监督检验检疫总局根据对外贸易需要，公布并调整《出入境检验检疫机构实施检验检疫的进出境商品目录》(又称《法检目录》)。《法检目录》所列名的商品称为法定检验商品，即国家规定实施强制性检验的进出境商品。

(2) 对于法定检验以外的进出境商品是否需要检验，由对外贸易当事人决定。对外贸易合同约定或者进出口商品的收发货人申请检验检疫时，检验检疫机构可以接受委托，实施检验检疫并制发证书。此外，检验检疫机构对法检以外的进出口商品，可以以抽查的方式予以监督管理。

(3) 对关系国计民生、价值较高、技术复杂或涉及环境及卫生、疫情标准的重要进出口商品，收货人应当在对外贸易合同中约定，在出口国装运前进行预检验、监造或监装，以及保留到货后最终检验和索赔的条款。

2. 出入境检验检疫制度的组成

我国出入境检验检疫制度内容包括进出口商品检验制度、进出境动植物检疫制度以及国境卫生监督制度。

(1) 进出口商品检验制度。

进出口商品检验制度是根据《中华人民共和国进出口商品检验法》及其实施条例的规定，国家质检总局及口岸出入境检验检疫机构对进出口商品所进行的品质、质量检验和监督管理的制度。

商品检验机构实施进出口商品检验的内容包括商品的质量、规格、数量、重量、包装，以及是否符合安全、卫生的要求。我国商品检验的种类分为4种，即法定检验、合同检验、公证鉴定和委托检验。

(2) 进出境动植物检疫制度。

进出境动植物检疫制度是根据《中华人民共和国进出境动植物检疫法》及其实施条例的规定，国家质检总局及口岸出入境检验检疫机构对进出境动植物及动植物产品的生产、加工、存放过程实行动植物检疫的进出境监督管理制度。

口岸出入境检验检疫机构实施动植物检疫监督管理的方式有：实行注册登记、疫情调查、检测和防疫指导等。其内容主要包括：进境检疫、出境检疫、过境检疫、进出境携带和邮寄物检疫以及出入境运输工具检疫等。

(3) 国境卫生监督制度。

国境卫生监督制度是指出入境检验检疫机构根据《中华人民共和国国境卫生检疫法》及其实施细则，以及其他的卫生法律、法规和卫生标准，在进出口口岸对出入境的交通工具、货物、运输容器以及口岸辖区的公共场所、环境、生活设施、生产设备所进行的卫生检查、鉴定、评价和采样检验的制度。其监督职能主要包括进出境检疫、国境传染病检测、进出境卫生监督等。

5.2.3.3 进出口货物收付汇管理制度

依据国务院《中华人民共和国外汇管理条例》及其他有关规定，对外贸易经营者在对外贸易经营活动中，应当依照国家有关规定结汇、用汇。进出口货物收付汇管理是我国实施外汇管理的主要手段，也是我国外汇管理制度的重要组成部分。

1. 出口货物收汇管理

我国对出口收汇管理采取的是外汇核销形式。海关总署会同商务部联合制定了《出口收结汇联网核查办法》，明确通过出口收结汇联网核查系统进行出口电子数据联网核查的方式。程序如下：

(1) 核查系统提供的企业出口预收货款数据并产生企业与出口对应的可收汇额；

(2) 企业出口收汇，应当如实填写“出口收汇说明”，连同中国电子口岸操作员IC卡，一并提交银行办理；

(3) 银行登录核查系统，对企业出口收汇进行联网核查后在企业相应出口可收汇额内办理结汇或划出资金手续，同时在核查系统中核减其对应出口可收汇额。

2. 进口货物付汇管理

进口货物付汇管理采取外汇核销形式。其具体做法是：进口企业在进口付汇前须向付汇银行申请国家外汇管理局统一制发的“贸易进口付汇核销单”，凭以办理付汇。货物进口后，进口单位或其代理人凭海关出具的进口货物报关单付汇证明联及其相关电子数据等向国家外汇管理局指定银行办理核销付汇。

5.2.3.4 对外贸易救济制度

倾销是指一国(地区)的生产商或出口商以低于其国内市场价格或低于成本价格将其商品抛售到另一国(地区)市场的行为。

补贴是指一成员方政府或任何公共机构向某些企业提供的财政捐助以及对价格或收入的支持，以直接或间接增加从其领土输出某种产品或减少向其领土内输入某种产品，或者对其他成员方利益形成损害的政府性措施。

世界贸易组织允许成员方在进口产品倾销、补贴和过激增长等给其国内产业造成损害的情况下，使用反倾销、反补贴和保障措施手段来保护国内产业不受损害。

反补贴、反倾销和保障措施都属于贸易救济措施。反补贴和反倾销措施针对的是价格歧视这种不公平贸易行为，保障措施针对的则是进口产品激增的情况。我国依据世界贸易组织《反倾销协议》、《补贴与反补贴措施协议》、《保障措施协议》以及我国《对外贸易法》的有关规定，制定颁布了《反补贴条例》、《反倾销条例》以及《保障措施条例》。

1. 反倾销措施

(1) 临时反倾销措施。临时反倾销措施是指进口方主管机构经过调查，初步认定被指控产品存在倾销，并对国内同类产业造成损害，据此可以依据世界贸易组织所规定的程序进行调查，在全部调查结束之前，采取临时性的反倾销措施，以防止在调查期间国内产业继续受到损害。

临时反倾销措施有两种形式：一是征收临时反倾销税；二是要求提供保证金、保函或者其他形式的担保。

临时反倾销措施实施的期限，自临时反倾销措施决定公告规定实施之日起，不超过4个月；在特殊情形下，可以延长至9个月。

(2) 最终反倾销措施。对终裁决定确定倾销成立并由此对国内产业造成损害的，可以征收反倾销税。征收反倾销税应当符合公共利益，征收期限不超过5年。

2. 反补贴措施

(1) 临时反补贴措施。初裁决定确定补贴成立并由此对国内产业造成损害的，可以采取临时反补贴措施。临时反补贴措施采取以保证金或者保函作为担保的征收临时反补贴税的形式。临时反补贴措施实施的期限，自临时反补贴措施决定公告规定实施之日起，不超过4个月。

(2) 最终反补贴措施。在为完成磋商的努力没有取得效果的情况下，终裁决定确定补贴成立并由此对国内产业造成损害的，可以征收反补贴税。反补贴税征收期限是在征收之日起5年内终止。

3. 保障措施

(1) 临时保障措施。临时保障措施是指在有明确证据证明进口产品数量增加，将对国内产业造成难以补救的损害的紧急情况下，进口国与成员国之间可不经磋商而作出初裁决定，并采取临时性保障措施。临时保障措施的实施期限，自临时保障措施决定公告规定实施之日起，不得超过 200 天，并且此期限计入保障措施总期限。临时保障措施采取提高关税的形式，如果事后调查不能证实进口激增对国内有关产业已经造成损害的，已征收的临时关税应当予以退还。

(2) 最终保障措施。最终保障措施可以采取提高关税、数量限制等形式。但保障措施应当限于防止、补救严重损害并便利调整国内产业所必要的范围内。保障措施的实施期限一般不超过 4 年，如果继续采取保障措施，应同时满足：

① 对于防止或者补救严重损害仍有必要；

② 有证据表明相关国内产业正在进行调整；

③ 已经履行有关对外通知、磋商的义务；

④ 延长后的措施不严于延长前的措施。

保障措施全部实施期限(包括临时保障措施期限)不得超过 10 年。

5.2.4 我国贸易管制的主要措施及报关规范

海关对不同的货物及物品采用不同的管理措施。这些措施一般要求进出口货物收发货人事先向该进出口货物的国家对口管理部门申请相关许可文件、证明或批文。获得该进出口货物的许可文件、证明、批文后，报关员应按规定的方法使用。如缺少许可文件或没有按规定的方法使用，则通关环节会受阻。因此，报关从业人员应当对我国贸易管制各项措施所涉及的具体规定事先予以了解。

5.2.4.1 进出口许可证管理

1. 定义与作用

进出口许可证是由国家对外经贸行政管理部门代表国家统一签发的、批准某项商品进出口的具有法律效力的证明文件，也是海关查验放行该进出口货物和银行办理售汇、结汇的依据。商务部或者由商务部会同国务院其他有关部门，依法制定并调整进出口许可证管理目录，以签发进出口许可证的方式对进出口许可证管理目录中的商品实行的行政许可管理。进出口许可证是国家管理货物进出口的凭证，不得买卖、转让、涂改、伪造或变造，对对外贸易经营者具有极强的法律约束力。

2. 主管部门及办理程序

商务部是全国进出口许可证的归口管理部门，负责制定进出口许可证管理办法及规章制度，监督、检查进出口许可证管理办法的执行情况，处罚违规行为。商务部会同海关总署制定、调整和发布年度进口许可证管理货物目录及出口许可证管理货物目录。

商务部统一管理、指导全国各发证机构的进出口许可证签发工作，商务部配额许可证事务局，商务部驻各地特派员办事处和各省、自治区、直辖市、计划单列市，以及商务部授权的其他省会城市商务厅(局)、外经贸委(厅、局)为进出口许可证的发证机构，负责在授权范围内签发"中华人民共和国进口许可证"(以下简称进口许可证)或"中华人民共和国出口许可证"(以下简称出口许可证)。

3. 适用范围与报关规范

1) 适用范围

(1) 2010年实施进口许可证管理的货物有重点旧机电产品和消耗臭氧层物质。

① 重点旧机电产品包括：旧化工设备类、旧金属冶炼设备类、旧工程机械类、旧造纸设备类、旧电力电气设备类、旧食品加工及包装设备、旧农业机械类、旧印刷机械类、旧纺织机械类、旧船舶类、旧硒鼓等11大类(88个10位商品编码)。商务部配额许可证事务局负责进口许可证的发证工作。

② 消耗臭氧层物质包括：三氯氟甲烷(CFC-11)、二氯二氟甲烷(CFC-12)等商品(47个10位商品编号)。进口许可证由各地外经贸委(厅、局)、商务厅(局)签发；在京中央管理企业的进口许可证，由配额许可证事务局签发。

(2) 2010年实行出口许可证管理的商品有49种货物，共619个10位商品编号，分别实行出口配额许可证、出口配额招标和出口许可证管理。

① 实行出口配额许可证管理的商品是：玉米、大米、小麦、玉米粉、大米粉、小麦粉、棉花、锯材、活牛(对港澳)、活猪(对港澳)、活鸡(对港澳)、煤炭、焦炭、原油、成品油、稀土、锑及锑制品、钨及钨制品、锌矿砂、锡及锡制品、白银、铟及铟制品、钼、磷矿石。

② 实行出口配额招标的商品是：蔺草及蔺草制品、碳化硅、氟石块(粉)、滑石块(粉)、轻(重)烧镁、矾土、甘草及甘草制品。

③ 实行出口许可证管理的商品是：活牛(对港澳以外市场)、活猪(对港澳以外市场)、活鸡(对港澳以外市场)、冰鲜牛肉、冻牛肉、冰鲜猪肉、冻猪肉、冰鲜鸡肉、冻鸡肉、消耗臭氧层物质、石蜡、锌及锌基合金、部分金属及制品、铂金(以加工贸易方式出口)、汽车(包括成套散件)及其底盘、摩托车(含全地形车)及其发动机和车架、天然砂(除标准砂外，对港、澳、台出口天然砂实行出口许可证管理，对其他国家或地区则禁止出口)，钼制品、柠檬酸、维生素C、青霉素工业盐、硫酸二钠。

其中，玉米、小麦、棉花、煤炭、原油、成品油等6类商品的出口许可证，由配额许可证事务局签发；大米、玉米粉、小麦粉、大米粉、锯材、活牛、活猪、活鸡、焦炭、稀土、锑及锑制品、钨及钨制品、锌矿砂、锡及锡制品、白银、铟及铟制品、钼、磷矿石，蔺草及蔺草制品、碳化硅、滑石块(粉)、轻(重)烧镁、矾土、甘草及甘草制品，冰鲜牛肉、冻牛肉、冰鲜猪肉、冻猪肉、冰鲜鸡肉、冻鸡肉、铂金(以加工贸易方式出口)、天然砂(含标准砂)等32类商品的出口许可证，由各地特派员办事处签发；消耗臭氧层物质、石蜡、锌及锌基合金、部分金属及制品、汽车(包括成套散件)及其底盘、摩托车(含全地形车)及其发动机和车架、钼制品、柠檬酸、青霉素工业盐、维生素C、硫酸二钠等11类商品的出口许可证，由各地方发证机构签发。

2) 报关规范

(1) 进口许可证：

① 进口许可证的有效期为1年，当年有效。特殊情况需要跨年度使用时，有效期最长不得超过次年3月31日，逾期自行失效。

② 进口许可证证面内容不许更改，如需更改，向原发证机构申请后换发新证。

③ 进口许可证实行"一证一关"(该证只能在一个海关报关)、"一批一证"(该证在有效期内一次报关使用)与"非一批一证"(该证在有效期内可多次报关使用，但最多不超过12次，使用一次即由海关签注核减)。

④ 报关进口的大宗、散装货物的溢装数量不得超过许可证所列进口数量的5%，其中原油与成品油不得超过3%。对不实行"一批一证"的大宗散装货物，在每批货物进口时，按其实际进口数量进行核扣，最后一批进口货物进口时，其溢出数量按该许可证实际剩余数量并在规定

的溢装上限5%内计算。

(2) 出口许可证:

① 有效期为6个月,且有效期截止时间不得超过当年12月31日。出口许可证应当在有效期内使用,逾期自行失效。

② 进口许可证证面内容不许更改,如需更改,向原发证机构申请后换发新证。

③ 进口许可证实行"一证一关"、"一批一证"与"非一批一证"(该证在有效期内最多可以使用12次)。

④ 报关出口的大宗、散装货物的溢装数量不得超过许可证所列出口数量的5%,其中原油与成品油不得超过3%。对不实行"一批一证"的大宗散装货物,在每批货物出口时,按其实际进口数量进行核扣,最后一批进口货物进口时,其溢出数量按该许可证实际剩余数量并在规定的溢装上限5%内计算,且原油、成品油不得超过3%。

5.2.4.2 自动进口许可证管理

1. 定义与作用

自动进口许可证是指经国家批准部分属于可以自由进口的货物,由商务部制定并调整自动进口许可证管理目录,并以签发自动进口许可证的形式,对这类目录商品所实行的国家管理。目录中所列商品不属于国家限制进口的范围,是一种在任何情况下对进口申请一律予以批准,具有自动登记性质的进口许可管理。目录商品所要申请的对应的许可证件为"中华人民共和国自动进口许可证"。

2. 发证机构

商务部配额许可证事务局,商务部驻各地特派员办事处和各省、自治区、直辖市、计划单列市商务主管部门以及地方机电产品进出口机构负责自动进口许可货物管理和自动进口许可证的签发工作。

3. 适用范围

1) 自动进口许可证管理的商品范围

2010年实施自动进口许可管理的商品包括一般商品、机电产品(包括旧机电产品)、重要工业品,分为3个管理目录。

(1) 目录一(一般商品):

肉鸡、植物油、烟草、二醋酸纤维丝束、铜精矿、煤、废纸、废钢、废铝、铜、鲜奶、奶粉、乳清、大豆、菜子油、豆粕、猪肉及副产品共17类,涉及152个10位商品编号。

(2) 目录二(机电产品):

① 由商务部发证的机电产品涉及光盘生产设备、烟草机械、移动通信产品、卫星广播电视设备及关键部件、汽车产品、飞机、船舶、游戏机等8类商品,涉及211个10位商品编号。

② 地方、部门机电产品进出口办公室发证的机电产品涉及锅炉、汽轮机、发动机(非第87章车辆用)及关键部件、水轮机及其他动力装置、化工装置、食品机械、工程机械、造纸及印刷机械、纺织机械、金属冶炼及加工设备、金属加工机床、电气设备、铁路机车、汽车产品、飞机、船舶、医疗设备等17类商品,涉及277个10位商品编号。

③ 商务部发证的旧机电产品只有旧胶印机1类商品。

(3) 目录三(重要工业品):

涉及铁矿石、铝土矿、原油、成品油、天然气、氧、化铝、化肥、钢材等8类商品，涉及12个10位商品编号。

2）免交自动进口许可证的情形

进口列入《自动进口许可管理货物目录》的商品，在办理报关手续时须向海关提交自动进口许可证，但下列情形免交：

(1) 加工贸易项下进口并复出口的(原油、成品油除外)；

(2) 外商投资企业作为投资进口或者投资额内生产自用的(旧机电产品除外)；

(3) 货样广告品、实验品进口，每批次价值不超过5 000元人民币的；

(4) 暂时进口的海关监管货物；

(5) 进入保税区、出口加工区等海关特殊监管区域及进入保税仓库、保税物流中心的属自动进口许可管理的货物；

(6) 加工贸易项下进口的不作价设备监管期满后留在原企业使用的；

(7) 国家法律法规规定其他免领自动进口许可证的。

4. 报关规范

(1) 自动进口许可证有效期为6个月，但仅限公历年度内有效。

(2) 自动进口许可证项下货物原则上实行"一批一证"管理，对部分货物也可实行"非一批一证"管理。对实行"非一批一证"管理的，在有效期内可以分批次累计报关使用，但累计使用不得超过6次。每次报关时，海关在自动进口许可证原件"海关验放签注栏"内批注后，留存复印件，最后一次使用后，海关留存正本。同一进口合同项下，收货人可以申请并领取多份自动进口许可证。

(3) 对实行"一批一证"的自动进口许可证管理的大宗、散装货物，其溢装数量在货物总量3%以内的原油、成品油、化肥、钢材等4种大宗散装货物予以免证，其他货物溢装数量在货物总量5%以内的予以免证；对"非一批一证"的大宗散装货物，每批货物进口时，按其实际进口数量核扣自动进口许可证额度数量，最后一批货物进口时，应按该自动进口许可证实际剩余数量的允许溢装上限，即5%(原油、成品油、化肥、钢材在溢装上限3%)以内计算免证数额。

5.2.4.3 固体废物进口管理

1. 定义

固体废物是指《中华人民共和国固体废物污染环境防治法》管理范围内的废物，即在生产建设、日常生活和其他活动中产生的污染环境的废弃物质，包括工业固体废物(指在工业、交通等生产活动中产生的固体废物)、城市生活垃圾(指在城市日常生活中或者为城市日常生活提供服务的活动中产生的固体废物以及法律、行政法规规定视为城市生活垃圾的固体废物)、危险废物(指列入国家危险废物名录或者根据国家规定的危险废物鉴别标准和鉴别方法认定的具有危险特性的废物)以及液态废物和置于容器中的气态废物。

2. 主管部门

环境保护部是进口废物的主管部门。环境保护部会同国家发展改革委员会、商务部、海关总署、国家质检总局制定、调整并公布《限制进口类可用做原料的废物目录》及《自动进口许可管理类可用做原料的废物目录》，对未列入上述两目录的废物禁止进口，对列入上述目录的废物进口要求事先申请固体废物进口许可证。

3. 管理原则

国家禁止进口不能用做原料的固体废物，对可用做原料的固体废物实行限制进口以及自动许可管制。

4. 报关规范

(1) 向海关申报进口列入《限制进口类可用做原料的废物目录》和《自动进口许可管理类可用做原料的废物目录》的废物，报关单位应主动向海关提交有效的废物进口许可证、口岸检验检疫机构出具的入境货物通关单及其他有关单据。

(2) 对未列入《限制进口类可用做原料的废物目录》、《自动进口许可管理类可用做原料的废物目录》或虽列入上述目录但未取得有效废物进口许可证的固体废物一律不得进口或存入保税仓库。

(3) 废物进口许可证实行"非一批一证"管理。

(4) 进口的固体废物不能转关(废纸除外)，只能在口岸海关办理申报进境手续。

固体废物进口许可证样本如图 5-2 所示。

中华人民共和国限制进口类可用作原料的固体废物进口许可证

IMPORT LICENCE OF THE PEOPLE'S REPUBLIC OF CHINA FOR RESTRICTED SOLID WASTES THAT CAN BE USED AS ROW MATERIALS

1. 进口商： Importer	2. 进口许可证号： Import license No.
3. 利用商： Recycler	4. 许可证有效截止日期： Import license expiry date
5. 商品名称： Description of goods	6. 商品编码： Code of goods
7. 数量： Quantity	8. 计量单位： Unit
9. 报关口岸： Place of clearance	10. 贸易方式： Terms of trade
11. 备注： Supplementary details	12. 发证机关盖章 Issuing authority's stamp 国家环境保护总局 State Environmental Protection Administration 13. 发证日期： License date

国家环境保护总局监制(2005)

图 5-2　固体废物进口许可证样本

5.2.4.4 野生动植物种进出口管理

1. 定义、原则及主管部门

为保护野生动植物，挽救珍稀濒危动植物种，我国颁布了《中华人民共和国森林法》、《中华人民共和国野生动物保护法》以及《中华人民共和国野生植物保护条例》等相关法律法规，并发布了我国物种自主保护目录，同时，作为《濒危野生动植物种国际贸易公约》成员国，我国也应履行该国际公约下保护野生动植物的义务。

国家濒危物种进出口管理办公室是野生动植物种进出口管理的归口管理部门。该部门是会同国家其他部门，依法制定或调整《进出口野生动植物种商品目录》，并以签发"濒危野生动植物种国际贸易公约允许进出口证明书"(以下简称"公约证明")、"中华人民共和国濒危物种进出口管理办公室野生动植物允许进出口证明书"(以下简称"非公约证明")或"非《进出口野生动植物种商品目录》物种证明"(以下简称"物种证明")的形式，对该目录列明的依法受保护的珍贵、濒危野生动植物及其产品实施的进出口限制管理。

凡进出口列入《进出口野生动植物种商品目录》的野生动植物或其产品，必须严格按照有关法律、行政法规的程序进行申报和审批，并在进出口报关前取得国家濒危物种进出口管理办公室或其授权的办事处签发的公约证明、非公约证明或物种证明后，向海关办理进出口手续。

2. 报关规范

(1) 非公约证明：

对列入《进出口野生动植物种商品目录》中属于我国自主规定管理的野生动植物及其产品，不论以何种方式进出口，均须事先申领非公约证明。非公约证明实行"一批一证"制度。

(2) 公约证明：

对列入《进出口野生动植物种商品目录》中属于《濒危野生动植物种国际贸易公约》成员国(地区)应履行保护义务的物种，不论以何种方式进出口，均须事先申领公约证明。公约证明实行"一批一证"制度。

(3) 物种证明：

对于进出口列入《进出口野生动植物种商品目录》中适用公约证明、非公约证明管理的《濒危野生动植物种国际贸易公约》附录及国家重点保护野生动植物以外的其他列入商品目录的野生动植物及相关货物或物品和含野生动植物成分的纺织品，均须事先申领物种证明。

物种证明分为"一次使用"和"多次使用"两种。一次使用的物种证明有效期自签发之日起不得超过6个月。多次使用的物种证明只适用于同一物种、同一货物类型、在同一报关口岸多次进出口的野生动植物。多次使用的物种证明有效期截至发证当年12月31日。持证者须于1月31日之前将上一年度使用多次物种证明进出口有关野生动植物标本的情况汇总上报发证机关。

5.2.4.5 出入境检验检疫管理

1. 办理程序

对列入《出入境检验检疫机构实施检验检疫的进出境商品目录》(又称《法检目录》)及其他法律法规规定需要检验检疫的货物进出口时，货物所有人或其合法代理人在办理进出口通关手续前，必须向口岸检验检疫机构报检。海关凭口岸出入境检验检疫机构签发的"中华人民共和国检验检疫入境货物通关单”（以下简称“入境货物通关单”）或“中华人民共和国检验检疫出境货物通关单”（以下简称“出境货物通关单”）验放。

2. 适用范围与报关规范

1）入境货物通关单

入境货物通关单实行“一批一证”制度，证面内容不得更改。

入境货物通关单主要适用于下列情况：

(1) 列入《法检目录》的商品；

(2) 外商投资财产价值鉴定（受国家委托，为防止外商瞒骗对华投资额而对其以实物投资形式进口的投资设备的价值进行的鉴定）；

(3) 进口可用做原料的废物；

(4) 进口旧机电产品；

(5) 进口货物发生短少、残损或其他质量问题须对外索赔时，其赔付的进境货物；

(6) 进口捐赠的医疗器械；

(7) 其他未列入《法检目录》，但国家有关法律、行政法规明确由出入境检验检疫机构负责检验检疫的入境货物或特殊物品等。

2）出境货物通关单

出境货物通关单实行“一批一证”制度，证面内容不得更改。

出境货物通关单适用于下列情况：

(1) 列入《法检目录》的货物；

(2) 出口纺织品标识；

(3) 对外经济技术援助物资及人道主义紧急救灾援助物资；

(4) 其他未列入《法检目录》，但国家有关法律、行政法规明确由出入境检验检疫机构负责检验检疫的出境货物。

参考案例

杭州海关国门前截获一批违规进口种子

近日，杭州海关所属温州海关关员在海关监管现场对进境邮件进行例行检查，从一件意大利寄往瑞安的普通邮包中查获一批涉嫌违规进口的种子。据记者了解，这是该关今年来首次在邮运渠道查获违规进口种子。

经开拆查验，海关关员发现该批种子包括包菜、萝卜、芦笋、黄瓜、仙人掌等6个品种的蔬菜和水果，共计40包。

未经检疫合格的种子进境，可能威胁物种安全。为了确保物种安全，国家对种子进出口实施严格的检验检疫管理。根据《中华人民共和国种子法》的规定，进口种子必须通过检疫，获得《检验检疫通关单》后方可正常通关。如果涉及濒危物种种子的进口，则还须提供由国家濒危野生动植物进出口管理办公室签发的《濒危物种允许进出口证明书》。

目前，这批种子因无法提供《检验检疫通关单》属于违规进口，已被海关暂扣。

（资料来源：杭州网）

5.2.4.6 两用物项和技术进出口许可证管理

1. 含义、管制措施及办理程序

两用物项和技术是指《中华人民共和国核出口管制条例》、《中华人民共和国核两用品及相关技术出口管制条例》、《中华人民共和国导弹及相关物项和技术出口管制条例》、《中华人民共和国生物两用品及相关设备和技术出口管制条例》、《中华人民共和国监控化学品管理条例》、《中华人民共和国易制毒化学品管理条例》、《中华人民共和国放射性同位素与射线装置安全和防护条例》及《有关化学品及相关设备和技术出口管制办法》所规定的相关物项及技术。

商务部是全国两用物项和技术进出口许可证的归口管理部门。商务部和海关总署依据上述法规联合颁布了《两用物项和技术进出口许可证管理办法》，并发布了《两用物项和技术进出口许可证管理目录》，规定对列入该目录的物项及技术的进出口统一实行两用物项和技术进出口许可证管理。两用物项和技术进出口前，进出口经营者应当向发证机关申领"中华人民共和国两用物项和技术进出口许可证"（以下简称"两用物项和技术进出口许可证"），凭以向海关办理进出口通关手续。

2. 报关规范

(1) 对以任何方式进口或出口，以及过境、转运、通运列入《两用物项和技术进出口许可证管理目录》的商品，两用物项和技术的进出口经营者应当主动向海关出具有效的两用物项和技术进出口许可证。

(2) 海关有权对进出口经营者进出口的货物是否属于两用物项和技术提出质疑，进出口经营者应按规定向相关行政主管部门申请进口或者出口许可，或者向商务主管部门申请办理不属于管制范围的相关证明。省级商务主管部门受理其申请，提出处理意见后报商务部审定。对进出口经营者未能出具两用物项和技术进口或者出口许可证、商务部相关证明的，海关不予办理有关手续。

(3) 两用物项和技术进口许可证实行"非一批一证"制和"一证一关"制，并在其备注栏内打印"非一批一证"字样；两用物项和技术出口许可证实行"一批一证"制和"一证一关"制。

(4) 两用物项和技术进出口许可证有效期一般不超过1年。跨年度使用时，在有效期内只能使用到次年3月31日，逾期发证机构将根据原许可证有效期换发许可证。

(5) 两用物项和技术进出口许可证仅限于申领许可证的进出口经营者使用，不得买卖、转让、涂改、伪造或变造；两用物项和技术进出口许可证应在批准的有效期内使用，逾期自动失效，海关不予验放。

(6) 两用物项和技术进出口许可证一经签发，任何单位和个人不得更改证面内容，如须对证面内容进行更改，进出口经营者应当在许可证有效期内向相关行政主管部门重新申请进出口许可，并凭原许可证和新的批准文件向发证机构申领两用物项和技术进出口许可证。

(7) 两用物项和技术进口许可证证面的进口商、收货人应分别与海关进口货物报关单的经营单位、收货单位相一致；两用物项和技术出口许可证证面的出口商、发货人应分别与海关出口货物报关单的经营单位、发货单位相一致。

5.2.4.7 进出口药品管理

1. 含义及主管部门与管理形式

国家食品药品监督管理局依照《中华人民共和国药品管理法》、有关国际公约以及国家其他法规，对进出口药品实施监督管理。进出口药品从管理角度可分为进出口麻醉药品、进出口精神药品、进出口兴奋剂以及进口一般药品。国家食品药品监督管理局会同国务院商务主管部门对上述药品依法制定并调整管理目录，以签发许可证件的形式对其进出口加以管制。目前我国公布的药品、进出口管理目录有：《进口药品目录》、《生物制品目录》、《精神药品管制品种目录》、《麻醉药品管制品种目录》、《兴奋剂目录》。

目前，国家允许进口药品的口岸城市共19个，即北京、天津、上海、大连、青岛、成都、武汉、重庆、厦门、南京、杭州、宁波、福州、广州、深圳、珠海、海口、西安、南宁。

2. 适用的范围与报关规范

1）精神药品进出口准许证

(1) 适用范围：进出口列入《精神药品管制品种目录》的药品，包含精神药品标准品及对照品，如咖啡因、去氧麻黄碱、复方甘草片等；对于列入《精神药品管制品种目录》的药品可能存在的盐、酯、醚，虽未列入该目录，但仍属于精神药品管制范围。任何单位以任何贸易方式进出口列入上述范围的药品，不论用于何种用途，均须事先申领精神药品进出口准许证。

(2) 报关规范：向海关申报进出口精神药品管理范围内的药品，报关单位应主动向海关提交有效的精神药品进出口准许证及其他有关单据。精神药品的进出口准许证仅限在该证注明的口岸海关使用，并实行“一批一证”制度，证面内容不得自行更改，如须更改，应到国家食品药品监督管理局办理换证手续。

2）麻醉药品进出口准许证

(1) 适用范围：进出口列入《麻醉药品管制品种目录》的麻醉药品，包括可卡因、大麻、吗啡、海洛因以及合成麻醉药类和其他易成瘾癖的药品、药用原植物及其制剂。对于列入《麻醉药品管制品种目录》的麻醉药品可能存在的盐、酯、醚，虽未列入该目录，但仍属于麻醉药品管制范围。任何单位以任何贸易方式进出口列入上述范围的药品，不论用于何种用途，均须事先申领麻醉药品进出口准许证。

(2) 报关规范：向海关申报进出口麻醉药品管理范围内的药品，报关单位应主动向海关提交有效的麻醉药品进出口准许证及其他有关单据。麻醉药品的进出口准许证仅限在该证注明的口岸海关使用，并实行“一批一证”制度，证面内容不得自行更改，如须更改，应到国家食品药品监督管理局办理换证手续。

3）兴奋剂进出口准许证

(1) 适用范围：列入《兴奋剂目录》的药品包括蛋白同化制剂品种、肽类激素品种、麻醉药品品种、刺激剂(含精神药品)品种、药品类易制毒化学品品种、医疗用毒性药品品种、其他品种等共7类。

(2) 报关规范：进出口列入《兴奋剂目录》的药品，进出口单位应当事先向国家食品药品监督管理局申领进口准许证或出口准许证。进口准许证有效期1年。出口准许证有效期不超过3个月(有效期时限不跨年度)。取得药品进出口准许证后未进行相关进出口贸易的，进出口单位应当于准许证有效期满后1个月内将原准许证退回发证机关。进口准许证、出口准许证实行“一证一关”制度，证面内容不得更改。因故延期进出口的，可以持原进出口准许证办理一次延期换证手续。个人因医疗需要携带或邮寄进出境自用合理数量范围内的蛋白同化制剂和肽类激素药品，凭医疗机构处方予以验放。无法出具处方，或超出处方剂量的，均不准进出境。

4）一般药品进口药品通关单

(1) 适用范围：

① 进口列入《进口药品目录》的药品，指用于预防、治疗、诊断人的疾病，有目的地调节人的生理机能并规定有适应症、用法和用量的物质，包括中药材、中药饮品、中成药、化学原料药及其制剂、抗生素、生化药品、血清疫苗、血液制品等；

② 进口列入《生物制品目录》的商品，包括疫苗类、血液制品类及血源筛查用诊断试剂等；

③ 首次在我国境内销售的药品；

④ 进口暂未列入《进口药品目录》的原料药的单位，必须遵守《进口药品管理办法》中的各项有关规定，主动到各口岸药品检验所报验。

(2) 报关规范：向海关申报进口列入管理目录中的药品，报关单位应主动向海关提交有效的进口药品通关单及其他有关单据。进口药品通关单仅限在该单注明的口岸海关使用，并实行“一批一证”制度，证面内容不得更改。任何单位以任何贸易方式进口列入管理目录的药品，不论用于何种用途，均须事先申领进口药品通关单。一般药品出口目前暂无特殊的管理要求。

5.2.4.8 美术品进出口管理

1. 含义及主管部门与管理形式

美术品进出口管理属于国家限制进出口管理范畴。文化部负责对美术品进出口经营活动的审批管理，文化部委托美术品进出口口岸所在地省、自治区、直辖市文化行政部门负责本辖区美术品的进出口审批。美术品进出口单位应当在美术品进出口前，向美术品进出口口岸所在地省、自治区、直辖市文化行政部门申领进出口批件，凭以向海关办理通关手续。

我国对美术品讲出口实行专营，经营美术品进出口的企业必须是在商务部门备案登记，取得进出口资质的企业。美术品进出口单位应当在美术品进出口前，向美术品进出口口岸所在地省、自治区、直辖市文化行政部门提出申请，获得批准文件。

2. 适用的范围与报关规范

(1) 适用范围：

① 我国实行进出口管理的美术品是指艺术创作者以线条、色彩或者其他方式，经艺术创作者以原创方式创作的具有审美意义的造型艺术作品，包括绘画、书法、雕塑、摄影等作品，以及艺术创作者许可并签名的，数量在200件以内的复制品。批量临摹的作品、工业化批量生产的美术品、手工艺品、工艺美术产品、木雕、石雕、根雕、文物等均不纳入美术品进行管理。

② 含有下列内容的美术品禁止进出境——违反宪法确定的基本原则的；危害国家统一、主权和领土完整的；泄漏国家秘密、危害国家安全或者损害国家荣誉和利益的；煽动民族仇恨、民族歧视，破坏民族团结，或者侵害民族风俗习惯的；宣扬或者传播邪教迷信的；扰乱社会秩序，破坏社会稳定的；宣扬或者传播淫秽、色情、赌博、暴力、恐怖或者教唆犯罪的；侮辱或者诽谤他人、侵害他人合法权益的；蓄意篡改历史、严重歪曲历史的；危害社会公德或者有损民族优秀文化传统的；我国法律、行政法规和国家规定禁止的其他内容的。

(2) 报关规范：向海关申报进出口管理范围内的美术品，报关单位应主动向海关提交有效的进出口批准文件及其他有关单据。批准文件不得擅自更改。如有更改，应当及时将变更事项向审批部门申报，经审批部门批准确认后，方可变更。批准文件也不得伪造、涂改、出租、出借、出售或者以其他任何形式转让。同一批已经批准进口或出口的美术品复出口或复进口，进出口单位可持原批准文件正本到原进口或出口口岸海关办理相关手续，文化行政部门不再重复审批。上述复出口或复进口的美术品如与原批准内容不符，进出口单位则应当到文化行政部门重新办理审批手续。

5.2.4.9　其他进出口管理

1. 黄金制品进出口管理

(1) 主管部门：中国人民银行总行。

(2) 管制证件：黄金及其制品进出口准许证。

(3) 适用范围：列入中国人民银行、海关总署联合发布的《黄金及其产品进出口管理目录》的黄金及其制品，主要包括：氰化金、氰化金钾（含金40%）、其他金化合物、非货币用金粉、非货币用未锻造金、非货币用半制成金、货币用未锻造金（包括镀铂的金）、金的废碎料、镶嵌钻石的黄金制首饰及其零件、镶嵌濒危物种制品的金首饰及零件、其他黄金制首饰及其零件、金制工业用制品、实验室用制品等。

(4) 报关规范：向进出口上述范围的黄金及制品，报关单位应主动向海关提交中国人民银行或其授权的中国人民银行分支机构签发的有效的"黄金及其制品进出口准许证"。

2. 音像制品进口管理

(1) 主管部门：新闻出版总署。

(2) 管制证件：进口音像制品批准单。

(3) 办理程序：音像制品成品进口业务由新闻出版总署指定的音像制品经营单位经营；未经新闻出版总署指定，任何单位或者个人不得从事音像制品成品进口业务。图书馆、音像资料馆、科研机构、学校等单位进口供研究、教学参考用的音像制品成品，应当委托新闻出版总署指定的音像制品成品进口经营单位办理有关进口审批手续。

3. 有毒化学品管理

(1) 主管部门：环境保护部。

(2) 管制证件：有毒化学品环境管理放行通知单。

(3) 适用范围：列入《中国禁止或严格限制的有毒化学品名录》的货物。

(4) 报关规范：进出口列入上述目录的有毒化学品，凭环境保护部签发的有毒化学品环境管理放行通知单办理验放手续。

4. 农药进出口管理

(1) 主管部门：农业部。

(2) 管制证件：进出口农药登记证明、非农药登记管理证明。

(3) 适用范围：列入《中华人民共和国进出口农药登记证明管理名录》的进出口货物。

(4) 报关规范：进出口列入上述目录的农药，应事先向农业部农药检定所申领进出口农药登记证明，凭以向海关办理进出口报关手续。对一些既可用做农药，也可用做工业原料的商品，如果企业以工业原料用途进出口，则不需办理进出口农药登记证明。可凭农业部向进出口企业出具的"非农药登记管理证明"验放。进出口农药登记证明实行"一批一证"制，一经签发，任何单位或个人不得修改证明内容；如须变更证明内容，应在有效期内将原证交回农业部农药检定所，并申请重新办理进出口农药登记证明。

5. 兽药进口管理

(1) 主管部门：农业部。

(2) 管制证件：进口兽药通关单。

(3) 适用范围：列入《进口兽药管理目录》的进口兽药。

(4) 报关规范：企业进口列入《进口兽药管理目录》的兽药，应向进口口岸所在地省级人民政府兽医行政管理部门申请办理"进口兽药通关单"，凭以向海关办理报关手续。"进口兽药通关单"实行"一单一关"制，在30日有效期内只能一次性使用。兽药进口单位进口暂未列入《进口兽药管理目录》的兽药时，应如实申报，主动向海关出具"进口兽药通关单"；对进口同时列入《进口药品目录》的兽药，海关免予验核"进口药品通关单"。

6. 进口关税配额管理

(1) 主管部门：商务部与国家发展改革委员会。

(2) 管制证件：农产品进口关税配额证、化肥进口关税配额证明。

(3) 适用范围：2010年我国实施进口关税配额管理的农产品有小麦、稻谷和大米、玉米、棉花、食糖、羊毛及毛条；实施进口关税配额管理的工业品有尿素、磷酸氢二铵、复合肥等3种农用肥料。

(4) 报关规范："农产品进口关税配额证"实行"一证多批"制，有效期为每年1月1日至当年12月31日，如需要延期，应向原发证机构申请办理换证，但延期最迟不得超过下一年2月底。进口关税配额证证面内容不得更改，如需更改，应到发证部门换发新证。关税配额内化肥进口时，海关凭进口单位提交的"化肥进口关税配额证明"，按配额内税率征税，并验放货物。

5.3 项目小结

本项目重点是介绍了我国的对外贸易管制制度与对应的管制措施。我国的对外贸易管制制度包含对对外贸易经营者资质的管理、对进出口货物与技术的合法性(进出口许可管理制度)与合格性(出入境检验检疫制度)的管理，还包括对外汇收付的管理等。针对不同的货物，我国实施不同的管制措施。这些措施主要有进出口许可证、进口关税配额以及不同商品主管部门签发的相应批准文件和单证。此外，这些许可文件与批文均有不同的申请流程与报关规范，学生应该一一知悉。

5.4 项目练习

1. 单项选择题

(1) 下列证件实行"非一批一证"管理的是(　　)。

A. 濒危野生动植物种国际贸易公约允许进口说明书

B. 出境货物通关单

C. 废物进口许可证

D. 精神药品进口准许证

(2) 进口许可证的有效期是（　　），当年有效。特殊情况需要跨年度使用时，有效期最长不得超过次年（　　），逾期自行失效。

A. 1年;3月31日　　B. 6个月;1月31日

C. 1年;1月31日　　D. 6个月;3月31日

(3) WTO规则允许成员方使用贸易救济手段来保护国内产业不受损害，其中（　　）既可以采取提高关税的形式也可以采取数量限制的形式。

A. 反倾销　　B. 反补贴

C. 保障措施　　D. 关税配额

(4) 不属于我国货物、技术进出口许可管理制度的证件是（　　）。

A. 关税配额证　　B. 入境货物通关单

C. 有毒化学品环境管理放行通知单　　D. 进口农药登记证明

(5) 发证机关根据企业申请于2009年9月30日向企业签发了自动进口许可证，改正截止到（　　）有效。

A. 2010年3月31日　　B. 2009年12月31日

C. 2010年6月30日　　D. 2010年9月30日

(6) 某进出口企业进口一批"已配剂量头孢菌素制剂"（同时列入《进口药品目录》和《进口兽药管理目录》），用于治疗畜禽疾病，该企业向海关申报时应提交（　　）。

A. 进口药品通关单　　B. 进口兽药通关单

C. 进口药品通关单和进口兽药通关单　　D. 进口药品通关单或进口兽药通关单

2. 不定项选择题

(1) 国家禁止进口（　　）。

A. 犀牛角　　B. 天然砂

C. 木炭　　D. 旧服装

(2) 2010年的实施"中华人民共和国进口许可证"管理的货物种类包括（　　）。

A. 配额机电产品　　B. 重点旧机电产品

C. 消耗臭氧层物质　　D. 监控化学品

(3) 下列商品类别中，既属于两用物项和技术进口许可证管理又属于两用物项和技术出口许可证管理的是（　　）。

A. 监控化学品　　B. 放射性同位素

C. 生物两用品　　D. 易制毒化学品

(4) 在下列进出口商品中，（　　）系《麻醉药品管制品种目录》所列麻醉物品，货物所有人应当凭麻醉药品进出口准许证向海关办理报关手续。

A. 咖啡因　　B. 去氧麻黄碱

C. 鸦片　　D. 可卡因

(5) 我国对部分旧机电产品的进口实行严格控制，分别实施（　　）管理。

A. 进口许可证　　B. 自动进口许可证

C. 废物进口许可证　　D. 禁止进口

3. 思考题

(1) 简述我国对外贸易管制的基本框架和法律体系。

(2) 谈谈海关监管对我国对外贸易管制的重要性。

(3) 简要说明我国货物进出口许可管理制度的内容。

4. 案例学习

案例一

深圳某电子科技有限公司有一批减免税设备申请提前解除海关监管，其中有两个商品(8419500090的热交换器和8419899090的冷却机)涉及《自动进口许可证》。在现场申报时，被现场海关退单，要求提供相应的许可证件。由于减免税设备提前解除监管所申报的贸易方式为后续补税，而这个贸易方式在海关业务信息化管理系统(以下简称"H2000系统")里是没有设置证件监管的，所以在预录入和电子申报的时候都没有提醒需要相应的许可证件，而在现场申报时，经现场关员人工审核退单要求提供《自动进口许可证》。该公司按照海关退单提示，将所需要的许可证件补齐后交海关，并修改报关单的"随附单据"栏，将许可证件的代码和编号补填，最终得以办结海关手续。

案例分析：

(1) 海关总署令第179号(《中华人民共和国海关进出口货物减免税管理办法》)在第四十二条规定："在海关监管年限内的进口减免税货物，减免税申请人书面申请提前解除监管的，应当向主管海关申请办理补缴税款和解除监管手续。按照国家有关规定在进口时免予提交许可证件的进口减免税货物，减免税申请人还应当补交有关许可证件。"

(2) H2000系统在电子审单审证过程中先是按"商品编码"确定进出口货物是否涉及进出口许可证件，再按进出口"贸易方式"来确定是否涉及进出口许可证件管理，在海关H2000系统中的《监管方式证件表》参数库中监管方式代码"9700后续补税"这个贸易方式并未设置任何监管证件代码，也就意味着用此贸易方式申报的后续特殊货物是需通过人工审单予以判别的。此种情况下，报关员可以从《商品综合分类表》相应商品编号项下对应的监管证件提示及《监管方式对应证件表》并结合已公布的海关相关公告共同来判断进出口货物是否需要提交进出口许可证件。另外，依据上述规定，如果当时进口设备的状态是"旧品"时，由于在进口申报时就提供了相应的监管证件，如果申请减免税设备提前解除监管，申报时就不需要再提供相应的许可证件了。

学生课后阅读要求：

请学生查阅海关总署令第179号(《中华人民共和国海关进出口货物减免税管理办法》及H2000系统电子审单审证等相关知识。

案例二

厦门一家光电通讯有限公司委托某报关公司进口自动金线焊接机等8台专用设备(均为旧设备)，2010年6月中旬，该批设备装箱发货运抵厦门，委托报关公司代为向海关申报通关。经查询《中华人民共和国进出口税则》，将自动金线焊接机归入税号8515800090。根据此税号查询《报关实用手册》，发现该税号无任何监管证件要求，随即向海关申报。后收到海关退单提示：该（旧）自动金线焊接机涉及进口许可证管理，证件代码“1”。要求经营单位补办《进口许可证》。经海关归类分中心审核认定，（旧）自动金线焊接机的HS编码（8515800090）归类错误，更正为“自动引线键合机，HS编码：848642200，同时将原《入境通关单》上的商品编码进行了更改。

案例分析：

(1) 根据商务部、海关总署、质检总局令2008年第5号《重点旧机电产品进口管理办法》及商务部2010年第110号《2011年进口许可证分级发证目录》规定，列入《重点旧机电产品管理目录》范围内的旧电产品在进口申报时需递交《进口许可证》，由于当时报关人员只查询了《税则书》中的监管证件要求，发现书中并无许可证件的提示，故未通知客户去办理相关许可证件，却并未对其他相关政策做进一步确认，故造成无证申报的后果。

(2) 通过了解该商品具体情况，发现该物是专用于制造集成电路的机器，依据归类总规则一及84章章注九（四）的描述：除16类注释一及84章注释一另有规定的以外，符合税目84.86规定的机器及装置，应归入该税目而不归入本目录的其他税目。所以该自动金线焊接机符合本注释的规定，应优先归入该章。

总结：

(1) 进口旧机电产品不要仅以税则书来确定监管证件的依据，而是要再看《2011年进口许可证目录》是否列入《重点旧机电产品管理目录》范围。

(2) 商品归类的确定不要仅根据品名简单的中文名称确定，而是要根据商品的描述（功能、原理、用途等）结合商品归类的规则来确定。

学生课后阅读要求：

(1) 商务部公告2010年第110号发布的《2011年进口许可证管理货物分级发证目录》。

(2) 商务部、海关总署、质检总局令2008年第5号《重点旧机电产品进口管理办法》。

(3) 商务部、海关总署、国家质检总局公告2011年第107号公告公布的《2011年重点旧机电产品进口目录》。

模块2

报关业务中期工作

对于报关员来讲，办理报关手续的中期工作主要有：

- 1. 准备报关单证并填制报关单
- 2. 以电子或纸质方式向海关申报
- 3. 配合海关进行申报货物的查验
- 4. 缴纳税费
- 5. 海关放行后提取或装运货物

项目6 准备报关单证及填制报关单

知识目标

1. 明确报关所需的单据种类与单据。
2. 熟悉常见报关单据的内容。
3. 掌握单据制作的流程与要点。
4. 掌握报关单填制的具体要求与方法。

能力目标

1. 能正确制作、准备报关所需单据。
2. 能完整、准确地填制报关单。

6.1 案例导读

报关单"数量及单位"申报案例

某医疗器械有限公司进口了一批供医疗用的注射器针管，商品归入90183100，子目描述为"注射器，不论是否装有针头"，法定计量单位为"个"。由于报关员申报前没有仔细查阅税则，导致按照常规的法定数量和成交数量来申报，但海关事后统计核查时要求更改并发出退单提示：零件归整机税号报关单"数量及单位"法定计量单位非重量的应按照"0.1"来申报。该公司按照提示，更改了"数量及单位"栏，增加法定数量"0.1个"。

依据海关总署2008年第52号公告(关于再次修订《中华人民共和国海关进出口货物报关单填制规范》)第三十八项"数量及单位"的第六款规定：零部件按整机或成品归类的，法定计量单位是非重量的，其对应的法定数量填报"0.1"。注射器针管属于注射器的一部分，根据归类总规则一及子目注释的描述应该按照整机归类，法定计量单位个为非重量，所以法定数量应该填报"0.1"。类似品名有，游戏机手柄按照游戏机归类，法定计量单位非重量也应该申报0.1。该案例告诉我们遇到零部件按整机税号申报时，法定计量单位为非重量的一定要根据海关总署2008年第52号公告《报关单填制规范》来填报法定"数量及单位"，有第二计量单位同时填报第二计量单位。不能按照习惯填报正常数量。

(资料来源：商品归类咨询网)

思考题

1. 报关员填制报关单的依据是什么？
2. 谈谈《中华人民共和国海关进出口货物报关单填制规范》的重要性。

6.2 理论与实务知识

6.2.1 报关单证的准备

《海关法》第二十条规定："进口货物的收发货人、出口货物的收发货人应当向海关如实申报，交验进出口许可证件和有关单证。国家限制进出口的货物，没有进出口许可证不予放行。"由此可见，国家以法律形式规定进出口货物的收发货人必须按照要求向海关提交所需的单证资料，以使海关对进出口货物的合法性、合格性等进行审核，实现国家的对外贸易管制目的。

由于进出口货物具有不同的性质，因此报关所需的单证资料也不一样。通常情况下，可以对报关单证作如表6-1所示的分类。

表6-1　报关单证分类

报　关　单	随附单证	
	基本单证	特殊单证
进出口货物报关单 进出境备案清单 进出口货物集中申报清单 ATA单证册 过境货物报关单 快件报关单	进口提货单 出口装货单 商业发票 装箱单 海运提单 出入境通关单	进出口许可文件 加工贸易手册 特定减免税证明 原进出口货物报关单证 出口收汇核销单 进口付汇核销单 贸易合同 原产地证明书

进出口货物收发人或代理人应事先向报关员提供基本单证和特殊单证，报关员进行审核后再填制报关单。

在准备报关单证时，应确保基本单证与特殊单证的种类齐全、有效、合法；报关单的填制应真实、准确、完整；同时要对单证之间认真核对满足单证一致的要求。

下面简要介绍报关中常见的单证。

6.2.1.1　贸易合同

贸易合同(Sales Contract)又称契约或合约，是进口出口双方当事人依照法律通过协商就各自的在贸易上的权利和义务所达成的具有法律约束力的协议。但买卖双方就各项交易条件达成协议后，并不意味着此项合同一定有效，还须具备下列条件。

(1) 当事人必须具有签订合同的行为能力。未成年人和精神病人等不具有行为能力的人签订的合同无效。

(2) 合同必须有对价(Consideration)。即买卖双方为取得合同利用相互给付对方的代价。

(3) 合同内容必须合法。合同内容不得违反法律、不违反公共秩序和政策、不违反善良风俗或道德。

(4) 合同必须符合法律规定的形式。《联合国国际货物销售公约》第11条明确规定货物买卖合同无须以书面形式订立,但我国《合同法》规定,我国对外订立、修改和终止合同必须以书面形式进行。

(5) 合同当事人的意思表示必须真实。我国《合同法》第10条明确规定:"一方以欺诈、胁迫的手段订立的合同无效。"

国际贸易货物买卖合同涉及的内容与项目较多,其主要内容包括约首、基本条款与约尾三部分。其中约首部分一般包括合同名称与编号、缔约双方名称与地址、联系方式等信息。基本条款是合同的主体。它主要包括品名、品质、数量、包装、价格、支付、运输、保险、检验、索赔、不可抗力、仲裁等条款。合同的约尾部分包括合同的份数、使用的文字和效力、附件、缔约双方当事人签字盖章等项内容。在拟定合同各项内容时,为提高履约率,应力求使合同条款明确、具体、严密和相互衔接,且与措施的内容一致。

以下国际贸易合同范本供读者参考。

SALES CONTRACT (ORIGINAL)

Contract No.　　　　Date:　　　　Signed at:

Sellers:

Address:

Tel:　　　　Fax:　　　　E-mail:

Buyers:

Address:

Tel:　　　　Fax:　　　　E-mail:

This Sales Contract is made by and between the Sellers and the Buyers whereby the Sellers agree to sell and the Buyers agree to buy the under—mentioned goods according to the terms and conditions stipulated below:

Name of the commodity, Specifications, Packing term	Quantity	Unit price	Total Amount
White Rice, Long-shaped Broken Grains (max.) 25% Admixture (max.) 0.25% Packed in gunny bags of 50 kilos each	1 000 M/T	USD 200 per M/T CIF New York	Two hundred thousand US Dollars only
Shipment 3% more or less at Seller's option and the price shall be calculated according to the unit price			

Shipping Mark:

To be designated by the Sellers / At the Sellers' option.

Insurance:

在 FOB、CFR 合同下,保险条款可订为:

Insurance to be covered by the Buyer.

在 CIF 合同下,保险条款可订为:

Insurance to be covered by the Sellers for 110% of the invoice value against W. P. A. / All Risks / War Risk including shortage in weight as per and subject to the Ocean Marine Cargo Clauses of the People's Insurance Company of China dated Jan. 1, 1981. If other coverage or an additional insurance is required, the Buyers must have the consent of the Sellers before shipment, and the additional premium is to be borne by the Buyers.

Shipment:

Time of Shipment: during Feb. /Mar. 2005 in two equal monthly lots

Port of Loading / Shipment:

Port of Destination: London. Transshipment at Hong Kong allowed.

The carrying vessel shall be provided by the sellers. Partial shipment and transshipment are allowed. After loading is completed, the seller shall notify the buyers by cable of the contract number, name of commodity, name of the carrying vessel and date of shipment.

Terms of Payment:

The Buyers shall open with an acceptable to the Sellers an Irrevocable Sight Letter of Credit to reach the Sellers 30 days before the month of shipment, valid for negotiation in China until the 15th day after the month of shipment. (Export)

By Irrevocable Letter of Credit for 90% the total invoice value of the goods to be shipped, in favor of the Sellers, payable at the issuing bank against the Sellers' draft at sight accompanied by the shipping documents stipulated in the Credit. The balance of 10% of the proceeds is to be paid only after the goods have been inspected and approved at the port of destination. (Import)

By confirmed, irrevocable Letter of Credit in favor of the Sellers payable at sight against Presentation of shipping documents in China, with partial shipments and transshipment allowed. The covering Letter of Credit must reach the Sellers 15 days before the contracted month of shipment and remain valid in the above loading port until the 15th day after shipment, failing which the Sellers reserve the right to cancel the contract without further notice and to claim against the Buyers for any loss resulting there from.

To be effected by documentary draft under D/A terms.

Payment shall be made by documentary draft to be payable under D/P terms.

Delivery Terms:

Certificates of Quality, Quantity, Weight and Origin are required. The Buyers have the right to have the goods re-inspected by the Guangzhou Entry-Exit Inspection and Quarantine Bureau of the People's Republic of China at the port of discharge. The relevant Inspection Certificates may serve as the basis of any claim to be lodged by the Buyers against the Sellers.

Commodity Inspection:

It is mutually agreed that the Certificate of Quality and Weight issued by—the China Entry-Exit Inspection and Quarantine Bureau / surveyor at the port of shipment shall be (taken as the basis of delivery.) / part of the documents to be presented for negotiation under the relevant weight of the cargo. The reinspection fee shall be borne by the Buyer. The claim with the cargo, if any, shall be lodged to the Seller within ______ days after arrival of the cargo at the port of destination.

Discrepancy and Claim:

Any claim by the Buyers regarding the cargo shall be supported by survey report issued by a surveyor approved by the Seller and lodged within 45 days after the arrival of the cargo at the port of destination. The Seller will not consider claims in respect of matters within responsibility of insurance company or shipping company.

Should the Seller fail to make delivery on time, the buyer shall agree to postpone the delivery on the condition that the Seller agrees of pay a penalty which shall be deducted by the paying bank at the time of payment. The rate of penalty is charged at 0.5% of the total value of the cargo whose delivery has been delayed for every week, odd days less than a week should be counted as a week. But the total amount of penalty shall not exceed 5% of the total value of the cargo involved in the late delivery. In case the Seller fail to make delivery 10 weeks later than the time of shipment stipulated on the contract, the Buyer shall have the right to cancel the contract and the Seller shall still pay the aforesaid penalty to the Buyer without delay.

Quality / Quantity Discrepancy and Claim:

In case the quality and/or quantity / weight are found the Buyers to be not in conformity with the Contract after arrival of the goods at the port of destination, the Buyers may lodge claim with the Sellers supported by survey report issued by an inspection organization agreed upon by both parties, with the exception, however, of those claims for which the insurance company and/or the shipping company are to be held responsible. Claim for quality discrepancy should be filed by the Buyers within 30 days after arrival of the goods at the port of destination, while for quantity/weight discrepancy claim should be filed by the Buyers within 15 days after arrival of the goods at port of destination. The Sellers shall, within 30 days after receipt of the notification of the claim, and reply to the Buyers.

Validity of Claim:

The Buyers have the right to lodge claims for all losses sustained within 60 days after discharge of the goods at the port of destination.

Force Majeure:

The Seller shall not be held responsible for late delivery or none-delivery of the goods due to flood, fire, earthquake, snowstorm, drought, storm, hurricane, or other events that are beyond the control of the Seller. But the Seller shall notify the Buyer by cable as soon as possible and give the Buyer a certificate by registered mail issued by the China Council for the Promotion of International Trade or other competent authorities.

If shipment of the contracted goods is prevented or delayed in whole or in part due to Force Majeure, the Sellers shall not be liable for none-shipment or late shipment of the goods under this Contract. However, the Seller shall notify the Buyers by fax or telex and furnish the latter within 15 days by registered airmail with a certificate issued by the competent authorities at the place of occurrence attesting such event or events.

Arbitration:

规定在我国仲裁的条款：

All disputes in connection with or arising from the contract shall be settled amicably through negotiation. In case no settlement can be reached between the two parties, the case shall be submitted to the China international Economic and Trade Arbitration Commission, Beijing for arbitration in accordance with its Rules of Arbitration. The arbitral award is final and binding upon both parties. The arbitration fee shall be borne by the losing party unless otherwise awarded by the arbitration court.

规定在被诉方仲裁的条款:

All disputes in connection with or arising from the contract shall be settled amicably through negotiation. In case no settlement can be reached between the two parties, the case shall be submitted for arbitration. The location of arbitration shall be in the country of the domicile of the defendant. If in China, the arbitration shall be conducted by the China International Economic and Trade Arbitration. If in ____, the arbitration shall be conducted by ____ in accordance with its arbitral rules. The arbitral award is final and binding upon both parties. The arbitration fee shall be borne by the losing party unless otherwise awarded by the arbitration court.

规定在第三国仲裁的条款:

All disputes in connection with or arising from the contract shall be settled amicably through negotiation. In case no settlement can be reached between the two parties, the case shall be submitted to ____ for arbitration in accordance with its Rules of Arbitration. The arbitral award is final and binding upon both parties. The arbitration fee shall be borne by the losing party unless otherwise awarded by the arbitration court.

Governing Law:

This contract shall be governed by the laws of the People's Republic of China.

Earnest Money(定金条款):

The Buyer shall pay ____% of the total value of the cargo by T/T to the Seller as the earnest money. In the case that the Buyer fulfilled the obligations in the contract, the earnest money shall be deducted by the paying bank at the time of payment. Otherwise the earnest money shall not be returned. In the case that the Seller failed to fulfill any obligation the contract, the Seller shall pay twice the earnest money to the Buyer.

Others:

Seller: **Buyer:**

6.2.1.2 商业发票

商业发票(Commercial Invoice)是出口方向进口方开列发货价目清单,是买卖双方记账的依据,也是进出口报关交税的总说明。商业发票是一笔业务的全面反映,内容包括商品的名称、规格、价格、数量、金额、包装等,同时也是进口商办理进口报关不可缺少的文件,因此商业发票是全套出口单据的核心,在单据制作过程中,其余单据均须参照商业发票缮制。商业发票的主要内容如下:

1. 出票人的名称与地址(Issuer)

发票的出票人一般为出口商。

2. 收货人/抬头人(Consignee)

此栏前通常印有"To"、"Sold to Messrs"、"For Account and Risk of Messrs."等。抬头人即买方名称,应与信用证中所规定的严格一致。例如:信用证申请人为ABC Co. Ltd., New

York，但又规定 Invoice to be made out in the name of XYZ Co. Ltd, New York，则发票的抬头打后者。

3. 起运及目的地(From... To...)

起讫地要填上货物自装运地(港)至目的地(港)的地名，有转运情况应予以表示。这些内容应与提单上的相关部分一致。如果货物需要转运则注明转运地。

4. 唛头及件数(Marks and Numbers)

一般由三部分组成：(1) 客户名称缩写；(2) 目的港；(3) 件数。如果无唛头，可以打上N/M(No Mark)；且发票中的唛头应与提单上的唛头相一致；如果信用证中规定了唛头，应按照信用证缮制。

5. 数量及货物描述(Quantity and Description)

信用证支付方式下的发票对货物描述应严格与信用证的描述一致。如属托收方式的，发票对货物的描述内容可参照合同的规定结合实际情况进行填制。

货物描述内容一般包括合同的四个主要条款：数量条款、品质条款、包装条款、详见合约(这是为了避免重复出现已在合约中订明的内容)。

6. 单价(Unit Price)

单价包括计价货币、计价单位、单位价格金额和贸易术语四部分，发票的单价必须与信用证上的单价完全一致。

7. 总值(Amount)

除非信用证上另有规定，货物总值不能超过信用证金额。实际制单时，来证要求在发票中扣除佣金，则必须扣除。折扣与佣金的处理方法相同。如来证要求在成交价格为 CIF 时，分别列出运费、保险费，并显示 FOB 的价格，制单时也应分别列出。

8. 出单人签名或盖章

商业发票只能由信用证中规定的受益人出具。

除非信用证另有规定，否则用影印、电脑处理或者复写方法制作出来的发票，应该在作为正本的发票上注明"正本(ORIGINAL)"的字样，并且由出单人签字。若来证规定发票需要手签的，则不能盖胶皮签字章，必须手签。

以下为商业发票样本，仅供参考。

<table>
<tr><td>ISSUER
China Tungsten Online
1-706, No. 261-265 Jiahe RD, Xiamen, Fujian, China
TEL: 86-592-5129696 FAX: 86-592-5129797</td><td colspan="2">商业发票
COMMERCIAL INVOICE</td></tr>
<tr><td rowspan="2">TO
ABC
P. O. BOX 12345 CODE 55400 T-3456789
RIYADH KINGDOM OF SAUDI ARABIA</td><td></td><td></td></tr>
<tr><td>NO.
2001SDT001</td><td>DATE
Feb. 28, 2010</td></tr>
<tr><td rowspan="2">TRANSPORT DETAILS
SHIPMENT FROM XINGANG PORT TO DAMMAM PORT BY SEA</td><td>S/C NO.
NEO2001/026</td><td>L/C NO.
DES505606</td></tr>
<tr><td colspan="2">TERMS OF PAYMENT
L/C AT SIGHT</td></tr>
</table>

续表

Marks and Numbers	Number and kind of package	Quantity	Unit Price	Amount
			CFR DAMMAM PORT, SAUDI ARABIA	
N/M	ABOUT 4400 CARTONS MELON JAM 340 GMS X 24 TIN MALING BRAND AT USD 6.10 PER CARTON	4400CARTONS	USD 6.10/CARTON	USD 26840.00
Total:		4400CARTONS		USD26840.00

SAY TOTAL: USD TWENTY SIX THOUSAND EIGHT HUNDRED AND FORTY ONLY.

We hereby certify that the contents of invoice herein are true and correct.

China Tungsten Online

（出口商签字和盖单据章）

6.2.1.3 装箱单

装箱单(Packing List)是发票的补充单据，它列明了信用证(或合同)中买卖双方约定的有关包装事宜的细节，便于国外买方在货物到达目的港时供海关检查和核对货物，通常可以将其有关内容加列在商业发票上，但是在信用证有明确要求时，就必须严格按信用证约定制作。装箱单的对于填制报关单有价值的内容主要有：

(1) 买方的信息(抬头人，TO…或 IMPORT)。

(2) 商品名称与规格。

(3) 包装种类、件数、编号；毛重、净重、唛头；运输信息。

以下为装箱单样本，仅供参考。

<table>
<tr><td colspan="2">EXPORTER</td><td colspan="5" rowspan="2">PACKING LIST</td></tr>
<tr><td colspan="2">IMPORTER</td></tr>
<tr><td colspan="2" rowspan="4"></td><td colspan="2">P/L DATE:</td><td colspan="3"></td></tr>
<tr><td colspan="2">INVOICE NO.:</td><td colspan="3"></td></tr>
<tr><td colspan="2">INVOICE DATE:</td><td colspan="3"></td></tr>
<tr><td colspan="2">CONTRACT NO.:</td><td colspan="3"></td></tr>
<tr><td>Letter of Credit No.:</td><td></td><td colspan="2">Date of Shipment:</td><td colspan="3"></td></tr>
<tr><td>FROM:</td><td></td><td colspan="2">TO:</td><td colspan="3"></td></tr>
<tr><td>Marks</td><td>Description of goods; Commodity No.</td><td>Quantity</td><td>Package</td><td>G. W.</td><td>N. W.</td><td>Meas.</td></tr>
</table>

续 表

Total amount:						
Exporter stamp and signature						

6.2.1.4 海运提单

运输单据的种类很多,包括海运提单、海运单、空运单、铁路运单、货物承运收据和多式联运单据。

海运提单(Ocean Bill of Lading),是承运人收到货物后出具的货物收据,也是承运人所签署的运输契约的证明,提单还代表所载货物的所有权,是一种具有物权特性的凭证。

每个船公司出具的提单在格式上虽然不一样,但一般都包含下述重要内容:

(1) 提单号(B/L NO.);

(2) 托运人(Shipper);

(3) 收货人(Consignee);

(4) 装运港(Port of Loading);

(5) 卸货港(Port of Discharge);

(6) 收货地(Place of Receipt);

(7) 船名、航次(Name of vessel, Voyage No.);

(8) 中转港、中转船名(Transshipment);

(9) 货物名称、数量、包装情况(Description of Goods)。

随附海运提单样本作为参考。

BILL OF LADING

1) SHIPPER		10) B/L NO.
2) CONSIGNEE		
3) NOTIFY PARTY		COSCO 中国远洋运输(集团)总公司
4) PLACE OF RECEIPT	5) OCEAN VESSEL	
6) VOYAGE NO.	7) PORT OF LOADING	CHINA OCEAN SHIPPING (GROUP) CO.
8) PORT OF DISCHARGE	9) PLACE OF DELIVERY	ORIGINAL COMBINED TRANPORT BILL OF LADING
11) MARKS 12) NOS. &KINDS OF PKGS 13) DESCRIPTION OF GOODS 14) G. W. (kg) 15) MEAS(m^3)		

续表

16) TOTAL NUMBER OF CONTAINERS OR PACKAGES(IN WORDS)					
FREIGHT & CHARGES	REVENUE TONS	RATE	PER	PREPAID	COLLECT
PREPAID AT	PAYABLE AT		17) PLACE AND DATE OF ISSUE		
TOTAL PREPAID	18) NUMBER OF ORIGINAL B(S)L				
LOADING ON BOARD THE VESSEL 19) DATE			20) BY		

6.2.1.5 原产地证书

原产地证书(Certificate of Origin)是出口商应进口商要求而提供的、由公证机构或政府或出口商出具的证明货物原产地或制造地的一种证明文件。其作用主要表现在以下几个方面：(1) 用于确定货物"国籍"；(2) 出口国货物凭以享受关税与非关税国别优惠政策；(3) 进口国据以通关验收、征收关税、海关统计；(4) 贸易方交货、结算货款、索赔理赔之依据。

根据签发者不同，原产地证书一般可分为以下三类：(1) 商检机构出具的原产地证书，如：中华人民共和国检验检疫局(CIQ)出具的普惠制产地证格式 A(GSP FORM A)；一般原产地证书(CERTIFICATE OF ORIGIN)。(2) 商会出具的产地证书，如：中国国际贸易促进委员会(CCPIT)出具的一般原产地证书，简称贸促会产地证书(CCPIT CEERTIFICATE OF ORIGIN)。(3) 制造商或出口商出具的产地证书。

在国际贸易实务中，应该提供哪种产地证明书，主要依据合同或信用证的要求。一般对于实行普惠制国家出口货物，都要求出具普惠制产地证明书。如果信用证并未明确规定产地证书的出具者，那么银行应该接受任何一种产地证明书。

原产地证书样本如下：

SAMPLE CERTIFICATE OF ORIGIN

Asia-Pacific Trade Agreement

(Combined declaration and certificate)

1. Goods consigned from: (Exporter's business name, address, country)	Reference No. Issued in ………………. (Country)
2. Goods consigned to: (Consignee's name, address, country)	3. For official use
4. Means of transport and route:	

续 表

5. Tariff item number：	6. Marks and number of Packages：	7. Number and kind of packages/ description of goods：	8. Origin criterion (see notes overleaf)	9. Gross weight or other quantity：	10. Number and date of invoices：

11. Declaration by the exporter： The undersigned hereby declares that the above details and statements are correct; that all the goods were produced in ……………………………… (Country) and that they comply with the origin requirements specified for these goods in the Asia-Pacific Trade Agreement for goods exported to ……………………………… (Importing Country) ……………………………… Place and date，signature of authorized Signatory	12. Certificate It is hereby certified on the basis of control carried out，that the declaration by the exporter is correct. ……………………………… Place and date， signature and Stamp of Certifying Authority

6.2.1.6 进出口许可证

进出口许可证(Import Export License)是我国进出口许可证管理制度中具有法律效力，用来证明对外贸易经营者经营列入进出口许可证管理目录商品合法进出口的证明文件，是海关验放该类货物的重要依据．对于限制类货物的进出口，国家法律明确规定在进出口前进出口货物收发货人需要向相关管理部门申请进出口许可证或许可文件(许可证知识请读者参考前述章节内容)。下面是进口许可证样本：

中华人民共和国进口许可证 IMPORT LICENCE OF THE PEOPLE'S REPUBLIC OF CHINA NO.	
进口商： Importer	进口许可证号： Import license No.
收货人： Consignee	进口许可证有效截止日期： Import license expiry date
贸易方式： Terms of trade	出口国(地区)： Country/Region of exportation
外汇来源： Terms of foreign exchange	原产地国(地区)： Country/Region of origin
报关口岸： Place of clearance	商品用途： Use of goods
商品名称： Description of goods	
商品编码： Code of goods	

续 表

规格、型号 Specification	单 位 Unit	数 量 Quantity	单 价 Unit price	总 值 Amount	总值折美元 Amount in USD
总计 Total					
备注 Supplementary details			发证机关签章 Issuing authority's stamp & signature 发证日期：License date		

6.2.2 进出口货物报关单的填制

6.2.2.1 进出口货物报关单的含义

进出口货物报关单是指进出口货物收发货人或其代理人，按照海关规定的格式对进出口货物的实际情况作出书面申明，以此要求海关对其货物按适用的海关制度办理通关手续的法律文书。它既是海关监管、征税、统计以及开展稽查和调查的重要依据，又是加工贸易进出口货物核销，以及出口退税和外汇管理的重要凭证，也是海关处理走私、违规案件，以及税务、外汇管理部门查处骗税和套汇犯罪活动的重要证书。

进出口货物报关单是海关监管进出口货物最基础的单据，填单的准确与否，不仅关系到海关对货物的监管、征税与统计，也直接影响到进出口货物的通关速度。申报人对所填报的进出口货物报关单的真实性与准确性负有法律责任。

6.2.2.2 进出口货物报关单的类别

(1) 按进出口状态可分为进口货物报关单和出口货物报关单。

(2) 表现形式可分为纸质报关单和电子报关单。

(3) 海关监管方式可分为：进料加工进(出)口货物报关单、来料加工及补偿贸易进(出)口货物报关单、一般贸易和其他贸易进(出)口货物报关单。

(4) 按用途可分为报关预录入凭单、预录入报关单、报关单证明联。

6.2.2.3 进出口货物报关单各联的用途

1. 进口报关单(一式四联)

(1) 海关作业联；

(2) 海关核销联；

(3) 企业留存联；

(4) 进口付汇证明联。

2. 出口报关单(一式五联)。

(1) 海关作业联；

(2) 海关核销联；

(3) 企业留存联；

(4) 出口收汇证明联；

(5) 出口退税证明联。

说明：

(1) 海关作业联是报关员配合海关查验、缴纳税费、提取或装运货物的重要单据，也是海关查验货物、征收税费、编制海关统计以及处理其他海关事物的重要凭证。

(2) 加工贸易核销联是海关对已实际申报进口或出口的货物所签发的证明文件，是海关办理加工贸易合同核销、结案手续的重要凭证。

(3) 进口货物报关单付汇证明联和出口货物报关单收汇证明联，是海关对已实际进出境的货物所签发的证明文件，是银行和国家外汇管理部门办理售汇、付汇和收汇及核销手续的重要依据之一。

(4) 出口退税证明联是海关对已实际申报出口并已装运离境的货物所签发的证明文件，是国家税务部门办理出口货物退税手续的重要凭证之一。

6.2.2.4　进出口货物报关单填制的主要内容

为统一进出口货物报关单填报要求，保证报关单数据质量，海关根据《海关法》及有关法规，制定了进出口货物报关单填制规范。

进出口货物报关单各栏目的填制规范如下：

1. 预录入编号

指申报单位或预录入单位对该单位填制录入的报关单的编号，用于该单位与海关之间引用其申报后尚未批准放行的报关单。

报关单录入凭单的编号规则由申报单位自行决定。预录入报关单及EDI报关单的预录入编号由接受申报的海关决定编号规则，计算机自动打印。

2. 海关编号

这是指海关接受申报时给予报关单的编号。

海关编号由各海关在接受申报环节确定，应标记在报关单的每一联上。

报关单海关编号为9位数码，其中前两位为分关(办事处)编号，第三位由各关自定义，后六位为顺序编号。各直属海关对进口报关单和出口报关单应分别编号，并确保在同一公历年度内，能按进口和出口唯一地标记本关区的每一份报关单。

各直属海关的理单岗位可以对归档的报关单另行编制理单归档编号。理单归档编号不得在部门以外用于报关单标记。

3. 进口口岸/出口口岸

这是指货物实际进(出)我国关境口岸海关的名称。

本栏目应根据货物实际进(出)口的口岸海关选择填报《关区代码表》中相应的口岸海关名称及代码。

加工贸易合同项下货物必须在海关核发的《登记手册》（或分册，下同）限定或指定的口岸通关，如通关口岸与货物实际进出境口岸不符的，应向合同备案主管海关办理《登记手册》的变更手续后填报。

进口转关运输货物应填报货物进境地海关名称及代码，出口转关运输货物应填报货物出境地海关名称及代码。按转关运输方式监管的跨关区深加工结转货物，出口报关单填报转出地海关名称及代码，进口报关单填报转入地海关名称及代码。

其他未实际进出境的货物，填报接受申报的海关名称及代码。

4. 备案号

这是指进出口企业在海关办理加工贸易合同备案或征、减、免税审批备案等手续时，海关给予《进料加工登记手册》、《来料加工及中小型补偿贸易登记手册》、《外商投资企业履行产品出口合同进口料件及加工出口成品登记手册》（以下均简称《登记手册》）、《进出口货物征免税证明》（以下简称《征免税证明》）或其他有关备案审批文件的编号。

一份报关单只允许填报一个备案号。

具体填报要求如下：

(1) 加工贸易合同项下货物，除少量低价值辅料按规定不使用《登记手册》的外，必须在报关单备案号栏目填报《登记手册》的十二位编码。

加工贸易成品凭《征免税证明》转为享受减免税进口货物的，进口报关单填报《征免税证明》编号，出口报关单填报《登记手册》编号。

(2) 凡涉及减免税备案审批的报关单，本栏目填报《征免税证明》编号，不得为空。

(3) 无备案审批文件的报关单，本栏目免予填报。

备案号长度为12位，其中第1位是标记代码。备案号的标记代码必须与“贸易方式”及“征免性质”栏目相协调，例如：贸易方式为来料加工，征免性质也应当是来料加工，备案号的标记代码应为“B”。

5. 进口日期/出口日期

进口日期指运载所申报货物的运输工具申报进境的日期。本栏目填报的日期必须与相应的运输工具进境日期一致。

出口日期指运载所申报货物的运输工具办结出境手续的日期。本栏目供海关打印报关单证明联用。预录入报关单及EDI报关单均免予填报。

无实际进出境的报关单填报办理申报手续的日期。

本栏目为6位数，顺序为年、月、日各2位。

6. 申报日期

这是指海关接受进（出）口货物的收发货人或其代理人申请办理货物进（出）口手续的日期。

预录入及EDI报关单填报向海关申报的日期，与实际情况不符时，由审单关员按实际日期修改批注。

本栏目为6位数，顺序为年、月、日各2位。

7. 经营单位

经营单位指对外签订并执行进出口贸易合同的中国境内企业或单位。

本栏目应填报经营单位名称及经营单位编码。经营单位编码为十位数字，指进出口企业在所在地主管海关办理注册登记手续时,海关给企业设置的注册登记编码。

特殊情况下确定经营单位原则如下:

(1) 援助、赠送、捐赠的货物,填报直接接受货物的单位。

(2) 进出口企业之间相互代理进出口,或没有进出口经营权的企业委托有进出口经营权的企业代理进出口的,填报代理方。

(3) 外商投资企业委托外贸企业进口投资设备、物品的,填报外商投资企业。

8. 运输方式

这是指载运货物进出关境所使用的运输工具的分类。

本栏目应根据实际运输方式按海关规定的《运输方式代码表》选择填报相应的运输方式。

特殊情况下运输方式的填报原则如下:

(1) 非邮政方式进出口的快递货物,按实际运输方式填报。

(2) 进出境旅客随身携带的货物,按旅客所乘运输工具填报。

(3) 进口转关运输货物,按载运货物抵达进境地的运输工具填报;出口转关运输货物,按载运货物驶离出境地的运输工具填报。

(4) 无实际进出境的,根据实际情况选择填报《运输方式代码表》中的运输方式"0"(非保税区运入保税区和保税区退仓)、"1"(境内存入出口监管仓库和出口监管仓库退仓)、"7"(保税区运往非保税区)、"8"(保税仓库转内销)或"9"(其他运输)。

9. 运输工具名称

这是指载运货物进出境的运输工具的名称或运输工具编号。

本栏目填制内容应与运输部门向海关申报的载货清单所列相应内容一致。

一份报关单只允许填报一个运输工具名称。

具体填报要求如下:

(1) 江海运输填报船舶呼号(来往港澳小型船舶为监管簿编号+"/"+航次号)。

(2) 汽车运输填报该跨境运输车辆的国内行驶车牌号码+"/"+进出境日期(8位数字,即年年年年月月日日,下同)。

(3) 铁路运输填报车次(或车厢号)+"/"+进出境日期。

(4) 航空运输填报航班号+进出境日期+"/"+总运单号。

(5) 邮政运输填报邮政包裹单号+"/"+进出境日期。

(6) 进口转关运输填报转关标志"@"+转关运输申报单编号;出口转关运输只需填报转关运输标志"@"。

(7) 其他运输填报具体运输方式名称,例如,管道、驮畜等。

(8) 无实际进出境的加工贸易报关单按以下要求填报。

加工贸易深加工结转及料件结转货物,应先办理结转进口报关,并在结转出口报关单本栏目填报转入方关区代码(前两位)及进口报关单号,即"转入××(关区代码)×××××××××(进口报关单号)"。按转关运输货物办理结转手续的,按上列第6项规定填报。

加工贸易成品凭《征免税证明》转为享受减免税进口货物的,应先办理进口报关手续,并在出口报关单本栏目填报进口方关区代码(前两位)及进口报关单号。

上述规定以外无实际进出境的,本栏目为空。

10. 提运单号

这是指进出口货物提单或运单的编号。

本栏目填报的内容应与运输部门向海关申报的载货清单所列相应内容一致。

一份报关单只允许填报一个提运单号,一票货物对应多个提运单时,应分单填报。

具体填报要求如下:

(1) 江海运输填报进口提单号或出口运单号。

(2) 汽车运输免予填报。

(3) 铁路运输填报运单号。

(4) 航空运输填报分运单号,无分运单的填报总运单号。

(5) 邮政运输免予填报。

(6) 无实际进出境的,本栏目为空。

进出口转关运输免予填报。

11. 收货单位/发货单位

收货单位指已知的进口货物在境内的最终消费、使用单位,包括:

(1) 自行从境外进口货物的单位。

(2) 委托有外贸进出口经营权的企业进口货物的单位。

发货单位指出口货物在境内的生产或销售单位,包括:

(1) 自行出口货物的单位。

(2) 委托有外贸进出口经营权的企业出口货物的单位。

本栏目应填报收、发货单位的中文名称或其海关注册编码。

加工贸易报关单的收、发货单位应与《登记手册》的"货主单位"一致。

12. 贸易方式(监管方式)

本栏目应根据实际情况,并按海关规定的《贸易方式代码表》选择填报相应的贸易方式简称或代码。

一份报关单只允许填报一种贸易方式。

加工贸易报关单特殊情况下填报要求如下:

(1) 少量低值辅料(即5 000美元以下,78种以内的低值辅料)按规定不使用《登记手册》的,辅料进口报关单填报"低值辅料"。使用《登记手册》的,按《登记手册》上的贸易方式填报。

(2) 三资企业按内外销比例为加工内销产品而进口的料件或进口供加工内销产品的料件,进口报关单填报"一般贸易"。

三资企业为加工出口产品全部使用国内料件的出口合同,成品出口报关单填报"一般贸易"。

(3) 加工贸易料件结转或深加工结转货物,按批准的贸易方式填报。

(4) 加工贸易料件转内销货物(及按料件补办进口手续的转内销成品)应填制进口报关单,本栏目填报"(来料或进料)料件内销";加工贸易成品凭《征免税证明》转为享受减免税进口货物的,应分别填制进、出口报关单,本栏目填报"(来料或进料)成品减免"。

(5) 加工贸易出口成品因故退运进口及复出口以及复运出境的原进口料件退换后复运进口的,填报与《登记手册》备案相应的退运(复出)贸易方式简称或代码。

(6) 备料《登记手册》中的料件结转入加工出口《登记手册》的,进出口报关单均填报为"进料余料结转"。

(7) 保税工厂加工贸易进出口货物，根据《登记手册》填报相应的来料或进料加工贸易方式。

13. 征免性质

这是指海关对进出口货物实施征、减、免税管理的性质类别。

本栏目应按照海关核发的《征免税证明》中批注的征免性质填报，或根据实际情况按海关规定的《征免性质代码表》选择填报相应的征免性质简称或代码。

加工贸易报关单本栏目应按照海关核发的《登记手册》中批注的征免性质填报相应的征免性质简称或代码。特殊情况下填报要求如下：

(1) 保税工厂经营的加工贸易，根据《登记手册》填报"进料加工"或"来料加工"。

(2) 三资企业按内外销比例为加工内销产品而进口料件，填报"一般征税"或其他相应征免性质。

(3) 加工贸易转内销货物，按实际应享受的征免性质填报（如一般征税、科教用品、其他法定等）。

(4) 料件退运出口、成品退运进口货物填报"其他法定"。

(5) 加工贸易结转货物本栏目为空。

一份报关单只允许填报一种征免性质。

14. 征税比例/结汇方式

征税比例仅用于"非对口合同进料加工"贸易方式下（代码"0715"）进口料件的进口报关单，填报海关规定的实际应征税比率，例如5%填报5，15%填报15。

出口报关单应填报结汇方式，即出口货物的发货人或其代理人收结外汇的方式。本栏目应按海关规定的《结汇方式代码表》选择填报相应的结汇方式名称或代码。

15. 许可证号

应申领进（出）口许可证的货物，必须在此栏目填报外经贸部及其授权发证机关签发的进（出）口货物许可证的编号，不得为空。

一份报关单只允许填报一个许可证号。

16. 起运国（地区）/运抵国（地区）

起运国（地区）指进口货物起始发出的国家（地区）。

运抵国（地区）指出口货物直接运抵的国家（地区）。

对发生运输中转的货物，如中转地未发生任何商业性交易，则起、抵地不变，如中转地发生商业性交易，则以中转地作为起运/运抵国（地区）填报。

本栏目应按海关规定的《国别（地区）代码表》选择填报相应的起运国（地区）或运抵国（地区）中文名称或代码。

无实际进出境的，本栏目填报"中国"（代码"142"）。

17. 装货港/指运港

装货港指进出口货物在运抵我国关境前的最后一个境外装运港。

指运港指出口货物运往境外的最终目的港；最终目的港不可预知的，可按尽可能预知的目的港填报。

本栏目应根据实际情况按海关规定的《港口航线代码表》选择填报相应的港口中文名称或代码。

无实际进出境的，本栏目填报“中国境内”（代码“0142”）。

18. 境内目的地/境内货源地

境内目的地指已知的进口货物在国内的消费、使用地或最终运抵地。

境内货源地指出口货物在国内的产地或原始发货地。

本栏目应根据进口货物的收货单位、出口货物生产厂家或发货单位所属国内地区，并按海关规定的《国内地区代码表》选择填报相应的国内地区名称或代码。

19. 批准文号

进口报关单本栏目用于填报《进口付汇核销单》编号。

出口报关单本栏目用于填报《出口收汇核销单》编号。

20. 成交方式

本栏目应根据实际成交价格条款按海关规定的《成交方式代码表》选择填报相应的成交方式代码。

无实际进出境的，进口填报 CIF 价，出口填报 FOB 价。

21. 运费

本栏目用于成交价格中不包含运费的进口货物或成交价格中含有运费的出口货物，应填报该份报关单所含全部货物的国际运输费用。可按运费单价、总价或运费率三种方式之一填报，同时注明运费标记，并按海关规定的《货币代码表》选择填报相应的币种代码。

运保费合并计算的，运保费填报在本栏目。

运费标记“1”表示运费率，“2”表示每吨货物的运费单价，“3”表示运费总价。例如：

5%的运费率填报为 5；

24 美元的运费单价填报为 502/24/2；

7 000 美元的运费总价填报为 502/7 000/3。

22. 保费

本栏目用于成交价格中不包含保险费的进口货物或成交价格中含有保险费的出口货物，应填报该份报关单所含全部货物国际运输的保险费用。可按保险费总价或保险费率两种方式之一填报，同时注明保险费标记，并按海关规定的《货币代码表》选择填报相应的币种代码。

运保费合并计算的，运保费填报在运费栏目中。

保险费标记“1”表示保险费率，“3”表示保险费总价。例如：

0.3%的保险费率填报为 0.3；

10 000 港元保险费总价填报为 110/10 000/3。

23. 杂费

杂费指成交价格以外的、应计入完税价格或应从完税价格中扣除的费用，如手续费、佣金、回扣等，可按杂费总价或杂费率两种方式之一填报，同时注明杂费标记，并按海关规定的《货币代码表》选择填报相应的币种代码。

应计入完税价格的杂费填报为正值或正率，应从完税价格中扣除的杂费填报为负值或负率。

杂费标记“1”表示杂费率，“3”表示杂费总价。例如：

应计入完税价格的 1.5%的杂费率填报为 1.5；

应从完税价格中扣除的 1%的回扣率填报为－1；

应计入完税价格的500英镑杂费总价填报为303/500/3。

24. 合同协议号

本栏目应填报进(出)口货物合同(协议)的全部字头和号码。

25. 件数

本栏目应填报有外包装的进(出)口货物的实际件数。特殊情况下填报要求如下:

(1) 舱单件数为集装箱(TEU)的,填报集装箱个数。

(2) 舱单件数为托盘的,填报托盘数。

本栏目不得填报为0,裸装货物填报为1。

26. 包装种类

本栏目应根据进(出)口货物的实际外包装种类,按海关规定的《包装种类代码表》选择填报相应的包装种类代码。

27. 毛重(公斤)

这是指货物及其包装材料的重量之和。

本栏目填报进(出)货物实际毛重,计量单位为公斤,不足1公斤的填报为1。

28. 净重(公斤)

这是指货物的毛重减去外包装材料后的重量,即商品本身的实际重量。

本栏目填报进(出)口货物的实际净重,计量单位为公斤,不足1公斤的填报为1。

29. 集装箱号

集装箱号是在每个集装箱箱体两侧标示的全球唯一的编号。

本栏目用于填报和打印集装箱编号及数量。集装箱数量四舍五入填报整数,非集装箱货物填报为0。

例如:

TBXU3605231×1(1) 表示1个标准集装箱;

TBXU3605231×2(3) 表示2个集装箱,折合为3个标准集装箱,其中一个箱号为TBXU3605231。

在多于一个集装箱的情况下,其余集装箱编号打印在备注栏或随附清单上。

30. 随附单据

这是指随进(出)口货物报关单一并向海关递交的单证或文件,合同、发票、装箱单、许可证等的必备的随附单证不在本栏目填报。

本栏目应按海关规定的《监管证件名称代码表》选择填报相应证件的代码。

31. 用途/生产厂家

进口货物填报用途,应根据进口货物的实际用途按海关规定的《用途代码表》选择填报相应的用途代码,如"以产顶进"填报"13"。

生产厂家指出口货物的境内生产企业,本栏目供必要时手工填写。

32. 标记唛码及备注

本栏目上部用于打印以下内容:

(1) 标记唛码中除图形以外的文字、数字。

(2) 受外商投资企业委托代理其进口投资设备、物品的外贸企业名称。

(3) 加工贸易结转货物及凭《征免税证明》转内销货物,其对应的备案号应填报在本栏目,即“转至(自)×××××××××××××手册”。

(4) 其他申报时必须说明的事项。

本栏目下部供填报随附单据栏中监管证件的编号，具体填报要求为：监管证件代码＋“:”＋监管证件号码。一份报关单多个监管证件的，连续填写。

一票货物多个集装箱的，在本栏目打印其余的集装箱号（最多 160 字节，其余集装箱号手工抄写）。

33. 项号

本栏目分两行填报及打印。

第一行打印报关单中的商品排列序号。

第二行专用于加工贸易等已备案的货物，填报和打印该项货物在《登记手册》中的项号。

加工贸易合同项下进出口货物，必须填报与《登记手册》一致的商品项号，所填报项号用于核销对应项号下的料件或成品数量。特殊情况下填报要求如下：

(1) 深加工结转货物，分别按照《登记手册》中的进口料件项号和出口成品项号填报。

(2) 料件结转货物，出口报关单按照转出《登记手册》中进口料件的项号填报；进口报关单按照转进《登记手册》中进口料件的项号填报。

(3) 料件复出货物，出口报关单按照《登记手册》中进口料件的项号填报。

(4) 成品退运货物，退运进境报关单和复运出境报关单按照《登记手册》原出口成品的项号填报。

(5) 加工贸易料件转内销货物（及按料件补办进口手续的转内销成品）应填制进口报关单，本栏目填报《登记手册》进口料件的项号。

(6) 加工贸易成品凭《征免税证明》转为享受减免税进口货物的，应先办理进口报关手续。进口报关单本栏目填报《征免税证明》中的项号，出口报关单本栏目填报《登记手册》原出口成品项号，进、出口报关单货物数量应一致。

34. 商品编号

这是指按海关规定的商品分类编码规则确定的进(出)口货物的商品编号。

加工贸易《登记手册》中商品编号与实际商品编号不符的，应按实际商品编号填报。

35. 商品名称、规格型号

本栏目分两行填报及打印。

第一行打印进(出)口货物规范的中文商品名称，第二行打印规格型号，必要时可加注原文。具体填报要求如下：

(1) 商品名称及规格型号应据实填报，并与所提供的商业发票相符。

(2) 商品名称应当规范，规格型号应当足够详细，以能满足海关归类、审价以及监管的要求为准。禁止、限制进出口等实施特殊管制的商品，其名称必须与交验的批准证件上的商品名称相符。

(3) 加工贸易等已备案的货物，本栏目填报录入的内容必须与备案登记中同项号下货物的名称与规格型号一致。

36. 数量及单位

这是指进(出)口商品的实际数量及计量单位。

本栏目分三行填报及打印。具体填报要求如下：

(1) 进出口货物必须按海关法定计量单位填报。法定第一计量单位及数量,打印在本栏目第一行。

(2) 凡海关列明第二计量单位的,必须报明该商品第二计量单位及数量,打印在本栏目第二行。无第二计量单位的,本栏目第二行为空。

(3) 成交计量单位与海关法定计量单位不一致时,还须填报成交计量单位及数量,打印在商品名称、规格型号栏下方(第三行)。成交计量单位与海关法定计量单位一致时,本栏目第三行为空。

加工贸易等已备案的货物,成交计量单位必须与备案登记中同项号下货物的计量单位一致,不相同时必须修改备案或转换一致后填报。

37. 原产国(地区)/最终目的国(地区)

原产国(地区)指进出口货物的生产、开采或加工制造国家(地区)。

最终目的国(地区)指已知的出口货物的最终实际消费、使用或进一步加工制造国家(地区)。

本栏目应按海关规定的《国别(地区)代码表》选择填报相应的国家(地区)名称或代码。

加工贸易报关单特殊情况下填报要求如下:

(1) 料件结转货物,出口报关单填报"中国"(代码"142"),进口报关单填报原料件生产国。

(2) 深加工结转货物,进出口报关单均填报"中国"(代码"142")。

(3) 料件复运出境货物,填报实际最终目的国;加工出口成品因故退运境内的,填报"中国"(代码"142"),复运出境时填报实际最终目的国。

38. 单价

本栏目应填报同一项号下进(出)口货物实际成交的商品单位价格。

无实际成交价格的,本栏目填报货值。

39. 总价

本栏目应填报同一项号下进(出)口货物实际成交的商品总价。

无实际成交价格的,本栏目填报货值。

40. 币制

币制是指进(出)口货物实际成交价格的币种。

本栏目应根据实际成交情况按海关规定的《货币代码表》选择填报相应的货币名称或代码,如《货币代码表》中无实际成交币种,须转换后填报。

41. 征免

征免指海关对进(出)口货物进行征税、减税、免税或特案处理的实际操作方式。

本栏目应按照海关核发的《征免税证明》或有关政策规定,对报关单所列每项商品选择填报海关规定的《征减免税方式代码表》中相应的征减免税方式。

加工贸易报关单应根据《登记手册》中备案的征免规定填报。

42. 税费征收情况

本栏目供海关批注进(出)口货物税费征收及减免情况。

43. 录入员

本栏目用于预录入和EDI报关单,打印录入人员的姓名。

44. 录入单位

本栏目用于预录入和EDI报关单,打印录入单位名称。

45. 申报单位

本栏目指报关单左下方用于填报申报单位有关情况的总栏目。

申报单位指对申报内容的真实性直接向海关负责的企业或单位。自理报关的,应填报进(出)口货物的经营单位名称及代码;委托代理报关的,应填报经海关批准的专业或代理报关企业名称及代码。

本栏目还包括报关单位地址、邮编和电话等分项目,由申报单位的报关员填报。

46. 填制日期

这是指报关单的填制日期。预录入和EDI报关单由计算机自动打印。

本栏目为6位数,顺序为年、月、日各2位。

47. 海关审单批注栏

本栏目指供海关内部作业时签注的总栏目,由海关关员手工填写在预录入报关单上。

其中"放行"栏填写海关对接受申报的进出口货物作出放行决定的日期。

下面是报关单样本:

中华人民共和国海关进口货物报关单

预录入编号:　　　　　　　　　海关编号:

<table>
<tr><td>进口口岸</td><td>备案号</td><td colspan="2">进口日期</td><td>申报日期</td></tr>
<tr><td>经营单位</td><td>运输方式</td><td colspan="2">运输工具名称</td><td>提运单号</td></tr>
<tr><td>收货单位</td><td>贸易方式</td><td colspan="2">征免性质</td><td>征税比例</td></tr>
<tr><td>许可证号</td><td>起运国(地区)</td><td colspan="2">装运港</td><td>境内目的地</td></tr>
<tr><td>批准文号</td><td>成交方式</td><td>运费</td><td>保费</td><td>杂费</td></tr>
<tr><td>合同协议号</td><td>件数</td><td>包装种类</td><td>毛重(公斤)</td><td>净重(公斤)</td></tr>
<tr><td>集装箱号</td><td colspan="3">随附单据</td><td>用途</td></tr>
<tr><td colspan="5">标记唛码及备注</td></tr>
<tr><td colspan="5">项号　商品编号　商品名称、规格型号　数量及单位　原产国(地区)　单价　总价　币制　征免</td></tr>
<tr><td colspan="5"></td></tr>
<tr><td colspan="5"></td></tr>
<tr><td colspan="5"></td></tr>
<tr><td colspan="5"></td></tr>
<tr><td colspan="5"></td></tr>
<tr><td colspan="5">税费征收情况</td></tr>
<tr><td>录入员　录入单位</td><td colspan="2">兹声明以上申报无讹并承担法律责任</td><td colspan="2">海关审单批注放行日期(签章)</td></tr>
<tr><td>报关员
单位地址
邮编　电话</td><td colspan="2">申报单位(签章)
填制日期</td><td colspan="2">审单　审价
征税　统计
查验　放行</td></tr>
</table>

6.3 项目小结

本项目重点介绍了报关时须向海关提交的主要报关单证。这些报关单证可分为两大类，即报关单与随附单证。其中随附单证又分为基本单证和特殊单证。发票、装箱单、货运单据属于基本单证。一般情况下，在货物进出口报关时都应出具基本单证。特殊单证主要有许可证、贸易合同、征免税证明、原产地证明、外汇核销单等。报关单位应根据海关的监管要求提供上述特殊单证。报关单是报关的核心单据，申报人应按照报关单填制规范进行填写，做到真实，完整，准确；此外，还应做到报关单与其他单证一致，以及单证与货物实际情况一致。总之，单证工作是报关活动的基础性工作，报关前应该做好充分准备。

6.4 项目练习

1. 单项选择题

(1) 北京平谷某服装加工贸易企业，在北京海关朝阳办事处(关区代码 0118)申报海运转关出口日本服装一批，由天津新港(关区代码 0202)装船出境。其转关运输货物报关单上的“出口口岸”应填报为：

A 平谷海关(0110)　　B. 新港海关(0202)

(2) 北京市残联(海关临时经营单位编码 1100931000)，接受日本政府赠送的残疾人轮椅一批。由北京银盾报关行(经营单位编码 1105981810)代为申报进口。其进口货物报关单上的“经营单位”应填报为：

A. 北京市残联(1100931000)　　B. 北京银盾报关行(1105981810)

(3) 北京机械进出口公司(申报单位编码 1102914832)，委托北京银盾报关行(申报单位编码 1105981810)，代为申报进口设备一批。其进口货物报关单上的“申报单位”应填报为：

A. 北京机械进出口公司(1102914832，报关员：×××、地址：××××、邮政编码：××××××、电话号码：××××)

B. 北京银盾报关行(1105981810，报关员：×××、地址：××××、邮政编码：××××××、电话号码：××××)

(4) 北京五矿进出口公司，向香港[国别(地区)代码 110]某公司，出口铁矿粉一批。该公司又将本批货物，直接卖给日本(国别代码 116)某公司。其出口货物报关单上的“最终目的国(地区)”应填报为：

A. 香港(110)　　B. 日本(116)

(5) 位于北京市朝阳区内(国内地区代码 11059)的北京轻工进出口公司，代理位于北京市西城区(国内地区代码 11029)的北京西单商场，空运进口法国产化妆品一批。其进口货物报关单上的“境内目的地”应填报为：

A. 朝阳区(11059)　　B. 西城区(11029)　　C. 北京西单商场

(6) 北京某服装加工贸易企业，于 2008 年 2 月 1 日，采用 H2000 通关系统，向北京海关朝阳办事处申报，进口 78 种列名客供辅料一批，价值 3 000 美元，用于为日本厂商来料加工护士服。该护士服加工贸易合同的《加工贸易手册》编号为：B01170305211。其进口报关单上的“备案号”应填报为：

A. B01170305211　　　　B. 免填

(7) 北京某服装加工贸易企业，采用 H2000 通关系统，于 2005 年 3 月 31 日向北京海关朝阳办事处，申报转关出口日本服装一批。载运该批货物的船舶于 2005 年 4 月 4 日离开天津新港。其出口转关运输货物报关单上的“出口日期”应填报为：

A. 2005. 04. 04　　　　B. 免填

(8) 国内某单位，通过输变电网，向澳门出口电力。其出口货物报关单上的“运输方式”应填报为：

A. 免填　　　　B. 其他运输(运输方式代码 9)

(9) 西藏某进出口贸易企业从尼泊尔进口黄麻一批。该批货物于 2005 年 1 月 24 日用汽车运输入境。该车的西藏地区车牌号为：藏-A×××××。收货人于 2005 年 1 月 25 日，采用 H883 通关系统，向进境地西藏聂拉木海关申报进口。其进口货物报关单上的“运输工具名称”应填报为：

A. 藏-A×××××/提前报关

B. 藏-A×××××/05.01.24

C. 藏-A×××××/2005.01.24

(10) 山东省某进出口企业，于 2005 年 2 月 18 日，采用 H883 通关系统，提前向指运地海关申报进口转关运输海运货物一批。运输货物的船舶于 2005 年 2 月 21 日入境，该船舶名称：CHANG BAI SHAN，船舶航次：T-05925。其进口转关运输货物报关单上的“运输工具名称”应填报为：

A. CHANG BAI SHAN/@T-05925

B. CHANG BAI SHAN

C. 免填

(11) 北京清澳毛纺有限公司，将本公司自产面料一批，于 2005 年 3 月 1 日，采用 H2000 通关系统，向北京海关申报，并采用公路运输至天津保税区内某服装加工企业。运输该批货物已在海关备案的车名为：JGSB-0012。其出口转关运输货物报关单上的“航次号”应填报为：

A. JGSB-0012　　　　B. 2005. 03. 01　　　　C. 免填

(12) 新疆天海国际贸易公司，于 2005 年 3 月 5 日，采用 H883 通关系统，直接向进境地海关申报汽车运输进口精镁矿粉一批。载运该批货物的汽车国内车牌号：新 C-××××。其进口货物报关单上的“提运单号”应填报为：

A. 新 C-××××　　　　B. 新 C-××××/2005.03.05　　　　C. 免填

(13) 北京谷物进出口公司，于 2005 年 3 月 3 日，采用 H2000 通关系统，直接向进境地新港海关申报海运进口小麦一批。该批货物的总提单号为：STTX053855，分提单号为：STTX053855A。其进口货物报关单上的“提运单号”应填报为：

A. STTX053855　　　　B. STTX053855A

C. STTX053855×STTX053855A

(14) 沈阳某三资企业，于 2005 年 3 月 17 日，采用 H2000 通关系统向海关申报，海运进口设备一批。报关时向海关提供的提单显示为：1×20 英尺、2×40 英尺集装箱 3 个，货物总件数 48 件。其进口货物报关单上的“件数”应填报为：

A. 48　　B. 3

(15) 中粮油进出口总公司，海运进口法国产礼品精装葡萄酒一批。其出厂时每 12 瓶放入一个专用包装纸箱(包装种类代码 2)。为运输方便，每 20 箱码放在一个托盘上(包装种类代码 5)，并且在外部覆盖防潮塑料布，其进口货物报关单上的“包装种类”应填报为：

A. 2(纸箱)　　B. 5(托盘)

(16) 中粮油进出口总公司，海运进口小麦 100 吨，包装麻袋重量为 1 吨。其进口货物报关单上的“毛重”应填报为：

A. 101 吨　　B. 101000 公斤

(17) 某市海天体育器材进出口公司，于 2005 年 2 月 1 日，采用 H883 通关系统，向海关申报。海运进口，体育器材一批。报关时向海关提供的海运提单显示为：1×20 英尺、2×53 英尺、集装箱号顺序为：FBZU0074701、FBZU0065214、CBHU1052114。其进口货物报关单上的“集装箱号”应填报为：

A. FBZU0074701×3(7)　　B. CBHUl0521t4×3(3)

(18) 山东青岛啤酒有限公司，于 2005 年 2 月 10 日，采用 H2000 通关系统，向海关申报。海运进口，德国产液体灌注机 18 台。报关时向海关提供的《贸易进口付汇核销单》编号：JK05012281。其进口货物报关单上的“批准文号”应填报为：

A. 免填　　B. JK05012281

(19) 北京某合资企业，丁 2005 年 1 月 10 日，采用 II2000 通关系统，向海关申报。一般贸易海运进口，高压断路器成套散件一批。报关时向海关提供的《入境货物通关单》编号 110700105001197。其进口货物报关单上的“许可证号”应填报为：

A. 免填　　B. 110700105001197

(20) 厦门海外贸易发展有限公司，于 2005 年 3 月 20 日，采用 H2000 通关系统，向海关申报。一般贸易海运出口，高纯度钙一批。报关时向海关提供的《中华人民共和国敏感物项和技术出口许可证》编号：0000200501429。其出口货物报关单上的“许可证号”应填报为：

A. 免填　　B. 0000200501429

2. 案例分析题

(1) 上海某商贸有限公司以 EXW 成交方式进口自行车零件一批，由于报关员的操作习惯，在申报运费时直接按常规运费单价：502/198/2 即每吨 198 美元向海关进行申报。货物完税放行后，海关统计处事后审价，要求收货人提供具体运费及相关费用的发票后发现，在前期换单时支付过相关到付运杂费，故海关据此要求企业补征税款，并以此提供工厂交货后到目的港起卸前的相关运杂费提供量化的资料，同时更改报关单“运费栏”，将货物运至进口港起卸前的相关运杂费一并计入征税。报关员根据海关退单提示，将相关运杂费计入“运费栏”并更改报关单“运费栏”，将到付运费及装运港相关费用共计 3 560 元人民币计入征税。即更改为：“142/3 560/3”。

请思考

海关对报关单"运费栏"的计算与填写有何相关规定？

(2) 2010年8月，江苏某贸易有限公司委托上海某报关公司向上海海关申报一批原产于新西兰的乳清蛋白(可享受《中国—新西兰协定税率》)。海洋运单(B/L)上装货港显示：奥克兰(Auckland)卸货港显示：上海。运输工具名称及航次：COSCO KARACHI/0904。且提单有如下提示：place of receipt：TIMARU，NEW ZEALAND(接货地：新西兰的提马鲁)。港区提货单上装货港显示：提马鲁(Timaru)。运输工具名称及航次：COSCO KARACHI/040N。原产地证上装货港显示：奥克兰(Auckland)。运输工具名称及航次：COSCO KARACHI/0904。我司向海关申报的装货港：提马鲁(Timaru)。但申报后收到海关退单提示：提单上的装货港和申报的装货港不一致，要求提供船公司的联运提单或"转船证明"。该公司根据退单提示，向船公司索要"转船证明"，显示货物起始地为新西兰的提马鲁，经奥克兰中转到上海，又向海关提出更改，将装货港由提马鲁改为奥克兰。

请思考

① 该案中造成海关退单的原因是什么？
② 对于可享受优惠原产地规则的国家申报进口的货物应注意哪些要求？

项目7 以电子或纸质方式向海关申报

知识目标

1. 掌握一般进出口货物的报关。
2. 掌握特定减免税货物的报关。
3. 掌握暂准进出境货物的报关。
4. 掌握保税区货物的报关。
5. 了解保税港区货物的报关。

能力目标

1. 能知晓货物申报环节的业务。
2. 能按照不同货物的业务要求办理相应的报关业务。

7.1 案例导读

做大做强园区综合保税区

2011年4月28日,苏州副市长黄钦赴苏州工业园区综合保税区调研,要求深入研究综合保税区未来重点发展的方向、重点培育的产业和区内政策功能如何延伸创新、监管技术手段如何衔接配套,进一步做大做强综保区,为全市开放型经济发展和转型升级作出贡献。

黄钦一行先后走访了苏州工业园区综合保税区内的优传进口酒业交易中心、美利龙餐厨具有限公司和捷豹路虎中国售后备件配送中心,详细了解企业生产销售情况,鼓励企业做大品牌、做大销售网络和迁入研发总部。随后,他听取了苏州工业园区综合保税区发展情况汇报,并与海关、出入境检验检疫等部门座谈如何加快综合保税区的转型升级、跨越发展。

据介绍,2010年,苏州工业园区综合保税区实现监管货值807亿美元,今年一季度,实现监管货值189.2亿美元。目前,园区综合保税区共有注册企业201家,其中生产企业106家,物流企业39家,贸易公司54家,其他类型企业2家,区内初步形成以汽车飞机零部件、笔记本电脑及周边产品和医药医疗器械为主的保税加工体系,成为华东地区重要的精密机械制造基地和电子产品集散中心,区内物流企业为全国近5 000家生产企业提供保税物流服务。

据悉,当前,园区综保区业务尽管实现了较大恢复性增长,但未来发展形势仍不容乐观,除了受汇率、信贷、用工成本等影响外,还面对周边同类区域的激烈竞争。为此,该区正积极试点开展全球维修业务,探讨将非保税货物统一纳入全球分拨配送业务范围、加快特殊区域(保税监管场所)间的保税货物流转等问题,继续保持在全国同类综合保税区的领先地位。

(资料来源:新华网)

思考题

1. 保税区企业与境内其他企业有什么不同?
2. 保税区对开放型经济的发展有什么意义?

7.2 理论与实务知识

7.2.1 进出口申报概述

7.2.1.1 进出口申报的含义

进出口申报是指进出口货物的收发货人或其代理人在海关规定的期限内,按照海关规定的形式,向海关报告进出口货物的情况,提请海关按其申报的内容放行进出口货物的工作环节。

7.2.1.2 电子报关及电子通关系统

1. 电子报关

电子报关是指进出口货物收发货人或其代理人通过计算机系统,按照《中华人民共和国海关进出口货物报关单填制规范》(以下简称《报关单填制规范》)的有关要求,向海关传送报关单电子数据,并备齐随附单证的申报方式。

《海关法》规定:"办理进出口货物的海关申报手续,应当采用纸质报关单和电子数据报关单的形式。"这一规定确定了电子报关的法律地位,使电子数据报关单和纸质报关单具有同等的法律效力。

在一般情况下,进出口货物收发货人或其代理人应当采用纸质报关单形式和电子数据报关单形式向海关申报,即进出口货物收发货人或其代理人先向海关计算机系统发送电子数据报关单,接收到海关计算机系统返回的表示接受申报的信息后,凭以打印向海关提交的纸质报关单,并准备必需的随附单证。

特殊情况下经海关同意,允许先采用纸质报关单形式申报,电子数据事后补报。在向未使用海关信息化管理系统作业的海关申报时,可以采用纸质报关单申报形式。

在特定条件下,进出口货物收发货人或其代理人可以单独使用电子数据报关单向海关申报,保存纸质报关单证。

2. 电子通关系统

我国海关已经在进出境货物通关作业中全面使用计算机进行信息化管理，成功地开发运用了多个电子通关系统。

(1) 海关 H883/EDI 通关系统。

H883/EDI 通关系统是中国海关报关自动化系统的简称，是我国海关利用计算机对进出口货物进行全面信息化管理，实现监管、征税、统计三大海关业务一体化管理的综合性信息利用项目。

(2) 海关 H2000 通关系统。

H2000 通关系统是对 H883/EDI 通关系统的全面更新换代项目。

H2000 通关系统在集中式数据库的基础上建立了全国统一的海关信息作业平台，不但提高了海关管理的整体效能，而且使进出口企业真正享受到简化报关手续的便利。进出口企业可以在其办公场所办理加工贸易登记备案、特定减免税证明申领、进出境报关等各种海关手续。

(3) 中国电子口岸系统。

中国电子口岸系统又称口岸电子执法系统，简称电子口岸，是利用现代计算机信息技术，将与进出口贸易管理有关的政府机关分别管理的进出口业务信息电子底账数据集中存放在公共数据中心，为管理部门提供跨部门、跨行业联网数据核查，为企业提供网上办理各种进出口业务的国家信息系统。

电子口岸系统和 H2000 通关系统联结起来，构成了覆盖全国的进出口贸易服务和管理的信息网络系统。进出口企业在其办公室就可以上网向海关及其他有关国家管理机关办理与进出口贸易有关的各种手续；与进出口贸易有关的海关及其他有关国家管理机关也能在网上对进出口贸易进行有效管理。

7.2.2 一般进出口货物的申报

7.2.2.1 一般进出口货物概述

1. 含义

一般进出口货物是一般进口货物和一般出口货物的合称，是指在进出口环节缴纳了应征的进出口税费并办结了所有必要的海关手续，海关放行后不再进行监管，可以直接进入生产和消费领域流通的进出口货物。

一般进出口货物并不完全等同于一般贸易货物。一般贸易是国际贸易中的一种交易方式。在我国的对外贸易中，一般贸易是指中国境内有进出口经营权的企业单边进口或单边出口的贸易。按一般贸易交易方式进出口的货物即为一般贸易货物。一般进出口货物，是指按照海关一般进出口监管制度监管的进出口货物。

一般贸易货物在进口时可以按一般进出口监管制度办理海关手续，这时它就是一般进出口货物；符合条件的，可以享受特定减免税优惠，按特定减免税监管制度办理海关手续，这时它就是特定减免税货物；经海关批准保税的，也可以按保税监管制度办理海关手续，这时它就是保税货物。

2. 特征

一般进出口货物有以下特征：

(1) 进出境时缴纳进出口税费。

一般进出口货物的收发货人应当按照《海关法》和其他有关法律、行政法规的规定，在货物进出境时向海关缴纳应当缴纳的税费。

(2) 进出口时提交相关的许可证件。

货物进出口时受国家法律、行政法规管制并需要申领进出口许可证件的，进出口货物收发货人或其代理人应当向海关提交相关的进出口许可证件。

(3) 海关放行即办结海关手续。

海关征收了全额的税费，审核了相关的进出口许可证件，并对货物进行实际查验（或作出不予查验的决定）以后，按规定签章放行。这时，进出口货物收发货人或其代理人才能办理提取进口货物或者装运出口货物的手续。

对一般进出口货物来说，海关放行就意味着海关手续已经全部办结，海关不再监管，可以直接进入生产和消费领域流通。

3. 范围

海关监管货物按货物进境、出境后是否复运出境、复运进境，可以分为两大类：

一类是进境、出境后不再复运出境、复运进境的货物，我们称为实际进出口的货物；

另一类是进境、出境后还将复运出境、复运进境的货物，我们称为非实际进出口的货物。

实际进出口的货物，除特定减免税货物外，都属于一般进出口货物的范围，主要有以下货物。

(1) 一般贸易进口货物；

(2) 一般贸易出口货物；

(3) 转为实际进口的保税货物、暂准进境货物，转为实际出口的暂准出境货物；

(4) 易货贸易、补偿贸易进出口货物；

(5) 不批准保税的寄售代销贸易货物；

(6) 承包工程项目实际进出口货物；

(7) 外国驻华商业机构进出口陈列用样品；

(8) 外国旅游者小批量订货出口的商品；

(9) 随展览品进境的小卖品；

(10) 免费提供的进口货物，如：

① 外商在经济贸易活动中赠送的进口货物；

② 外商在经济贸易活动中免费提供的试车材料等；

③ 我国在境外的企业、机构向国内单位赠送的进口货物。

7.2.2.2 一般进出口货物的申报

一般进出口货物报关程序没有前期阶段和后续阶段，只有进出口阶段，由4个环节构成，即进出口申报、配合查验、缴纳税费、提取或装运货物。所有的进出境货物报关程序都有进出口阶段，因此一般进出口货物的报关程序除缴纳税费环节外也适用于其他所有进出境货物的报关。

1. 进出口申报

1) 概述

(1) 申报含义。

申报是指进出口货物收发货人、受委托的报关企业，依照《海关法》及有关法律、行政法规的要求，在规定的期限、地点，采用电子数据报关单和纸质报关单形式，向海关报告实际进出口货物的情况，并接受海关审核的行为。

(2) 申报地点。

进口货物应当由收货人或其代理人在货物的进境地海关申报；出口货物应当由发货人或其代理人在货物的出境地海关申报。

经收发货人申请，海关同意，进口货物的收货人或其代理人可以在设有海关的货物指运地申报，出口货物的发货人或其代理人可以在设有海关的货物起运地申报。

以保税货物、特定减免税货物和暂准进境货物申报进境的货物，因故改变使用目的从而改变货物性质转为一般进口时，进口货物的收货人或其代理人应当在货物所在地的主管海关申报。

(3) 申报期限。

进口货物的申报期限为自装载货物的运输工具申报进境之日起14日内(从运输工具申报进境之日的第二天开始算，下同)。进口货物自装载货物的运输工具申报进境之日起超过3个月仍未向海关申报的，货物由海关提取并依法变卖。对属于不宜长期保存的货物，海关可以根据实际情况提前处理。

出口货物的申报期限为货物运抵海关监管区后装货的24小时以前。

经电缆、管道或其他特殊方式进出境的货物，进出口货物收发货人或其代理人按照海关规定定期申报。

(4) 申报日期。

进出口货物收发货人或其代理人的申报数据自被海关接受之日起，其申报的数据就产生法律效力，即进出口货物收发货人或其代理人应当承担“如实申报”、“如期申报”等法律责任。因此，海关接受申报数据的日期非常重要，申报日期是指申报数据被海关接受的日期。不论是以电子数据报关单方式申报，还是以纸质报关单方式申报，海关接受申报数据的日期即为接受申报的日期。

采用先电子数据报关单申报，后提交纸质报关单，或者仅以电子数据报关单方式申报的，申报日期为海关计算机系统接受申报数据时记录的日期，该日期将反馈给原数据发送单位，或公布于海关业务现场，或通过公共信息系统发布。电子数据报关单经过海关计算机检查被退回的，视为海关不接受申报，进出口货物收发货人或其代理人应当按照要求修改后重新申报，申报日期为海关接受重新申报的日期。海关已接受申报的报关单电子数据，送人工审核后，需要对部分内容进行修改的，进出口货物收发货人或其代理人应当按照海关规定进行修改并重新发送，申报日期仍为海关原接受申报的日期。

先纸质报关单申报，后补报电子数据，或只提供纸质报关单申报的，海关工作人员在报关单上作登记处理的日期，为海关接受申报的日期。

(5) 滞报金。

进口货物收货人未按规定期限向海关申报产生滞报的，由海关按规定征收滞报金。

进口货物收货人超过规定期限向海关申报的，滞报金的征收，以自运输工具申报进境之日起第15日为起始日，以海关接受申报之日为截止日，进口货物滞报金按日计征，起始日和截止日均计入滞报期间。

进口货物收货人在向海关传送报关单电子数据申报后，未在规定期限或核准的期限内提交纸质报关单，海关予以撤销电子数据报关单处理，进口货物收货人因此重新向海关申报产生滞报的，滞报金的征收，以自运输工具申报进境之日起第15日为起始日，以海关重新接受申报之日为截止日。

进口货物收货人申报并经海关依法审核，必须撤销原电子数据报关单重新申报，产生滞报的，经进口货物收货人申请并经海关审核同意，滞报金的征收，以撤销原电子数据报关单之日起第15日为起始日，以海关重新接受申报之日为截止日。进口货物因收货人在运输工具申报进境之日起超过3个月未向海关申报，被海关提取作变卖处理后，收货人申请发还余款的，滞报金的征收，以自运输工具申报进境之日起第15日为起始日，以该3个月期限的最后一日为截止日。

滞报金的日征收金额为进口货物完税价格的0.05%，以人民币"元"为计征单位，不足人民币1元的部分免予计收。

征收滞报金的计算公式为：

滞报金额＝进口货物完税价格×0.05%×滞报期间(滞报天数)

滞报金的起征点为人民币50元。

滞报金的计征起始日如遇法定节假日或休息日，则顺延至其后第一个工作日。

因完税价格调整等原因须补征滞报金的，滞报金金额应当按照调整后的完税价格重新计算，补征金额不足人民币50元的，免予征收。

因不可抗力等特殊情况产生的滞报可以向海关申请减免滞报金。

2）步骤

（1）准备申报单证。

准备申报的单证是报关员开始进行申报工作的第一步，是整个报关工作能否顺利进行的关键一步。申报单证可以分为报关单和随附单证两大类，其中随附单证包括基本单证和特殊单证。

报关单是由报关员按照海关规定格式填制的申报单，是指进出口货物报关单或者带有进出口货物报关单性质的单证，比如特殊监管区域进出境备案清单、进出口货物集中申报清单、ATA单证册、过境货物报关单、快件报关单等。

一般来说，任何货物的申报，都必须有报关单。

基本单证是指进出口货物的货运单据和商业单据，主要有进口提货单据、出口装货单据、商业发票、装箱单等。一般来说，任何货物的申报，都必须有基本单证。

特殊单证主要有进出口许可证件、加工贸易手册（包括纸质手册、电子账册和电子化手册）、特定减免税证明、作为有些货物进出境证明的原进出口货物报关单证、出口收汇核销单、原产地证明书、贸易合同等。某些货物的申报，必须有特殊单证，比如租赁贸易货物进口申报，必须有"租赁合同"，而别的货物进口申报则不一定需要贸易合同，所以贸易合同对于租赁贸易货物申报来说是一种特殊单证。

进出口货物收发货人或其代理人应向报关员提供基本单证、特殊单证，报关员审核这些单证后据以填制报关单。

准备申报单证的原则是：基本单证、特殊单证必须齐全、有效、合法；填制报关单必须真实、准确、完整；报关单与随附单证数据必须一致。

(2) 申报前看货取样。

进口货物的收货人在向海关申报前，为了确定货物的品名、规格、型号等，可以向海关提交查看货物或者提取货样的书面申请。海关审核同意的，派员到场监管。

涉及动植物及其产品和其他须依法提供检疫证明的货物，如需提取货样，应当按照国家的有关法律规定，事先取得主管部门签发的书面批准证明。提取货样后，到场监管的海关工作人员与进口货物的收货人在海关开具的取样记录和取样清单上签字确认。

(3) 申报。

① 电子数据申报。

进出口货物收发货人或其代理人可以选择终端申报方式、委托EDI方式、自行EDI方式、网上申报方式等4种电子申报方式中适用的一种，将报关单内容录入海关电子计算机系统，生成电子数据报关单。

进出口货物收发货人或其代理人在委托录入或自行录入报关单数据的计算机上接收到海关发送的接受申报信息，即表示电子申报成功；接收到海关发送的不接受申报信息后，则应当根据信息提示修改报关单内容后重新申报。

② 提交纸质报关单及随附单证。

海关审结电子数据报关单后，进出口货物收发货人或其代理人应当自接到海关"现场交单"或"放行交单"信息之日起10日内，持打印的纸质报关单，备齐规定的随附单证并签名盖章，到货物所在地海关提交书面单证，办理相关海关手续。

(4) 修改申报内容或撤销申报。

海关接受进出口货物申报后，电子数据和纸质的进出口货物报关单不得修改或者撤销；确有正当理由的，经海关审核批准，可以修改或撤销，其主要有以下两种情况。

① 进出口货物收发货人要求修改或撤销。

进出口货物收发货人或其代理人确有如下正当理由的，可以向原接受申报的海关申请修改或者撤销进出口货物报关单：

——由于报关人员操作或书写失误造成所申报的报关单内容有误，并且未发现有走私违规或者其他违法嫌疑的；

——出口货物放行后，由于装运、配载等原因造成原申报货物部分或全部退关、变更运输工具的；

——进出口货物在装载、运输、存储过程中因溢短装，不可抗力的灭失、短损等原因造成原申报数据与实际货物不符的；

——根据贸易惯例先行采用暂时价格成交，实际结算时按商检品质认定或国际市场实际价格付款方式，因而需要修改申报内容的；

——由于计算机、网络系统等方面的原因导致电子数据申报错误的；

——其他特殊情况经海关核准同意的。

海关已经决定布控、查验的，以及涉案的进出口货物的报关单在办结前不得修改或者撤销。

进出口货物收发货人或其代理人申请修改或者撤销进出口货物报关单的，应当向海关提交"进出口货物报关单修改/撤销申请表"，并相应提交可以证明进出口实际情况的合同、发票、装箱单等相关单证，外汇管理、国税、检验检疫、银行等有关部门出具的相关单证，应税货物的

"海关专用缴款书"及用于办理收付汇和出口退税的进出口货物报关单证明联等海关出具的相关单证。

因修改或者撤销进出口货物报关单导致需要变更、补办进出口许可证件的，进出口货物收发货人或其代理人应当向海关提交相应的进出口许可证件。

② 海关发现报关单需要进行修改或者撤销。

海关发现进出口货物报关单需要进行修改或者撤销，但进出口货物收发货人或其代理人未提出申请的，海关应当通知进出口货物的收发货人或其代理人。海关在进出口货物收发货人或其代理人填写"进出口货物报关单修改/撤销确认书"，确认进出口货物报关单修改或者撤销的内容后，对进出口货物报关单进行修改或者撤销。

同样，因修改或者撤销进出口货物报关单导致需要变更、补办进出口许可证件的，进出口货物收发货人或其代理人应当向海关提交相应的进出口许可证件。

2. 转关申报

1）转关含义

转关是指海关监管货物在海关监管下，从一个海关运至另一个海关办理某项海关手续的行为，包括货物由进境地入境，向海关申请转关，运往另一个设关地点进口报关；货物在起运地出口报关运往出境地，由出境地海关监管出境；已经办理入境手续的海关监管货物从境内一个设关地点运往境内另一个设关地点报关。

2）转关条件

（1）申请转关应符合的条件。

申请转关应符合以下条件：

① 转关的指运地和起运地必须设有海关；

② 转关的指运地和起运地应当设有经海关批准的监管场所；

③ 转关承运人应当在海关注册登记，承运车辆符合海关监管要求，并承诺按海关对转关路线范围和途中运输时间所作的限定将货物运往指定的场所。

（2）不得申请转关的货物。

下列货物不得申请转关：

① 进口固体废物（废纸除外）；

② 进口易制毒化学品、监控化学品、消耗臭氧层物质；

③ 进口汽车整车，包括成套散件和二类底盘；

④ 国家检验检疫部门规定必须在口岸检验检疫的商品。

3）转关方式

转关有提前报关转关、直转转关和中转转关三种方式。

（1）提前报关转关。

提前报关转关是指进口货物在指运地先申报，再到进境地办理进口转关手续；出口货物在未运抵起运地监管场所前先申报，货物运抵监管场所后再办理出口转关手续的转关。

（2）直转转关。

进口直转转关是指进口货物在进境地海关办理转关手续，货物运抵指运地再在指运地海关办理申报手续的转关。

出口直转转关是指出口货物在运抵起运地海关监管场所申报后，在起运地海关办理出口转关手续再到出境地海关办理出境手续的转关。

(3) 中转转关。

进口中转转关是指持全程提运单、需换装境内运输工具的进口中转货物，由收货人或其代理人先向指运地海关办理进口申报手续，再由境内承运人或其代理人批量向进境地海关办理转关手续的转关。

出口中转转关是指持全程提运单、需换装境内运输工具的出口中转货物，由发货人或其代理人先向起运地海关办理出口申报手续，再由境内承运人或其代理人按出境工具分列舱单向起运地海关批量办理转关手续，并到出境地海关办理出境手续的转关。

4) 转关管理

(1) 转关运输的期限。

① 直转方式转关的期限。

直转方式转关的进口货物应当自运输工具申报进境之日起 14 日内向进境地海关办理转关手续，在海关限定期限内运抵指运地之日起 14 日内，向指运地海关办理报关手续。逾期按规定征收滞报金。在进境地办理转关手续逾期的，以自载运进口货物的运输工具申报进境之日起第 15 日为征收滞报金的起始日；在指运地申报逾期的，以自货物运抵指运地之日起第 15 日为征收滞报金的起始日。

② 提前报关方式转关的期限。

进口转关货物应在电子数据申报之日起的 5 日内，向进境地海关办理转关手续，超过期限仍未到进境地海关办理转关手续的，指运地海关撤销提前报关的电子数据。出口转关货物应于电子数据申报之日起 5 日内，运抵起运地海关监管场所，办理转关和验放等手续，超过期限的，起运地海关撤销提前报关的电子数据。

(2) 转关运输申报单证的法律效力。

转关货物申报的电子数据与书面单证具有同等的法律效力，对确实因为填报或传输错误的数据，有正当的理由并经海关同意，可作适当的修改或者撤销。对海关已决定查验的转关货物，则不再允许修改或撤销申报内容。

5) 进口货物的转关申报

(1) 提前报关的转关。

进口货物的收货人或其代理人在进境地海关办理进口货物转关手续前，向指运地海关传送进口货物报关单电子数据。指运地海关提前受理电子申报，接受申报后，计算机自动生成进口转关货物申报单，向进境地海关传输有关数据。

提前报关的转关货物收货人或其代理人应向进境地海关提供进口转关货物申报单编号，并提交下列单证办理转关运输手续：

① 进口转关货物核放单(广东省内公路运输的，提交进境汽车载货清单)；

② 汽车载货登记簿或船舶监管簿；

③ 提货单。

提前报关的进口转关货物，进境地海关因故无法调阅进口转关数据时，可以按直转方式办理转关手续。

(2) 直转方式的转关。

货物的收货人或其代理人在进境地录入转关申报数据，持下列单证直接办理转关手续：

① 进口转关货物申报单(广东省内公路运输的，提交进境汽车载货清单)；

② 汽车载货登记簿或船舶监管簿。

(3) 中转方式的转关。

具有全程提运单、需要换装境内运输工具的中转转关货物的收货人或其代理人向指运地海关办理进口报关手续后，由境内承运人或其代理人向进境地海关提交“进口转关货物申报单”、“进口货物中转通知书”、按指运地目的港分列的纸质舱单(空运方式提交联程运单)等单证办理货物转关手续。

6) 出口货物的转关申报

(1) 提前报关的转关。

由货物的发货人或其代理人在货物未运抵起运地海关监管场所前，先向起运地海关传送出口货物报关单电子数据，由起运地海关提前受理电子申报，生成出口转关货物申报单数据，传输至出境地海关。

发货人或其代理人应持下列单证向起运地海关办理出口转关手续：

① 出口货物报关单；

② 汽车载货登记簿或船舶监管簿；

③ 广东省内公路运输的，提交出境汽车载货清单。

货物到达出境地后，发货人或其代理人应持下列单证向出境地海关办理转关货物出境手续：

① 起运地海关签发的出口货物报关单；

② 出口转关货物申报单或出境汽车载货清单；

③ 汽车载货登记簿或船舶监管簿。

(2) 直转方式的转关。

由发货人或其代理人在货物运抵起运地海关监管场所后，向起运地海关传送出口货物报关单电子数据，起运地海关受理电子申报，生成“出口转关货物申报单”数据，传输至出境地海关。

发货人或其代理人应持下列单证在起运地海关办理出口转关手续：

① 出口货物报关单；

② 汽车载货登记簿或船舶监管簿；

③ 广东省内运输的，提交出境汽车载货清单。

直转的出口转关货物到达出境地后，发货人或其代理人应持下列单证向出境地海关办理转关货物的出境手续：

① 起运地海关签发的出口货物报关单；

② 出口转关货物申报单或出境汽车载货清单；

③ 汽车载货登记簿或船舶监管簿。

(3) 中转方式的转关。

具有全程提运单、需要换装境内运输工具的出口中转转关货物，货物的发货人或其代理人向起运地海关办理出口报关手续后，由承运人或其代理人向起运地海关传送并提交出口转关货物申报单、凭出境运输工具分列的电子或纸质舱单、汽车载货登记簿或船舶监管簿等单证，向起运地海关办理货物出口转关手续。经起运地海关核准后，签发“出口货物中转通知书”，承运人或其代理人凭以办理中转货物的出境手续。

7）境内监管货物的转关申报

境内监管货物的转关运输，除加工贸易深加工结转按有关规定办理外，均应按进口转关方式办理，具体如下：

(1) 提前报关的，由转入地（相当于指运地）货物收货人或其代理人，在转出地（相当于进境地）海关办理监管货物转关手续前，向转入地海关传送进口货物报关单电子数据报关。

由转入地海关提前受理电子申报，并生成“进口转关货物申报单”，向转出地海关传输。转入地货物收货人或其代理人应持进口转关货物核放单和汽车载货登记簿或船舶监管簿，并提供进口转关货物申报单编号，向转出地海关办理转关手续。

(2) 直转的，由转入地货物收货人或其代理人在转出地录入转关申报数据，持进口转关货物申报单和汽车载货登记簿或船舶监管簿，直接向转出地海关办理转关手续。

货物运抵转入地后，海关监管货物的转入地收货人或其代理人向转入地海关办理货物的报关手续。

7.2.3 保税货物的报关

7.2.3.1 保税加工货物

1. 纸质手册管理下的保税加工货物申报

纸质手册管理下的保税加工货物报关，适用进出口报关阶段程序的有进出境货物报关、深加工结转货物报关和其他保税加工货物报关等3种情形。

1）进出境货物报关

保税加工货物进出境由加工贸易经营单位或其代理人向海关申报。

保税加工货物进出境申报必须持有加工贸易手册或其他准予合同备案的凭证。保税加工货物进出境的报关程序与一般进出口货物一样，也有4个环节，其中申报、配合查验、提取货物或装运货物3个环节与一般进出口货物基本一致，见一般进出口货物的报关程序。有区别的是，保税加工货物进境的报关程序第3个环节不是缴纳税费，而是暂缓纳税，即保税。除此以外，还有以下区别：

加工贸易企业在主管海关备案的情况在计算机系统中已生成电子底账，有关电子数据通过网络传输到相应的口岸海关，因此企业在口岸海关报关时提供的有关单证内容必须与电子底账数据相一致。也就是说，报关数据必须与备案数据一致，一种商品报关的商品编码、品名、规格、计量单位、数量、币制等必须与备案数据无论在字面上还是计算机格式上都完全一致。若不一致，报关就不能通过。

2）深加工结转货物报关

加工贸易深加工结转是指加工贸易企业将保税进口料件加工的产品转至另一加工贸易企业进一步加工后复出口的经营活动。其程序分为计划备案、收发货登记、结转报关3个环节。

在完成前期的计划备案，转出、转入企业办理结转计划申报手续后，应当按照经双方海关核准后的申请表进行实际收发货。

转出、转入企业的每批次收发货记录应当在保税货物实际结转情况登记表上进行如实登记，并加盖企业结转专用名章。

结转货物退货的,转入、转出企业应当将实际退货情况在登记表中进行登记,同时注明"退货"字样,并各自加盖企业结转专用名章。

转出、转入企业实际收发货后,应当按照以下规定办理结转报关手续:

(1) 转出、转入企业分别在转出地、转入地海关办理结转报关手续。转出、转入企业可以凭一份申请表分批或者集中办理报关手续。

转出企业每批实际发货后在 90 日内办结该批货物的报关手续,转入企业每批实际收货后在 90 日内办结该批货物的报关手续。

(2) 转入企业凭申请表、登记表等单证向转入地海关办理结转进口报关手续,并在结转进口报关后的第二个工作日内将报关情况通知转出企业。

(3) 转出企业自接到转入企业通知之日起 10 日内,凭申请表、登记表等单证向转出地海关办理结转出口报关手续。

(4) 结转进口、出口报关的申报价格为结转货物的实际成交价格。

(5) 一份结转进口货物报关单对应一份结转出口货物报关单,两份报关单之间对应的申报序号、商品编号、数量、价格和手册号应当一致。

(6) 结转货物分批报关的,企业应当同时提供申请单和登记表的原件及复印件。

3) 其他保税加工货物的报关

其他保税加工货物是指履行加工贸易合同过程中产生的剩余料件、边角料、残次品、副产品和受灾保税货物。

剩余料件,是指加工贸易企业在从事加工复出口业务过程中剩余的可以继续用于加工制成品的加工贸易进口料件。

边角料,是指加工贸易企业从事加工复出口业务,在海关核定的单耗标准内、加工过程中产生的、无法再用于加工该合同项下出口制成品的数量合理的废、碎料及下脚料。

残次品,是指加工贸易企业从事加工复出口业务,在生产过程中产生的有严重缺陷或者达不到出口合同标准,无法复出口的制成品(包括完成品和未完成品)。

副产品,是指加工贸易企业从事加工复出口业务,在加工生产出口合同规定的制成品(主产品)过程中同时产生的,且出口合同未规定应当复出口的一个或一个以上的其他产品。

受灾保税货物,是指在加工贸易企业从事加工出口业务中,因不可抗力原因或其他经海关审核认可的正当理由造成损毁、灭失、短少等导致无法复出口的保税进口料件和加工制成品。

对于履行加工贸易合同中产生的上述剩余料件、边角料、残次品、副产品、受灾保税货物,企业必须在手册有效期内处理完毕。处理的方式有内销、结转、退运、放弃、销毁等。除销毁处理外,其他处理方式都必须填制报关单报关。有关报关单是企业报核的必要单证。

(1) 内销。

保税加工货物转内销应经商务主管部门审批,加工贸易企业凭"加工贸易保税进口料件内销批准证"办理内销料件正式进口报关手续,缴纳进口税和缓税利息。

经批准允许转内销的保税加工货物属进口许可证件管理的,企业还应按规定向海关补交进口许可证件;申请内销的剩余料件,如果金额占该加工贸易合同项下实际进口料件总额 3% 及以下且总值在人民币 1 万元及以下的,免予审批,免予交验许可证件。

内销征税应当遵循如下规定:

① 关于征税的数量。

剩余料件和边角料内销，直接按申报数量计征进口税；制成品和残次品根据单耗关系折算耗用掉的保税进口料件数量计征进口税；副产品内销，按申报时实际状态的数量计征进口税。

② 关于征税的完税价格。

进料加工进口料件或其制成品（包括残次品）内销时，以料件的原进口成交价格为基础确定完税价格。料件的原进口成交价格不能确定的，以接受内销申报的同时或者大约同时进口的、与料件相同或者类似的货物的进口成变价格为基础确定完税价格。

来料加工进口料件或其制成品（包括残次品）内销时，以接受内销申报的同时或者大约同时进口的、与料件相同或者类似的货物的进口成交价格为基础确定完税价格。

加工企业内销加工过程中产生的副产品或者边角料，以内销价格作为完税价格。

③ 关于征税的税率。

经批准正常的转内销征税，适用海关接受申报办理纳税手续之日实施的税率。如内销商品属关税配额管理而在办理纳税手续时又没有配额证的，应当按该商品配额外适用的税率缴纳进口税。

④ 关于征税的缓税利息。

保税加工货物包括加工贸易保税料件或制成品及剩余料件、残次品、副产品和受灾保税货物，经批准内销，凡依法需要征收税款的，除征收税款外，还应加征缓税利息。边角料不加征缓税利息。

缓税利息计息期限的起始日期为内销料件或制成品所对应的加工贸易合同项下首批料件进口之日，终止日期为海关填发税款缴款书之日。

(2) 结转。

加工贸易企业可以向海关申请将剩余料件结转至另一个加工贸易合同项下生产出口，但应当在同一经营单位、同一加工厂、同样的进口料件和同一加工贸易方式的情况下结转。

加工贸易企业申请办理剩余料件结转时应当向海关提供以下单证：

① 企业申请剩余料件结转的书面材料；

② 企业拟结转的剩余料件清单；

③ 海关按规定需收取的其他单证和材料。

海关将依法对企业结转申请予以审核，对不符合规定的会作出不予结转决定，并告知企业按照规定将不予结转的料件退出境外、征税内销、放弃或者销毁；对符合规定的会作出准予结转的决定，并向企业签发加工贸易剩余料件结转联系单，由企业在转出手册的主管海关办理出口报关手续，在转入手册的主管海关办理进口报关手续。

特殊情况下，对准予结转企业将剩余料件结转到另一加工厂的，还将收取相当于拟结转料件应缴税款金额的保证金或银行保函（对海关收取担保后备案的手册或者已实行银行保证金台账实转的手册，担保金额或者台账实转金额不低于拟结转保税料件应缴税款金额的，可免予收取保证金或银行保函）。

加工贸易企业因合同变更、外商毁约等原因无法履行原出口合同，申请将尚未加工的剩余保税料件结转到另一个加工贸易合同项下加工复出口的，可以比照上述剩余料件结转的办法办理报关手续。

(3) 退运。

加工贸易企业因故申请将剩余料件、边角料、残次品、副产品等保税加工货物退运出境的，应持手册等有关单证向口岸海关报关，办理出口手续，留存有关报关单证，以备报核。

(4) 放弃。

企业放弃剩余料件、边角料、残次品、副产品等，交由海关处理，应当提交书面申请。对符合规定的，海关将作出准予放弃的决定，开具加工贸易企业放弃加工贸易货物交接单。企业凭以在规定的时间内将放弃的货物运至指定的仓库，并办理货物的报关手续，留存有关报关单证以备报核。

主管海关凭接受放弃货物的部门签章的加工贸易企业放弃加工贸易货物交接单及其他有关单证，核销企业的放弃货物。

经海关核定，有下列情形的，海关将作出不予放弃的决定，并告知企业按规定将有关货物退运、征税内销、在海关或者有关主管部门监督下予以销毁或者进行其他妥善处理：

① 申请放弃的货物属于国家禁止或限制进口的废物的；

② 申请放弃的货物属于对环境造成污染的；

③ 法律、行政法规、规章规定不予放弃的其他情形。

但是，企业进口保税料件不属于国家禁止或限制进口的废物，在国内加工过程中产生的边角料、残次品、副产品属国家禁止或限制进口的废物的，海关应当依企业申请作出准予放弃的决定。

(5) 销毁。

被海关作出不予结转决定或不予放弃决定的加工贸易货物或涉及知识产权等原因企业要求销毁的加工贸易货物，企业可以向海关提出销毁申请，海关经核实同意销毁的，由企业按规定销毁，必要时海关可以派员监督销毁。货物销毁后，企业应当收取有关部门出具的销毁证明材料，以备报核。

(6) 受灾保税加工货物的处理。

对于受灾保税加工货物，加工贸易企业须在灾后 7 日内向主管海关书面报告，并提供如下证明材料，海关可视情况派员核查取证：

① 商务主管部门的签注意见；

② 有关主管部门出具的证明文件；

③ 保险公司出具的保险赔款通知书或检验检疫部门出具的有关检验检疫证明文件。

因不可抗力造成的受灾保税加工货物灭失，或者已完全失去使用价值无法再利用的，可由海关审定，并予以免税。

因不可抗力造成的受灾保税货物需销毁处理的，同其他保税加工货物的销毁处理一样。

因不可抗力造成的受灾保税加工货物虽失去原使用价值但可再利用的，按海关审定的受灾保税货物价格，按对应的进口料件适用的税率，缴纳进口税和缓税利息。其对应进口料件属于实行关税配额管理的，按照关税配额税率计征税款。对非不可抗力因素造成的受灾保税加工货物，海关按照原进口货物成交价格审定完税价格照章征税。属于实行关税配额管理，无关税配额证的，按关税配额外适用的税率计征税款。

因不可抗力造成的受灾保税货物对应的原进口料件内销征税时，如属进口许可证件管理的，免予交验许可证件；反之，不是因不可抗力造成的受灾保税货物对应的原进口料件内销征税时，如属进口许可证件管理的，应当交验进口许可证件。

2. 电子账册管理下的保税加工货物报关

电子账册模式下联网监管企业的保税加工货物报关与纸质手册模式一样，适用进出口报关阶段程序的，也有进出境货物报关、深加工结转货物报关和其他保税加工货物报关 3 种情形。

(1) 进出境货物报关。

① 报关清单的生成。

使用“便捷通关电子账册”办理报关手续，企业应先根据实际进出口情况，从企业系统导出料号级数据生成归并前的报关清单，通过网络发送到电子口岸。报关清单应按照加工贸易合同填报监管方式，进口报关清单填制的总金额不得超过电子账册最大周转金额的剩余值，其余项目的填制参照报关单的填制规范。

② 报关单的生成。

联网企业进出口保税加工货物，应使用企业内部的计算机，采用计算机原始数据形成报关清单，报送中国电子口岸。电子口岸将企业报送的报关清单根据归并原则进行归并，并分拆成报关单后发送回企业，由企业填报完整的报关单内容后，通过网络向海关正式申报。

③ 报关单的修改、撤销。

不涉及报关清单的报关单内容可直接进行修改，涉及报关清单的报关单内容修改必须先修改报关清单，再重新进行归并。

报关单经海关审核通过后，一律不得修改，必须进行撤销重报。带报关清单的报关单撤销后，报关清单一并撤销，不得重复使用。

报关单放行前修改，内容不涉及报关单表体内容的，企业经海关同意可直接修改报关单。涉及报关单表体内容的，企业必须撤销报关单重新申报。

④ 填制报关单要求。

联网企业备案的进口料件和出口成品等内容，是货物进出口时与企业实际申报货物进行核对的电子底账。因此申报数据与备案数据应当一致。

企业按实际进出口的“货号”(料件号和成品号)填报报关单，并按照加工贸易货物的实际性质填报监管方式。

海关按照规定审核申报数据，进口货物报关单的总金额不得超过电子账册最大周转金额的剩余值，如果电子账册对某项下料件的数量进行限制，那么报关单上该项商品的申报数量不得超过其最大周转量的剩余值。

⑤ 申报方式选择。

联网企业可根据需要和海关规定分别选择有纸报关或无纸报关方式申报。

联网企业进行无纸报关的，海关凭同时盖有申报单位和其代理企业的提货专用章的放行通知书办理“实货放行”手续；报关单位凭同时盖有经营单位、报关单位及报关员印章的纸质单证办理“事后交单”事宜。

联网企业进行有纸报关的，应由本企业的报关员办理现场申报手续。

有关许可证件管理和税收征管的规定与纸质手册管理下的保税加工货物进出境报关一样，参照纸质手册的有关内容。

(2) 深加工结转货物报关。

电子账册管理下的联网企业深加工结转货物报关与纸质手册管理下的保税加工货物深加工结转报关一样，参照纸质手册的有关内容。

(3) 其他保税加工货物报关。

经主管海关批准，联网监管企业可按月度集中办理内销征税手续。

按月度集中办理内销征税手续的联网企业，在每个核销周期结束前，必须办结本期所有的内销征税手续。

联网企业以内销、结转、退运、放弃、销毁等方式处理保税进口料件、成品、副产品、残次品、边角料和受灾货物的报关手续，参照纸质手册管理。后续缴纳税款时，缓税利息计息日为电子账册上期核销之日(未核销过的为“便捷通关电子账册”记录首次进口料件之日)的次日至海关开具税款缴纳证之日。

3. 电子化手册管理下的保税加工货物报关

电子化手册方式下联网监管企业的保税加工货物报关与纸质手册方式一样，适用进出口报关阶段程序的，也有进出境货物报关、深加工结转货物报关和其他保税加工货物报关3种情形。

(1) 进出境货物报关。

① 报关清单的生成。

企业在加工贸易货物进出境报关前，应从企业管理系统导出料号级数据生成归并前的报关清单，或通过电子口岸电子化手册系统按规定格式录入当次进出境的料号级清单数据，并向电子口岸数据中心报送。

② 报关单的生成。

数据中心按归并关系和其他合并条件，将企业申报的清单生成报关单。企业通过中小企业模式联网监管系统的报关申报系统调出清单所生成的报关单信息后，将报关单上剩余各项填写完毕，即可生成完整的报关单，向海关进行申报。如属异地报关的，本地企业将报关单补充完整后，将报关单上载，由异地报关企业下载报关单数据，进行修改、补充后向海关申报。

③ 报关单的修改、撤销。

异地报关的报关单被退单，且涉及修改表体商品信息的，应由本地企业从清单开始修改，并重新上载报关单，异地下载后重新申报；如仅需修改表头数据的，则可在异地直接修改报关单表头信息后，直接向海关申报。

有关许可证件管理和税收征管的规定与纸质手册管理下的保税加工货物进出境报关一样，参照纸质手册部分的有关内容。

(2) 深加工结转货物报关。

电子化手册加工贸易深加工结转货物报关与纸质手册管理下的加工贸易深加工结转货物报关一样，参照纸质手册部分的有关内容。

(3) 其他保税加工货物报关。

电子化手册管理下的联网企业以内销、结转、退运、放弃、销毁等方式处理保税进口料件、成品、副产品、残次品、边角料和受灾货物的报关手续，与纸质手册管理下的其他保税加工货物报关一样，参照纸质手册部分的有关内容。

后续缴纳税款时，同样要缴纳缓税利息(边角料除外)。缓税利息计息的起始日期为内销料件或者制成品所对应的加工贸易合同项下电子化手册记录的首批料件进口之日，截止日为海关签发税款缴款书之日。

4. 出口加工区进出货物报关

出口加工区内企业在进出口货物前，应向出口加工区主管海关申请建立电子账册。出口加工区企业电子账册包括“加工贸易电子账册(H账册)”和“企业设备电子账册”。出口加工区进出境货物和进出区货物通过电子账册办理报关手续。

1) 与境外之间

出口加工区企业从境外运进货物或运出货物到境外，由收发货人或其代理人填写进、出境货物备案清单，向出口加工区海关报关。

对于跨越关区进出境的出口加工区货物，除邮递物品、个人随身携带物品、跨越关区进口车辆和出区在异地口岸拼箱出口货物以外，可以按转关运输中的直转转关方式办理转关。

对于同一直属海关关区内的出口加工区进出境货物，可以按直通式报关。

按转关运输中直转转关方式转关的报关程序如下：

(1) 境外货物运入出口加工区。

货物到港后，收货人或其代理人向口岸海关录入转关申报数据，并持“进口转关货物申报单”、“汽车载货登记簿”向口岸海关物流监控部门办理转关手续；口岸海关审核同意企业转关申请后，向出口加工区海关发送转关申报电子数据，并对运输车辆进行加封。

货物运抵出口加工区后，收货人或其代理人向出口加工区海关办理转关核销手续，出口加工区海关物流监控部门核销“汽车载货登记簿”，并向口岸海关发送转关核销电子回执；同时收货人或其代理人录入“出口加工区进境货物备案清单”，向出口加工区海关提交运单、发票、装箱单、电子账册编号、相应的许可证件等单证办理进境报关手续；出口加工区海关审核有关报关单证，确定是否查验，对不需查验的货物予以放行，对需要查验的货物，由海关实施查验后，再办理放行手续，签发有关备案清单证明联。

(2) 出口加工区货物运往境外。

发货人或其代理人录入“出口加工区出境货物备案清单”，向出口加工区海关提交运单、发票、装箱单、电子账册编号等单证，办理出口报关手续，同时向出口加工区海关录入转关申报数据，并持出口加工区出境货物备案清单、“汽车载货登记簿”向出口加工区海关物流监控部门办理出口转关手续；出口加工区海关审核同意企业转关申请后，向口岸海关发送转关申报电子数据，并对运输车辆进行加封。

货物运抵出境地海关后，发货人或其代理人向出境地海关办理转关核销手续，出境地海关核销“汽车载货登记簿”，并向出口加工区海关发送转关核销电子回执；货物实际离境后，出境地海关核销清洁载货清单并反馈出口加工区海关，出口加工区海关凭以签发有关备案清单证明联。

2) 与境内区外其他地区之间

(1) 出口加工区货物运往境内区外。

出口加工区运往境内区外的货物，按照对进口货物的有关规定办理报关手续。由区外企业录入进口货物报关单，凭发票、装箱单、相应的许可证件等单证向出口加工区海关办理进口报关手续。进口报关结束后，区内企业填制出口加工区出境货物备案清单，凭发票、装箱单、电子账册编号等向出口加工区海关办理出区报关手续。

出口加工区海关放行货物后，向区外企业签发进口货物报关单付汇证明联，向区内企业签发出口加工区出境货物备案清单收汇证明联。

出口加工区内企业内销加工贸易制成品，以接受内销申报的同时或者大约同时进口的相同货物或者类似货物的进口成交价格为基础确定完税价格。内销加工过程中产生的副产品，以内销价格作为完税价格。由区外企业缴纳进口关税和进口环节海关代征税，免予交付缓税利息。属于许可证件管理的商品，应向海关出具有效的进口许可证件。

出口加工区内企业产生边角料、废品、残次品等原则上应复运出境。如出区内销应按照对区外其他加工贸易货物内销的相关规定办理：

① 边角料、废品内销，海关按照报验状态归类后适用的税率和审定的价格计征税款，免予提交许可证件；

② 边角料、废品以处置方式销毁的，或者属于禁止进口的固体废物须出区进行利用或者处置的，区内企业持处置单位的"危险废物经营许可证"复印件以及出口加工区管委会和所在地地(市)级环保部门的批准文件向海关办理有关手续；

③ 对无商业价值且不属于禁止进口的固体废物的边角料和废品，须运往区外以处置之外的其他方式销毁的，应凭出口加工区管委会的批件，向主管海关办理出区手续，海关予以免税，并免予验核进口许可证件；

④ 残次品出区内销，按成品征收进口关税和进口环节海关代征税，属于进口许可证件管理的，企业应当向海关提交相应许可证件；对属于《法检目录》内的出区内销残次品，须经出入境检验检疫机构按照国家技术规范的强制性要求检验合格后，方可内销。

出口加工区内企业需要将有关模具、半成品运往区外用于加工生产自己的产品，应当报经加工区主管海关关长批准，由接受委托的区外企业，向出口加工区主管海关缴纳货物应征关税和进口环节增值税等值的保证金或银行保函后，办理出区手续。加工完毕后，加工产品应按期(一般为 6 个月)运回出口加工区，区内企业向出口加工区主管海关提交运出出口加工区时填写的"委托区外加工申请书"及有关单证，办理验放核销手续。加工区主管海关办理验放核销手续后，退还保证金或撤销保函。

出口加工区区内企业经主管海关批准，可在境内区外进行产品的测试、检验和展示活动。测试、检验和展示的产品，应比照海关对暂准进境货物的管理规定办理出区手续。

出口加工区区内使用的机器、设备、模具和办公用品等，须运往境内区外进行维修、测试或检验时，区内企业或管理机构应向主管海关提出申请，并经主管海关核准、登记、查验后，方可将机器、设备、模具和办公用品等运往境内区外维修、测试或检验。区内企业将模具运往境内区外维修、测试或检验时，应留存模具所生产产品的样品，以备海关对运回出口加工区的模具进行核查。

运往境内区外维修、测试或检验的机器、设备、模具和办公用品等，按照"修理物品"监管，不得用于境内区外加工生产和使用。

运往境内区外维修、测试或检验的机器、设备、模具和办公用品等，应自运出之日起 60 天内运回加工区。因特殊情况不能如期运回的，区内企业应于期限届满前 7 天内，向主管海关说明情况，并申请延期。申请延期以 1 次为限，延长期限不得超过 30 天。

运往境内区外维修的机器、设备、模具和办公用品等，运回出口加工区时，要以海关能辨认其为原物或同一规格的新零件、配件或附件为限，但更换新零件、配件或附件的，原零件、配件或附件应一并运回出口加工区。

(2) 境内区外货物运入出口加工区。

境内区外运入出口加工区的货物，按照对出口货物的有关规定办理报关手续。由区外企业录入出口货物报关单,凭购销合同(协议)、发票、装箱单等单证向出口加工区海关办理出口报关手续。出口报关结束后,区内企业填制出口加工区进境货物备案清单,凭购销发票、装箱单、电子账册编号等单证向出口加工区海关办理进区报关手续。

出口加工区海关查验、放行货物后,向区外企业签发出口货物报关单收汇证明联和出口退税证明联,向区内企业签发出口加工区进境货物备案清单付汇证明联。

从境内区外运进出口加工区供区内企业使用的国产机器、设备、原材料、零部件、元器件、包装物料、基础设施,加工企业和行政管理部门生产、办公用房合理数量的国产基建物资等,按照对出口货物的管理规定办理出口报关手续,海关签发出口货物报关单退税证明联(除不予退税的基建物资外)。境内区外企业依据出口货物报关单退税证明联向税务部门申请办理出口退(免)税手续。

(3) 出口加工区出区深加工结转。

出口加工区货物出区深加工结转是指出口加工区内企业经海关批准并办理相关的手续,将本企业加工生产的产品直接或者通过保税仓库转入其他出口加工区、保税区等海关特殊监管区域内及区外加工贸易企业进一步加工后复出口的经营活动。

出口加工区企业开展深加工结转时,转出企业凭出口加工区管委会批复,向所在地的出口加工区海关办理海关备案手续后方可开展货物的实际结转;对转入其他出口加工区、保税区等海关特殊监管区域的,转入企业凭其所在区域管委会的批复办理结转手续,对转入出口加工区、保税区等海关特殊监管区域外加工贸易企业的,转入企业凭商务主管部门的批复办理结转手续。

对结转至海关特殊监管区域外的加工贸易企业的货物,海关按照对保税加工进口货物的有关规定办理手续,结转产品如果属于加工贸易项下进口许可证件管理商品的,企业应当向海关提供相应的有效进口许可证件。

对转入特殊监管区域的,转出、转入企业分别在自己的主管海关办理结转手续;对转入特殊监管区域外加工贸易企业的,转出、转入企业在转出地主管海关办理结转手续。

对转入特殊监管区域的深加工结转,除特殊情况外,比照转关运输方式办理结转手续;不能比照转关运输方式办理结转手续的,在向主管海关提供相应的担保后,由企业自行运输。

对转入特殊监管区域外加工贸易企业的深加工结转报关程序如下:

① 转入企业在“中华人民共和国海关出口加工区出区深加工结转申请表”(一式四联)中填写本企业的转入计划,凭申请表向转入地海关备案。

② 转入地海关备案后,留存申请表第一联,其余3联退还转入企业,由转入企业送交出口加工区转出企业。

③ 转出企业自转入地海关备案之日起30天内,持申请表其余3联,填写本企业的相关内容后,向主管海关办理备案手续。

④ 转出地海关审核后,留存申请表第二联,将第三、第四联分别交给转出企业、转入企业。

⑤ 转出、转入企业办理结转备案手续后,凭双方海关核准的申请表进行实际收发货。转出企业的每批次发货记录应当在一式三联的“出口加工区货物实际结转情况登记表”上如实登记,转出地海关在卡口签注登记表后,货物出区。

⑥ 转出、转入企业每批实际发货、收货后,可以凭申请表和转出地卡口海关签注的登记表分批或者集中办理报关手续。转出、转入企业每批实际发货、收货后,应当在实际发货、收货之

日起30天内办结该批货物的报关手续。转入企业填报结转进口货物报关单,转出企业填报结转出口备案清单。一份结转进口货物报关单对应一份结转出口备案清单。

区内转出的货物因质量不符等原因发生退运、退换的,转入企业为特殊监管区以外的加工贸易企业的,按退运货物或退换货物办理相关手续。

(4) 出口加工区机器设备出区处理。

① 从境外进入出口加工区的特定减免税设备。

从境外进入出口加工区按规定予以免税的机器设备,海关在规定的监管年限内实施监管。监管年限自货物进境放行之日起计算,期限5年。使用完毕,原则上应退运出境。

须在监管年限内出区内销的,海关按照特定减免税货物的管理规定征收税款。监管年限届满的,出区时不再征收税款。从境外进入出口加工区时免予提交机电产品进口许可证件的,在其出区时,海关凭与其入境状态一致的机电产品进口许可证件验放。

在监管年限内转让给区外进口同一货物享受减免税优惠待遇的企业的,由区外企业按照特定减免税货物的管理规定办理进口手续,监管年限连续计算;如出区转为加工贸易不作价设备的,由区外企业按照加工贸易不作价设备的管理规定办理进口手续,监管年限连续计算。

② 从境内区外采购入区予以退税的机器设备。

从境内区外采购入区予以退税的机器设备如须内销出区的,在办理进口手续时,按报验状态征税,免予提交相应的进口许可证件。其中,从境内区外采购入区的海关监管年限内的特定减免税进口的机器设备和加工贸易不作价设备,监管年限连续计算,监管年限届满的,出区时不再征收税款;在海关监管年限内的,出区时海关按照特定减免税货物的管理规定征收税款。

知识链接

赣州出口加工区进出境额超300万美元

2011年一季度,赣州市唯一的海关特殊监管区域——赣州出口加工区发展迅猛,货物实际进出境315.3万美元,环比增长1.54倍;进出区报关与卡口非报关业务亦增长迅速,各项指标在全省三个出口加工区中增幅位列第一。

出口加工区是海关特殊监管区域,具有“三免一保”的政策性税收优惠。今年是赣州出口加工区封关运作的第三年,面临千万美元的业务考核。就一季度发展形势来看,业务增长迅速,呈现出较好的发展前景。我市首家引进的世界500强企业员工增长稳定,已经从深圳、东莞内迁生产线近30条,首季进出境报关305余万美元,环比增长52.39%。同时,区内保税物流业务也具有较为明显的上升趋势,物流货物价值超过百万余美元。区内还首次通过物流方式进口仓储了一批农产品深加工核心设备,既为企业节约了大量的压港仓储费用,又积极地提升了我市企业农产品加工的技术水平。

赣州海关和出口加工区管理局一方面主动增强服务意识,扎实开展“岗位练兵”活动,优化服务手段,另一方面创新服务理念,为企业推行“分送集报”的新型监管模式,积极帮助企业申报A类管理级别,为企业开通区域通关业务节约物流成本打好基础,有效促进了全市外向型经济快速发展。

(资料来源:新华网)

5. 珠海园区进出口货物报关

1）与境外之间

海关对珠海园区与境外之间进出的货物，实行备案制管理，由货物的收发货人或其代理人填写进出境货物备案清单，向海关备案。

对于珠海园区与境外之间进出的货物，可以办理集中申报手续。

珠海园区与境外之间进出的货物应当向珠海园区主管海关申报。珠海园区与境外之间进出货物的进出境口岸不在园区主管海关管辖区域的，区内企业应当按照转关运输或者异地报关等方式办理有关手续。

珠海园区与境外之间进出的货物，不实行进出口配额、许可证件管理。

2）与境内区外其他地区之间

海关对珠海园区与境内区外之间进出货物的监管分出区和进区两种情况。

(1) 出区。

珠海园区内货物运往区外视同进口。

珠海园区内货物运往区外，由区内企业填制出境货物备案清单向珠海园区主管海关办理申报手续，区外收货人或其代理人填制进口货物报关单向珠海园区主管海关办理申报手续。

区内企业跨关区配送货物或者异地企业跨关区到珠海园区提取货物，可以在珠海园区主管海关办理申报手续，也可以按照规定在异地企业所在地海关办理申报手续。

海关按照货物进口的有关规定办理手续。需要征税的，按照货物出区时的实际状态征税；属于许可证件管理商品的，区内企业或者区外收货人还应当向海关出具进口许可证件。

(2) 进区。

货物从境内区外进入珠海园区视同出口。

① 一般贸易和加工贸易货物进区。

海关按照货物出口的有关规定办理手续。属于出口应税商品的，按照有关规定进行征税；属于许可证件管理商品的，区内企业或者区外发货人还应当向海关出具出口许可证件。

从区外进入珠海园区供区内企业使用的国产机器、设备、原材料、零部件、元器件、包装物料及建造基础设施，企业和行政管理部门生产、办公用房所需合理数量的国产基建物资等，除属于取消出口退税的基建物资外，海关按照出口货物的有关规定办理手续，签发出口货物报关单退税证明联。

从区外进入珠海园区供区内企业和行政管理机构使用的生活消费用品、交通运输工具等，海关不予签发出口货物报关单退税证明联。

② 原进口货物进区。

从区外进入珠海园区的进口机器、设备、原材料、零部件、元器件、包装物料、基建物资等，有关企业应当向海关提供上述货物或者物品的清单，并且办理出口报关手续；上述货物或者物品已经缴纳的进口环节税，不予退还。

③ 出区外发加工运回。

区内企业运往境内区外进行外发加工的货物，加工生产过程中使用国内料件并且属于出口应税商品的，加工产品运回区内时，所使用的国内料件应当按规定缴纳出口关税。

④ 进区商品展示。

经珠海园区主管海关批准，区内企业可以承接区外商品的展示，并且比照海关对暂准出境货物的有关规定办理进出区手续。

7.2.3.2　保税物流货物报关

1. 保税仓库货物报关

1) 进仓报关

保税仓库货物进境入仓，经营企业应当在仓库主管海关办理报关手续，经主管海关批准，也可以直接在进境口岸海关办理报关手续。保税仓库货物进境入仓，除易制毒化学品、监控化学品、消耗臭氧层物质外，免领进口许可证件。

如果仓库主管海关与进境口岸海关不是同一直属海关的，经营企业可以按照“提前报关转关”的方式，先到仓库主管海关申报，再到口岸海关办理转关手续，货物运到仓库，由主管海关验放入仓；或者按照“直接转关”的方式，先到口岸海关转关，货物运到仓库，向主管海关申报，验放入仓。

如果仓库主管海关与进境口岸海关是同一直属海关的，经直属海关批准，可不按照转关运输方式办理，由经营企业直接在口岸海关办理报关手续，口岸海关放行后，企业自行提取货物入仓。

2) 出仓报关

保税仓库货物出仓可能出现进口报关和出口报关两种情况，可以逐一报关，也可以集中报关。

(1) 出口报关。

保税仓库出仓复运出境货物，应当按照转关运输方式办理出仓手续。仓库主管海关和口岸海关是同一直属海关的，经直属海关批准，可以不按照转关运输方式，由企业自行提取货物出仓到口岸海关办理出口报关手续。

(2) 进口报关。

保税仓库货物出仓运往境内其他地方转为正式进口的，必须经主管海关保税监管部门审核同意。转为正式进口的同一批货物，要填制两份报关单，一份办结出仓报关手续，填制出口货物报关单，“贸易方式”栏填“保税间货物”(代码 1200)；一份办理进口申报手续，按照实际进口监管方式，填制进口货物报关单。进口手续大体可分为：

① 保税仓库货物出仓用于加工贸易的，由加工贸易企业或其代理人按保税加工货物的报关程序办理进口报关手续；

② 保税仓库货物出仓用于可以享受特定减免税的特定地区、特定企业和特定用途的，由享受特定减免税的企业或其代理人按特定减免税货物的报关程序办理进口报关手续；

③ 保税仓库货物出仓进入国内市场或使用于境内其他方面，包括保修期外维修，由保税仓库经营企业按一般进口货物的报关程序办理进口报关手续；

④ 保税仓库内的寄售维修零配件申请以保修期内免税出仓的，由保税仓库经营企业办理进口报关手续，填制进口货物报关单，“贸易方式”栏填“无代价抵偿”(代码 3100)，并确认免税出仓的维修件在保修期内且不超过原设备进口之日起 3 年，维修件由外商免费提供，更换下的零部件合法处理。

(3) 集中报关。

保税货物出仓批量少、批次频繁的，经海关批准可以办理定期集中报关手续。集中报关出仓的，保税仓库经营企业应当向主管海关提出书面申请，写明集中报关的商品名称、发货流向、发货频率、合理理由。

集中报关由主管海关的分管关长审批，并按以下要求办理手续：

① 仓库主管海关可以根据企业资信状况和风险度收取保证金；

② 集中报关的时间根据出货的频率和数量、价值合理设定；

③ 为保证海关有效监管，企业当月出仓的货物最迟应在次月前5个工作日内办理报关手续，并且不得跨年度申报。

3) 流转报关

保税仓库与海关特殊监管区域或其他海关保税监管场所往来流转的货物，按转关运输的有关规定办理相关手续。

保税仓库和特殊监管区域或其他海关保税监管场所在同一直属关区内的，经直属海关批准，可不按转关运输方式办理。

保税仓库货物转往其他保税仓库的，应当各自在仓库主管海关报关，报关时应先办理进口报关，再办理出口报关。

2. 出口监管仓库货物的报关

出口监管仓库货物报关，大体可以分为进仓报关、出仓报关、结转报关和更换报关。

1) 进仓报关

出口货物存入出口监管仓库时，发货人或其代理人应当向主管海关办理出口报关手续，填制出口货物报关单。按照国家规定应当提交出口许可证件和缴纳出口关税的，发货人或其代理人必须提交许可证件和缴纳出口关税。

发货人或其代理人按照海关规定提交报关必需单证和仓库经营企业填制的"出口监管仓库货物入仓清单"。

对经批准享受入仓即退税政策的出口监管仓库，海关在货物入仓办结出口报关手续后予以签发出口货物报关单退税证明联；对不享受入仓即退税政策的出口监管仓库，海关在货物实际离境后签发出口货物报关单退税证明联。

经主管海关批准，对批量少、批次频繁的入仓货物，可以办理集中报关手续。

2) 出仓报关

出口监管仓库货物出仓可能出现出口报关和进口报关两种情况。

(1) 出口报关。

出口监管仓库货物出仓出境时，仓库经营企业或其代理人应当向主管海关申报。仓库经营企业或其代理人按照海关规定提交报关必需的单证，并提交仓库经营企业填制的"出口监管仓库货物出仓清单"。

出仓货物出境口岸不在仓库主管海关的，经海关批准，可以在口岸所在地海关办理相关手续，也可以在主管海关办理相关手续。

入仓没有签发出口货物报关单退税证明联的，出仓离境后海关按规定签发出口货物报关单退税证明联。

(2) 进口报关。

出口监管仓库货物转进口的，应当经海关批准，按照进口货物的有关规定办理相关手续：

① 用于加工贸易的，由加工贸易企业或其代理人按保税加工货物的报关程序办理进口报关手续。

② 用于可以享受特定减免税的特定地区、特定企业和特定用途的，由享受特定减免税的企业或其代理人按特定减免税货物的报关程序办理进口报关手续。

③ 进入国内市场或用于境内其他方面，由收货人或其代理人按一般进口货物的报关程序办理进口报关手续。

3）结转报关

经转入、转出方所在地主管海关批准，并按照转关运输的规定办理相关手续后，出口监管仓库之间，出口监管仓库与保税区、出口加工区、珠海园区、保税物流园区、保税港区、保税物流中心、保税仓库等特殊监管区域和保税监管场所之间可以进行货物流转。

4）更换报关

对已存入出口监管仓库因质量等原因要求更换的货物，经仓库所在地主管海关批准，可以进行更换。被更换货物出仓前，更换货物应当先行入仓，并应当与原货物的商品编码、品名、规格型号、数量和价值相同。

3. 保税物流中心货物的报关

1）保税物流中心与境外之间的进出货物报关

（1）保税物流中心与境外之间进出的货物，应当在保税物流中心主管海关办理相关手续。保税物流中心与口岸不在同一主管海关的，经主管海关批准，可以在口岸海关办理相关手续。

（2）保税物流中心与境外之间进出的货物，除实行出口被动配额管理和中华人民共和国参加或者缔结的国际条约及国家另有明确规定的以外，不实行进出口配额、许可证件管理。

（3）从境外进入保税物流中心内的货物，凡属于规定存放范围内的货物予以保税；属于保税物流中心企业进口自用的办公用品、交通运输工具、生活消费品等，以及保税物流中心开展综合物流服务所需进口的机器、装卸设备、管理设备等，按照进口货物的有关规定和税收政策办理相关手续。

2）保税物流中心与境内之间的进出货物报关

保税物流中心内货物运往所在关区外，或者跨越关区提取保税物流中心内货物，可以在保税物流中心主管海关办理进出中心的报关手续，也可以按照境内监管货物转关运输的方式办理相关手续。

保税物流中心与境内之间的进出货物报关按下列规定办理：

（1）出中心。

① 出中心进入关境内的其他地区。

保税物流中心货物出中心进入关境内的其他地区视同进口，按照货物进入境内的实际流向和实际状态填制进口货物报关单，办理进口报关手续；属于许可证件管理的商品，企业还应当向海关出具有效的许可证件。

进口申报手续同保税仓库出库进入境内货物的报关手续一样，具体手续见保税仓库有关内容。

从保税物流中心进入境内用于在保修期限内免费维修有关外国产品并符合无代价抵偿货物有关规定的零部件，或者用于国际航行船舶和航空器的物料，或者属于国家规定可以免税的货物，免征进口关税和进口环节海关代征税。

② 出中心运往境外。

保税物流中心货物出中心运往境外填制出口货物报关单，办理出口报关手续，具体手续同保税仓库和出口监管仓库出库运往境外货物的报关手续一样。

(2) 进中心。

货物从境内进入保税物流中心视同出口,办理出口报关手续。如须缴纳出口关税的,应当按照规定纳税;属于许可证件管理的商品,还应当向海关出具有效的出口许可证件。

从境内运入保税物流中心的原进口货物,境内发货人应当向海关办理出口报关手续,经主管海关验放;已经缴纳的关税和进口环节海关代征税,不予退还。

从境内运入保税物流中心已办结报关手续的货物或者从境内运入中心供中心企业自用的国产机器设备、装卸设备、管理设备、检测检验设备等及转关出口货物(起运地海关在已收到保税物流中心主管海关确认转关货物进入物流中心的转关回执后),海关签发出口货物报关单退税证明联。

从境内运入保税物流中心的下列货物,海关不签发出口货物报关单退税证明联:

① 供中心企业自用的生活消费品、交通运输工具;

② 供中心企业自用的进口的机器设备、装卸设备、管理设备、检测检验设备等;

③ 保税物流中心之间,保税物流中心与出口加工区、保税物流园区和已实行国内货物入仓环节出口退税政策的出口监管仓库等海关特殊监管区域或者海关保税监管场所往来的货物。

知识链接

全国快运巨头落户东西湖保税物流中心

湖北省物流发展局获悉,2011 年 3 月 22 日,全国快运巨头顺丰集团全国陆运集散中心正式落户武汉东西湖保税物流中心。

东西湖保税物流中心 2009 年正式开关运行以来,物流产业凸显集群效应。DHL、锦海捷亚、普路通、中铁伊通等国际物流企业,纷纷前来从事进出口货物代理;TNT、德邦物流、盛辉物流、嘉里大通等第三方物流企业纷至沓来;卓越亚马逊、京东商城等电子商务巨头也在此设立了物流基地。

省物流发展局表示,将积极统筹谋划道路、水路、港口物流的协调发展,将东西湖保税物流中心打造成中部重要物流基地。

(资料来源:《湖北日报》)

4. 保税物流园区进出货物的报关

1) 保税物流园区与境外之间进出货物

海关对园区与境外之间进出货物,除园区自用的免税进口货物、国际中转货物外,实行备案制管理,适用进出境备案清单。

园区与境外之间进出货物应当向园区主管海关申报。园区货物的进出境口岸不在园区主管海关管辖区域的,经主管海关批准,可以在口岸海关办理申报手续。园区内开展整箱进出、二次拼箱等国际中转业务的,由开展此项业务的企业向海关发送电子舱单数据,园区企业向园区主管海关申请提箱、集运等,提交舱单等单证,办理进出境申报手续。

保税物流园区与境外之间进出货物的报关程序如下:

(1) 境外运入园区。

境外货物到港后，园区企业及其代理人可以先提交舱单将货物直接运到园区，再提交进境货物备案清单向园区主管海关办理申报手续。除法律、行政法规另有规定的外，境外运入园区的货物不实行许可证件管理。

境外运入园区的下列货物保税：

① 园区企业为开展业务所需的货物及其包装物料；

② 加工贸易进口货物；

③ 转口贸易货物；

④ 外商暂存货物；

⑤ 供应国际航行船舶和航空器的物料、维修用零部件；

⑥ 进口寄售货物；

⑦ 进境检测、维修货物及其零配件；

⑧ 看样订货的展览品、样品；

⑨ 未办结海关手续的一般贸易货物；

⑩ 经海关批准的其他进境货物。

境外运入园区的下列货物免税：

① 园区的基础设施建设项目所需的设备、物资等；

② 园区企业为开展业务所需机器、装卸设备、仓储设施、管理设备及其维修用消耗品、零配件及工具；

③ 园区行政机构及其经营主体、园区企业自用合理数量的办公用品。

境外运入园区的园区行政机构及其经营主体、园区企业自用交通运输工具、生活消费品，按一般进口货物的有关规定和程序办理申报手续。

（2）园区运往境外。

从园区运往境外的货物，除法律、行政法规另有规定外，免征出口关税，不实行许可证件管理。

进境货物未经流通性简单加工，须原状退运出境的，园区企业可以向园区主管海关申请办理退运手续。

2）保税物流园区与境内区外之间进出货物

园区与区外之间进出的货物，由区内企业或者区外的收发货人或其代理人在园区主管海关办理申报手续。

园区企业在区外从事进出口贸易且货物不实际进出园区的，可以在收发货人所在地的主管海关或者货物实际进出境口岸的海关办理申报手续。

除法律、行政法规规定不得集中申报的货物外，园区企业少批量、多批次进出货物的，经主管海关批准可以办理集中申报手续，并适用每次货物进出口时海关接受该货物申报之日实施的税率、汇率。集中申报的期限不得超过1个月，且不得跨年度办理。

保税物流园区与区外之间进出货物的报关程序如下：

（1）园区货物运往区外。

园区货物运往区外，视同进口。园区企业或者区外收货人或其代理人按照进口货物的有关规定向园区主管海关申报，海关按照货物出园区时的实际监管方式办理相关手续：

① 进入国内市场的，按一般进口货物报关，提供相关的许可证件，照章缴纳进口关税，进口

环节的增值税、消费税。

② 用于加工贸易的，按保税加工货物报关，提供加工贸易手册(包括纸质的或电子的)，继续保税。

③ 用于可以享受特定减免税的特定企业、特定地区或有特定用途的，按特定减免税货物报关，提供"进出口货物征免税证明"和相应的许可证件，免缴进口关税、进口环节的增值税。

园区企业跨关区配送货物或者异地企业跨关区到园区提取货物的，可以在园区主管海关办理申报手续，也可以按照海关规定办理进口转关手续。

供区内行政管理机构及其经营主体和区内企业使用的机器、设备和办公用品等需要运往区外进行检测、维修的，应当向园区主管海关提出申请，经主管海关核准、登记后方可运往区外。

运往区外检测、维修的机器、设备和办公用品等不得留在区外使用，并自运出之日起60天内运回区内。因特殊情况不能如期运回的，园区行政管理机构及其经营主体和园区内企业应当于期满前10天内，以书面形式向园区主管海关申请延期，延长期限不得超过30天。

检测、维修完毕运进园区的机器、设备等应当为原物。有更换新零配件或者附件的，原零配件或者附件应当一并运回园区。

对在区外更换的国产零配件或者附件，如须退税，由区内企业或者区外企业提出申请，园区主管海关按照出口货物的有关规定办理，并签发出口货物报关单退税证明联。

园区企业在区外其他地方举办商品展示活动的，应当比照海关对暂准进境货物的管理规定办理有关手续。

(2) 区外货物运入园区

区外货物运入园区，视同出口，由区内企业或者区外的发货人或其代理人向园区主管海关办理出口申报手续。属于应当缴纳出口关税的商品，应当照章纳税；属于许可证件管理的商品，应当同时向海关出具有效的许可证件。

用于办理出口退税的出口货物报关单证明联的签发手续，按照下列规定办理：

① 从区外运入园区，供区内企业开展业务的国产货物及其包装材料，由区内企业或者区外发货人及其代理人填写出口货物报关单，海关按照对出口货物的有关规定办理，签发出口货物报关单退税证明联；货物从异地转关进入园区的，起运地海关在收到园区主管海关确认转关货物已进入园区的电子回执后，签发出口货物报关单退税证明联。

② 从区外运入园区，供区内行政管理机构及其经营主体和区内企业使用的国产基建物资、机器、装卸设备、管理设备等，海关按照对出口货物的有关规定办理，除属于取消出口退税的基建物资外，其他的予以签发出口货物报关单退税证明联。

③ 从区外运入园区，供区内行政管理机构及其经营主体和区内企业使用的生活消费品、办公用品、交通运输工具等，海关不予签发出口货物报关单退税证明联。

④ 从区外进入园区的原进口货物、包装物料、设备、基建物资等，区外企业应当向海关提供上述货物或者物品的清单，按照出口货物的有关规定办理申报手续，海关不予签发出口货物报关单退税证明联，原已缴纳的关税、进口环节增值税和消费税不予退还。

⑤ 除已经流通性简单加工的货物外，区外进入园区的货物，因质量、规格型号与合同不符等原因，须原状返还出口企业进行更换的，园区企业应当在货物申报进入园区之日起1年内向园区主管海关申请办理退换手续。更换的货物进入园区时，可以免领出口许可证件，免征出口

关税，但海关不予签发出口货物报关单退税证明联。

(3) 保税物流园区与其他特殊监管区域、保税监管场所之间往来货物

海关对于园区与海关其他特殊监管区域或者保税监管场所之间往来的货物，继续实行保税监管，不予签发出口货物报关单退税证明联。但货物从未实行国内货物入区、入仓环节出口退税制度的海关特殊监管区域或者保税监管场所转入园区的，按照货物实际离境的有关规定办理申报手续，由转出地海关签发出口货物报关单退税证明联。

园区与其他特殊监管区域、保税监管场所之间的货物交易、流转，不征收进出口环节和国内流通环节的有关税收。

知识链接

海口"十二五"将建三大物流园　五个配送中心

2011年4月28日下午，海口市副市长袁光平在海口二十大重点项目专场推介会上表示，海口"十二五"期间物流业发展目标和任务为：重点建设"三大物流园区"、"五大物流中心"和"五个专业配送中心"。到2015年，港口货物吞吐量达到1亿吨，集装箱运输达到150万标箱；空港吞吐量达到30万吨。

三大物流园区

据介绍，临空物流园区位于美兰机场北侧，规划用地2.11平方千米，建设内容以立体仓库为主，逐步使用自动化设备，建立先进的指挥调度与监控系统和公共物流信息网络平台；马村港保税物流园区建设内容以生产区、保税仓库、铁路运转区、查验区、商品展示展销区、国际贸易区及辅助设施，建立先进的指挥调度与监控系统和公共物流信息网络平台；新海物流园区规划用地3 500亩，使用自动化设备，建设完善的生活、办公、商品展示等配套设施，为全省提供仓储配送、集装箱中转、专业批发等现代物流服务。

五大物流中心

府城南北水果蔬菜物流中心规划用地20公顷；永桂海口钢材物流交易中心用地面积20公顷，总投资2.73亿元；丁村美居生活物流中心规划用地70公顷，目前在项目已启动；桂林洋水产物流交易中心规划用地26.7公顷，总投资4亿元，目前已动工；中商农产品物流中心，目前交易市场和商铺的招商工作已全面展开，开业时间预计为2011年5月18日。

五大配送中心

南站配送中心规划用地10公顷，服务范围以工业区配送为主；金盘配送中心规划用地30公顷，服务范围以工业区配送为主；灵山配送中心规划用地5公顷，服务范围以机场配送为主；长流配送中心规划用地10公顷，服务范围以长流高新技术产业区配送为主；桂林洋配送中心规划用地5公顷，服务范围以桂林洋开发区配送为主，与临空物流园形成产业集群和互补。

（资料来源：新华网）

7.2.3.3　保税区进出货物报关

保税区货物报关分进出境报关和进出区报关。

1. 进出境报关

进出境报关采用报关制和备案制相结合的运行机制，即保税区与境外之间进出境货物，属

自用的，采取报关制，填写进出口货物报关单；属非自用的，包括加工出口、转口、仓储和展示，采取备案制，填写进出境货物备案清单，即保税区内企业的加工贸易料件、转口贸易货物、仓储货物进出境，由收货人或其代理人填写进出境货物备案清单向海关报关；对保税区内企业进口自用合理数量的机器设备、管理设备、办公用品及工作人员所需自用合理数量的应税物品及货样，由收货人或其代理人填写进口货物报关单向海关报关。

保税区与境外之间进出的货物，除易制毒化学品、监控化学品、消耗臭氧层物质等国家规定的特殊货物外，不实行进出口许可证件管理，免予交验许可证件。

为保税加工、保税仓储、转口贸易、展示而从境外进入保税区的货物可以保税。

从境外进入保税区的以下货物可以免税：

(1) 区内生产性的基础设施建设项目所需的机器、设备和其他基建物资；

(2) 区内企业自用的生产、管理设备和自用合理数量的办公用品及其所需的维修零配件，生产用燃料，建设生产厂房、仓储设施所需的物资、设备，但是交通车辆和生活用品除外；

(3) 保税区行政管理机构自用合理数量的管理设备和办公用品及其所需的维修零配件。

免税进入保税区的进口货物，海关按照特定减免税货物进行监管。

2. 进出区报关

进出区报关要根据不同的情况按不同的报关程序报关。

(1) 保税加工货物进出区。

进区，报出口，要有加工贸易纸质手册或者加工贸易电子账册、电子化手册，填写出口货物报关单，提供有关的许可证件。出口应当征收出口关税商品的，须缴纳出口关税；海关不签发出口货物报关单退税证明联。

出区，报进口，按不同的流向填写不同的进口货物报关单：

① 出区进入国内市场的，按一般进口货物报关，填写进口货物报关单，提供有关的许可证件。

关于保税加工货物内销征税的完税价格由海关按以下规定审查确定：

保税区内的加工企业内销的进口料件或其制成品(包括残次品)，以接受内销申报的同时或者大约同时进口的相同或者类似货物的进口成交价格为基础确定完税价格。

保税区内的加工企业内销的进料加工制成品中，如果含有从境内采购的料件，以制成品所含有的从境外购入的料件的原进口成交价格为基础确定完税价格。料件的原进口成交价格不能确定的，以接受内销申报的同时或者大约同时进口的与料件相同或者类似货物的进口成交价格为基础确定完税价格。

保税区内的加工企业内销的来料加工制成品中，如果含有从境内采购的料件，以接受内销申报的同时或者大约同时进口的与料件相同或者类似货物的进口成交价格为基础确定完税价格。

保税区内的加工企业内销加工过程中产生的边角料或者副产品，以内销价格作为完税价格。

② 出区用于加工贸易的，按加工贸易货物报关，填制加工贸易进口货物报关单，提供加工贸易纸质手册或者加工贸易电子账册、电子化手册。

③ 出区用于可以享受特定减免税企业的，按特定减免税货物报关，提供进出口货物征免税证明和应当提供的许可证件，免缴进口税。

(2) 进出区外发加工。

保税区企业货物外发到区外加工，或区外企业货物外发到保税区加工，须经主管海关核准。

进区提交外发加工合同向保税区海关备案，加工出区后核销，不填写进出口货物报关单，不缴纳税费。

出区外发加工的，须由区外加工贸易经营企业在加工企业所在地海关办理加工贸易备案手续，申领纸质手册，或者建立电子账册、电子化手册，需要建立银行保证金台账的应当设立台账，加工期限最长6个月，情况特殊，经海关批准可以延长，延长的最长期限是6个月。备案后按保税加工货物出区进行报关。

(3) 设备进出区。

不管是施工还是投资设备，进出区均须向保税区海关备案，设备进区不填写报关单，不缴纳出口税，海关不签发出口货物报关单退税证明联，设备系从国外进口已征进口税的，不退进口税；设备退出区外，也不必填写报关单进行申报，但要报保税区海关销案。

7.2.3.4 保税港区货物的报关程序

保税港区企业向海关申报货物进出境、进出区，以及在同一区域内或者不同特殊区域之间流转货物的双方企业，应填制海关进(出)境货物备案清单。保税港区与境内(区外)之间进出的货物，区外企业应同时填制进(出)口货物报关单，向保税港区主管海关办理进出口报关手续。

货物在同一保税港区企业之间、不同特殊区域企业之间或保税港区与区外之间流转的，应先办理进口报关手续，后办理出口报关手续。

综合保税区以及被整合到国务院新批准设立的综合保税区或保税港区内的出口加工区、保税物流园区、保税区或保税物流中心，按照保税港区模式运作。

具体程序如下：

1. 保税港区与境外之间

保税港区与境外之间进出的货物应当在保税港区主管海关办理海关手续；进出境口岸不在保税港区主管海关辖区内的，经保税港区主管海关批准，可以在口岸海关办理海关手续。

海关对保税港区与境外之间进出的货物实行备案制管理，对从境外进入保税港区的货物予以保税。货物的收发货人或者代理人应当如实填写进出境货物备案清单，向海关备案。

下列货物从境外进入保税港区，海关免征进口关税和进口环节海关代征税：

(1) 区内生产性的基础设施建设项目所需的机器、设备和建设生产厂房、仓储设施所需的基建物资；

(2) 区内企业生产所需的机器、设备、模具及其维修用零配件；

(3) 区内企业和行政管理机构自用合理数量的办公用品。

从境外进入保税港区，供区内企业和行政管理机构自用的交通运输工具、生活消费用品，按进口货物的有关规定办理报关手续，海关按照有关规定征收进口关税和进口环节海关代征税。

从保税港区运往境外的货物免征出口关税。

保税港区与境外之间进出的货物，除法律、行政法规和规章另有规定的外，不实行进出口配额、许可证件管理。

对于同一配额、许可证件项下的货物，海关在进区环节已经验核配额、许可证件的，在出境环节不再要求企业出具配额、许可证件原件。

2. 保税港区与区外非特殊监管区域或场所之间

保税港区与区外之间进出的货物，区内企业或者区外收发货人按照进出口货物的有关规定向保税港区主管海关办理申报手续。需要征税的，区内企业或者区外收发货人按照货物进出区时的实际状态缴纳税款；属于配额、许可证件管理商品的，区内企业或者区外收货人还应当向海关出具配额、许可证件。对于同一配额、许可证件项下的货物，海关在进境环节已经验核配额、许可证件的，在出区环节不再要求企业出具配额、许可证件原件。

(1) 出区。

① 一般贸易货物出区。

一般贸易货物出区直接进入生产或消费领域流通的，按一般进口货物的报关程序办理海关手续，属于优惠贸易协定项下货物，符合海关总署相关原产地管理规定的，按协定税率或者特惠税率办理海关征税手续。

一般贸易货物出区符合保税或者特定减免税条件的，可以按保税货物或者特定减免税货物的报关程序办理海关手续。

② 加工贸易货物出区。

区内企业生产的加工贸易成品及在加工生产过程中产生的残次品、副产品出区内销的，按进口货物办理进口手续，海关按内销时的实际状态征税。属于进口配额、许可证件管理的，企业应当向海关出具进口配额、许可证件。

区内企业在加工生产过程中产生的边角料、废品，以及加工生产、储存、运输等过程中产生的包装物料，区内企业提出书面申请并且经海关批准的，可以运往区外，海关按出区时的实际状态征税。属于进口配额、许可证件管理的，免领进口配额、许可证件；列入《禁止进口废物目录》的废物及其他危险废物须出区进行处置的，有关企业凭保税港区行政管理机构及所在地的市级环保部门批件等材料，向海关办理出区手续。

区内企业生产的加工贸易成品出区深加工结转按出口加工区深加工结转程序办理海关手续。

③ 出区展示。

区内企业在区外其他地方举办商品展示活动的，比照海关对暂准进境货物的管理规定办理有关手续。

④ 出区检测、维修。

保税港区内使用的机器、设备、模具和办公用品等海关监管货物，可以比照进境修理货物的有关规定，运往区外进行检测、维修。区内企业将模具运往区外进行检测、维修的，应当留存模具所生产产品的样品或者图片资料。

运往区外进行检测、维修的机器、设备、模具和办公用品等，不得在区外用于加工生产和使用，并且应当自运出之日起60日内运回保税港区。因特殊情况不能如期运回的，区内企业或者保税港区行政管理机构应当在期限届满前7日内，以书面形式向海关申请延期，延长期限不得超过30日。检测、维修完毕运回保税港区的机器、设备、模具和办公用品等应当为原物。有更换新零件、配件或者附件的，原零件、配件或者附件应当一并运回保税港区。对在区外更换的国产零件、配件或者附件,需要退税的,由区内企业或者区外企业提出申请,保税港区主管海关按照出口货物的有关规定办理手续,签发出口货物报关单证明联。

⑤ 出区外发加工。

区内企业需要将模具、原材料、半成品等运往区外进行加工的,应当在开展外发加工前,凭承揽加工合同或者协议、承揽企业营业执照复印件和区内企业签章确认的承揽企业生产能力状况等材料,向保税港区主管海关办理外发加工手续。

委托区外企业加工的期限不得超过6个月,加工完毕后的货物应当按期运回保税港区。在区外开展外发加工产生的边角料、废品、残次品、副产品不运回保税港区的,海关应当按照实际状态征税。区内企业凭出区时委托区外加工申请书及有关单证,向海关办理验放核销手续。

(2) 进区。

区外货物进入保税港区的,按照货物出口的有关规定办理缴税手续,并按照下列规定签发用于出口退税的出口货物报关单证明联:

① 从区外进入保税港区供区内企业开展业务的国产货物及其包装物料,海关按照对出口货物的有关规定办理,签发出口货物报关单证明联。货物转关出口的,起运地海关在收到保税港区主管海关确认转关货物已进入保税港区的电子回执后,签发出口货物报关单证明联。

② 从区外进入保税港区供保税港区行政管理机构和区内企业使用的国产基建物资、机器、装卸设备、管理设备、办公用品等,海关按照对出口货物的有关规定办理,除属于取消出口退税的基建物资外,签发出口货物报关单证明联;从区外进入保税港区的原进口货物、包装物料、设备、基建物资等,区外企业应当向海关提供上述货物或者物品的清单,按照出口货物的有关规定办理申报手续,海关不予签发出口货物报关单退税证明联,原已缴纳的关税、进口环节海关代征税不予退还。

3. 保税港区与其他海关特殊监管区域或者保税监管场所之间

海关对于保税港区写其他海关特殊监管区域或者保税监管场所之间往来的货物,实行保税监管,不予签发用于办理出口退税的出口货物报关单证明联。但货物从未实行国内货物入区(仓)环节出口退税制度的海关特殊监管区域或者保税监管场所转入保税港区的,视同货物实际离境,由转出地海关签发出口货物报关单退税证明联。

保税港区与其他海关特殊监管区域或者保税监管场所之间的流转货物,不征收进出口环节的有关税收。

承运保税港区与其他海关特殊监管区域或者保税监管场所之间往来货物的运输工具,应当符合海关监管要求。

7.2.4 特定减免税货物进口报关

特定减免税货物进口报关程序,与一般进出口货物的报关基本相同。但是特定减免税货物进口报关的有些具体手续与一般进出口货物的报关有所不同:

(1) 特定减免税货物进口报关时,进口货物收货人或其代理人除了向海关提交报关单及随附单证以外,还应当向海关提交“进出口货物征免税证明”。海关在审单时从计算机查阅征免税证明的电子数据,核对纸质的“进出口货物征免税证明”。

(2) 特定减免税货物一般不豁免进口许可证件,但是对外资企业和中国香港、澳门、台湾同胞及华侨的投资企业进口本企业自用的机器设备,可免予交验进口许可证件。

外商投资企业在投资总额内进口涉及机电产品自动进口许可管理的，也可免予交验有关许可证件。

(3) 特定减免税货物进口，填制报关单时，报关员应当特别注意报关单上"备案号"栏目的填写。"备案号"栏内填写"进出口货物征免税证明"上的12位编号，12位编号写错将不能通过海关计算机逻辑审核，或者在提交纸质报关单证时无法顺利通过海关审单。

7.2.5 暂准进出境货物的报关

7.2.5.1 使用ATA单证册的暂准进出境货物报关

持ATA单证册向海关申报进出境货物，不需向海关提交进出口许可证件，也不需另外再提供担保。但如果进出境货物受公共道德、公共安全、公共卫生、动植物检疫、濒危野生动植物保护、知识产权保护等限制的，展览品收发货人或其代理人应当向海关提交相关的进出口许可证件。

1. 进境申报

进境货物收货人或其代理人持ATA单证册向海关申报进境展览品时，先在海关核准的出证协会中国国际商会及其他商会，将ATA单证册上的内容预录进海关与商会联网的ATA单证册电子核销系统，然后向展览会主管海关提交纸质ATA单证册、提货单等单证。

海关在白色进口单证上签注，并留存白色进口单证(正联)，将存根联和ATA单证册其他各联退还给货物收货人或其代理人。

2. 出境申报

出境货物发货人或其代理人持ATA单证册向海关申报出境展览品时，向出境地海关提交国家主管部门的批准文件、纸质ATA单证册、装货单等单证。

海关在绿色封面单证和黄色出口单证上签注，并留存黄色出口单证(正联)，将存根联和ATA单证册其他各联退还给出境货物发货人或其代理人。

3. 异地复运出境、进境申报

使用ATA单证册进出境的货物异地复运出境、进境申报，ATA单证册持证人应当持主管地海关签章的海关单证向复运出境、进境地海关办理手续。货物复运出境、进境后，主管地海关凭复运出境、进境地海关签章的海关单证办理核销结案手续。

4. 过境申报

过境货物承运人或其代理人持ATA单证册向海关申报将货物通过我国转运至第三国参加展览会的，不必填制过境货物报关单。海关在两份蓝色过境单证上分别签注后，留存蓝色过境单证(正联)，将存根联和ATA单证册其他各联退还给运输工具承运人或其代理人。

7.2.5.2 不使用ATA单证册报关的进出境展览品

1. 进境申报

境内展览会的办展人或者参加展览会的办展人、参展人(以下简称办展人、参展人)应当在展览品进境20个工作日前，向主管地海关提交有关部门备案证明或者批准文件及展览品清单等相关单证办理备案手续。

展览会不属于有关部门行政许可项目的，办展人、参展人应当向主管地海关提交展览会邀请函、展位确认书等其他证明文件及展览品清单办理备案手续。

展览品进境申报手续可以在展出地海关办理。从非展出地海关进境的，可以申请在进境地海关办理转关运输手续，将展览品在海关监管下从进境口岸转运至展览会举办地主管海关办理申报手续。

展览会主办单位或其代理人应当向海关提交报关单、展览品清单、提货单、发票、装箱单等。展览品中涉及检验检疫等管制的，还应当向海关提交有关许可证件。

展览会主办单位或其代理人应当向海关提供担保。在海关指定场所或者海关派专人监管的场所举办展览会的，经主管地直属海关批准，参展的展览品可免予向海关提供担保。

海关一般在展览会举办地对展览品进行开箱查验。展览品开箱前，展览会主办单位或其代理人应当通知海关。海关查验时，展览品所有人或其代理人应当到场，并负责搬移、开拆、封装货物。

展览会展出或使用的印刷品、音像制品及其他需要审查的物品，还要经过海关的审查，才能展出或使用。对我国政治、经济、文化、道德有害的，以及侵犯知识产权的印刷品、音像制品，不得展出，由海关没收、退运出境或责令更改后使用。

2. 出境申报

境内出境举办或者参加展览会的办展人、参展人应当在展览品出境 20 个工作日前，向主管地海关提交有关部门备案证明或者批准文件及展览品清单等相关单证办理备案手续。

展览会不属于有关部门行政许可项目的，办展人、参展人应当向主管地海关提交展览会邀请函、展位确认书等其他证明文件及展览品清单办理备案手续。

展览品出境申报手续应当在出境地海关办理。在境外举办展览会或参加国外展览会的企业应当向海关提交国家主管部门的批准文件、报关单、展览品清单（一式两份）等单证。

展览品属于应当缴纳出口关税的，向海关缴纳相当于税款的保证金；属于核用品、核两用品及相关技术的出口管制商品的，应当提交出口许可证。

海关对展览品进行开箱查验，核对展览品清单。查验完毕，海关留存一份清单，另一份封入“关封”交还给发货人或其代理人，凭以办理展览品复运进境申报手续。

7.2.5.3 其他暂准进出境货物报关

1. 进境申报

其他暂准进境货物进境时，收货人或其代理人应当向海关提交主管部门允许货物为特定目的而暂时进境的批准文件、进口货物报关单、商业及货运单据等，向海关办理暂时进境申报手续。

其他暂准进境货物不必提交进口货物许可证件，但对国家规定需要实施检验检疫的，或者为公共安全、公共卫生等实施管制措施的，仍应当提交有关的许可证件。

其他暂准进境货物在进境时，收货人或其代理人免予缴纳进口税，但必须向海关提供担保。

2. 出境申报

其他暂准出境货物出境，发货人或其代理人应当向海关提交主管部门允许货物为特定目的而暂时出境的批准文件、出口货物报关单、货运和商业单据等，向海关办理暂时出境申报手续。

其他暂准进境货物，除易制毒化学品、监控化学品、消耗臭氧层物质、有关核出口、核两用品及相关技术的出口管制条例管制的商品及其他国际公约管制的商品外，不需交验许可证件。

3. 异地复运出境、进境申报

异地复运出境、进境的其他暂准进出境货物，收发货人应当持主管地海关签章的海关单证向复运出境、进境地海关办理手续。货物复运出境、进境后，主管地海关凭复运出境、进境地海关签章的海关单证办理核销结案手续。

7.2.6 过境、转运、通运货物的报关

7.2.6.1 过境货物

1. 概述

1）含义

过境货物是指从境外起运，在我国境内不论是否换装运输工具，通过陆路运输，继续运往境外的货物。

2）范围

下列货物准予过境：

(1) 与我国签有过境货物协定的国家的过境货物；

(2) 在同我国签有铁路联运协定的国家收、发货的过境货物；

(3) 未与我国签有过境货物协定但经国家商务、运输主管部门批准，并向入境地海关备案后准予过境的货物。

下列货物禁止过境：

(1) 来自或运往我国停止或禁止贸易的国家和地区的货物；

(2) 各种武器、弹药、爆炸品及军需品(通过军事途径运输的除外)；

(3) 各种烈性毒药、麻醉品和鸦片、吗啡、海洛因、可卡因等毒品；

(4) 我国法律、法规禁止过境的其他货物、物品。

3）管理

海关对过境货物监管的目的是为了防止过境货物在我国境内运输过程中滞留在国内，或将我国货物混入过境货物随运出境；防止禁止过境货物从我国过境。

过境货物经营人应当按下列要求开展相关业务：

(1) 过境货物经营人应当持主管部门的批准文件和工商行政管理部门颁发的营业执照，向海关主管部门申请办理注册登记手续；

(2) 装载过境货物的运输工具，应当具有海关认可的加封条件或装置，海关认为必要时，可以对过境货物及其装载装置进行加封；

(3) 运输部门和过境货物经营人应当负责保护海关封志的完整，任何人不得擅自开启或损毁。

对过境货物管理的其他规定如下：

(1) 民用爆炸品、医用麻醉品等的过境运输，应经海关总署商有关部门批准后，方可过境；

(2) 有伪报货名和国别，借以运输我国禁止过境货物的，以及其他违反我国法律、行政法规情事的，海关可依法将货物扣留处理；

(3) 海关可以对过境货物实施查验，海关在查验过境，货物时，经营人或承运人应当到场，负责搬移货物，开拆、封装货物；

(4) 过境货物在境内发生损毁或者灭失的(除不可抗力原因造成的外)，经营人应当负责向出境地海关补办进口纳税手续。

2. 程序

1) 报关

(1) 进境。

过境货物进境时，过境货物经营人或报关企业应当向海关递交"过境货物报关单"和运单、转载清单、载货清单，以及发票、装箱清单等，办理过境手续。过境货物经进境地海关审核无误后，进境地海关在提运单上加盖"海关监管货物"戳记，并将过境货物报关单和过境货物清单制作"关封"后加盖"海关监管货物"专用章，连同上述提运单一并交经营人或报关企业。

过境货物经营人或承运人应当负责将上述单证及时交出境地海关验核。

(2) 出境。

过境货物出境时，过境货物经营人或报关企业应当及时向出境地海关申报，并递交进境地海关签发的"关封"和其他单证。

出境地海关审核有关单证、"关封"和货物，确认无误后，加盖放行章，监管货物出境。

2) 过境期限

过境货物的过境期限为6个月，因特殊原因，可以向海关申请延期，经海关同意后，最长可延期3个月。

过境货物超过规定期限3个月仍未离境的，海关按规定依法提取变卖，变卖后的货款按有关规定处理。

3) 在境内暂存和运输

关于过境货物在境内暂存和运输有以下规定：

(1) 过境货物进境后因换装运输工具等原因须卸下储存时，应当经海关批准并在海关监管下存入海关指定或同意的仓库或场所；

(2) 过境货物在进境以后、出境以前，应当按照运输主管部门规定的路线运输，运输部门没有规定的，由海关指定；

(3) 海关可根据情况派员押运过境货物运输。

7.2.6.2 转运货物

1. 概述

1) 含义

转运货物是指由境外起运，通过我国境内设立海关的地点换装运输工具，不通过境内陆路运输，继续运往境外的货物。

2) 范围

进境运输工具载运的货物具备下列条件之一的，可以办理转运手续：

(1) 持有转运或联运提货单的；

(2) 进口载货清单上注明是转运货物的；

(3) 持有普通提货单，但在卸货前向海关声明转运的；

(4) 误卸下的进口货物，经运输工具经理人提供确实证件的；

(5) 因特殊原因申请转运，获海关批准的。

3) 管理

海关对转运货物实施监管的主要目的在于防止货物在口岸换装过程中误进口或误出口。

海关对转运货物有以下监管规定：

(1) 外国转运货物在中国口岸存放期间，不得开拆、改换包装或进行加工；

(2) 转运货物必须在3个月之内办理海关有关手续并转运出境，超出规定期限3个月仍未转运出境或办理其他海关手续的，海关将提取依法变卖处理；

(3) 海关对转运的外国货物有权进行查验。

2. 程序

转运货物的报关程序如下：

(1) 载有转运货物的运输工具进境后，承运人应当在进口载货清单上列明转运货物的名称、数量、起运地和到达地，并向主管海关申报进境；

(2) 申报经海关同意后，在海关指定的地点换装运输工具；

(3) 在规定时间内运送出境。

7.2.6.3 通运货物

1. 含义

通运货物是指从境外起运，不通过我国境内陆路运输，运进境后由原运输工具载运出境的货物。

2. 程序

通运货物的报关程序如下：

(1) 运输工具进境时，运输工具的负责人应凭注明通运货物名称和数量的“船舶进口报告书”或国际民航机使用的“进口载货舱单”向进境地海关申报；

(2) 进境地海关在接受申报后，在运输工具抵、离境时对申报的货物予以核查，并监管货物实际离境。

运输工具因装卸货物须搬运或倒装货物时，应向海关申请并在海关的监管下进行。

7.2.7 出料加工货物进出口报关

1. 出境申报

出料加工货物出境，发货人或其代理人应当向海关提交手册、出口货物报关单、货运单据及其他海关需要的单证申报出口，属许可证件管理的商品，免交许可证件；属应征出口税的，应提供担保。

为实现有效监管，海关可以对出料加工出口货物附加标志、标记或留取货样。

2. 进境申报

出料加工货物复运进口，收货人或其代理人应当向海关提交手册、进口货物报关单、货运单据及其他海关需要的单证申报进口，海关对出料加工复进口货物以境外加工费、材料费、复运进境的运输及其相关费用和保险费审查确定完税价格征收进口关税和进口环节海关代征税。

7.2.8 无代价抵偿货物报关

无代价抵偿大体上可以分为两种：一种是短少抵偿，一种是残损、品质不良或规格不符抵偿。对两种抵偿引起的两类进出口无代价抵偿货物在报关程序上有所区别。

1. 残损、品质不良或规格不符引起的无代价抵偿货物进出口海关手续

残损、品质不良或规格不符引起的无代价抵偿货物，进出口前应当先办理被更换的原进出口货物中残损、品质不良或规格不符货物的有关海关手续。

(1) 原进口货物退运出境，以及原出口货物退运进境。

原进口货物的收货人或其代理人应当办理被更换的原进口货物中残损、品质不良或规格不符货物的退运出境的报关手续。被更换的原进口货物退运出境时不征收出口关税。

原出口货物的发货人或其代理人应当办理被更换的原出口货物中残损、品质不良或规格不符货物的退运进境的报关手续。被更换的原出口货物退运进境时不征收进口关税和进口环节海关代征税。

(2) 原进口货物不退运出境，放弃交由海关处理。

被更换的原进口货物中残损、品质不良或规格不符货物不退运出境，但原进口货物的收货人愿意放弃，交由海关处理的，海关应当依法处理并向收货人提供依据，凭以申报进口无代价抵偿货物。

(3) 原进口货物不退运出境也不放弃，以及原出口货物不退运进境。

被更换的原进口货物中残损、品质不良或规格不符货物不退运出境且不放弃交由海关处理的，原进口货物的收货人应当按照海关接受无代价抵偿货物申报进口之日适用的有关规定申报进口，并按照海关对原进口货物重新估定的价格计算的税额缴纳进口关税和进口环节海关代征税，属于许可证件管理的商品还应当交验相应的许可证件。

被更换的原出口货物中残损、品质不良或规格不符的货物不退运进境，原出口货物的发货人应当按照海关接受无代价抵偿货物申报出口之日适用的有关规定申报出口，并按照海关对原出口货物重新估定的价格计算的税额缴纳出口关税，属于许可证件管理的商品还应当交验相应的许可证件。

2. 向海关申报办理无代价抵偿货物进出口手续的期限

向海关申报进出口无代价抵偿货物应当在原进出口合同规定的索赔期内，而且不超过原货物进出口之日起3年。

3. 无代价抵偿货物报关应当提供的单证

收发货人向海关申报无代价抵偿货物进出口时除应当填制报关单和提供基本单证外，还应当提供其他特殊单证。

(1) 进口申报需要提交的特殊单证：

① 原进口货物报关单；

② 原进口货物退运出境的出口货物报关单，或者原进口货物交由海关处理的货物放弃处理证明，或者已经办理纳税手续的单证(短少抵偿的除外)；

③ 原进口货物税款缴纳书或者进出口货物征免税证明；

④ 买卖双方签订的索赔协议。

海关认为需要时，纳税义务人还应当提交具有资质的商品检验机构出具的原进口货物残

损、短少、品质不良或者规格不符的检验证明书或者其他有关证明文件。

(2) 出口申报需要提交的特殊单证：

① 原出口货物报关单；

② 原出口货物退运进境的进口货物报关单或者已经办理纳税手续的单证(短少抵偿的除外)；

③ 原出口货物税款缴纳书；

④ 买卖双方签订的索赔协议。

海关认为需要时，纳税义务人还应当提交具有资质的商品检验机构出具的原出口货物残损、短少、品质不良或者规格不符的检验证明书或者其他有关证明文件。

7.2.9 进出境修理货物报关

1. 进境修理货物

货物进境后，收货人或其代理人持维修合同或者含有保修条款的原出口合同及申报进口需要的所有单证办理货物进口申报手续，并提供进口税款担保。

货物进口后在境内维修的期限为进口之日起6个月，可以申请延长，延长的期限最长不超过6个月。在境内维修期间受海关监管。

修理货物复出境申报时应当提供原修理货物进口申报时的报关单(留存联或复印件)。

修理货物复出境后应当申请销案，正常销案的，海关应当退还保证金或撤销担保。未复出境部分货物应当办理进口申报纳税手续。

2. 出境修理货物

发货人在货物出境时，向海关提交维修合同或含有保修条款的原进口合同，以及申报出口需要的所有单证，办理出境申报手续。

货物出境后，在境外维修的期限为出境之日起6个月，可以申请延长，延长的期限最长不超过6个月。

货物复运进境时应当向海关申报在境外实际支付的修理费和材料费，由海关审查确定完税价格，计征进口关税和进口环节海关代征税。

超过海关规定期限复运进境的，海关按一般进口货物计征进口关税和进口环节海关代征税。

知识链接

造势自由贸易园区　上海再寻政策突破

2011年4月7日举行的“上海综合保税区2011年企业大会”上，上海市浦东新区副区长、上海综合保税区管委会常务副主任戴海波透露，将于今年秋季举办2011年世界自由贸易区大会(World Free Zone Convention)，积极探索保税区向自由贸易区转型发展的方向和途径。

作为上海市政府的派出机构，上海综合保税区于2009年11月18日成立，统管面积共达20多平方千米的洋山保税港区、外高桥保税区(含外高桥保税物流园区)及浦东机场综合保税区。

2010年11月初，国家发改委等有关部门联合在上海调研，就包括在浦东新区建设自由贸易园区等内容进行实地情况了解。

对于自由贸易园区的建设，相关人士告诉《第一财经日报》记者，目前很现实、很重要的一点便是推动贸易更加便利化。事实上，上海综合保税区成立以来，就一步步在国际贸易结算中心、融资租赁、期货保税交割等方面进行了一系列突破。

昨天的企业大会上，非银行系融资租赁公司上海明方租赁公司、扬子江租赁公司直升机项目、远东租赁公司船舶项目，以及银行系融资租赁公司交银租赁船舶和飞机项目，获颁了批准证书和营业执照。

上海综合保税区方面表示，接下来将积极推动船舶所有权登记、光船租赁登记率先试点，并筹划设立为融资租赁行业配套的综合服务平台，进一步降低租赁企业运作成本，提高运作效率。

同时，为应对天津等地区的政策竞争和挑战，要尽快形成针对融资租赁市区合力的财政支持政策，加快推动综保区成为国内融资租赁业务模式最丰富、项目种类最齐全的租赁产业特别功能区。

2011年3月，浦东新区召开了综合配套改革试点工作推进会，浦东新区区委书记徐麟表示，今年将积极探索保税区向自由贸易园区升级的路径思路，争取在保税区实现区内企业有限离岸权等五大功能。

戴海波在上述会议召开前接受采访时表示，自由贸易园区并非简单照搬中国香港、新加坡的国际经验，而是更看重功能，比如税负要和国际接轨，具有国际竞争力；外汇上要按照国际惯例处理业务。

据其介绍，为探索综合保税区发展成为具有国际竞争力的自由贸易园区的途径和可能性，今年将会重点推进两方面改革：一是拓展离岸服务贸易功能，二是提升高端航运服务功能。

（资料来源：凤凰网）

7.3 项目小结

本项目主要介绍了一般进出口货物、特定减免税货物、暂准进出境货物以及其他海关监管货物的报关，力求在学完本项目后，使学生能够掌握相关的报关业务知识，知晓不同货物报关时所需要的不同单证材料，及时去海关报关。

7.4 项目练习

1. 不定项选择题

(1) 经海关批准，未办理纳税手续进境，在境内加工、装配后复运出境的货物是（　　）。

A. 过境货物　　B. 暂准进出口货物　　C. 一般进出口货物　　D. 保税加工货物

(2) 加工贸易剩余料件结转至另一个加工贸易合同出口时，必须符合一定的条件。下列选项中不属于这些条件的是(　　)。

A. 同一经营单位　B. 同一加工厂　C. 同样的进口料件　D. 同样的产品

(3) 对于履行加工贸易合同中产生的剩余料件、边角料、残次品、副产品等,在海关规定的下列处理方式中不需要填制报关单向海关申报的是(　　)。

A. 销毁　B. 结转　C. 退运　D. 放弃

(4) 出口加工区区内开展加工贸易业务,适用电子账册管理,实行备案电子账册滚动累扣,核扣,每(　　)核销一次。

A. 3个月　B. 6个月　C. 9个月　D. 12个月

2. 思考题

(1) 一般进出口货物的范围有哪些?

(2) 海关特殊监管区域有哪些?

3. 案例分析题

启动"区港联动模式"　虎门港有望半小时转关

企业原来在虎门港转关需要半天到一天,今年上半年,可能半小时就够了,这有赖于将启动的"区港联动模式"。

2011年4月26日虎门港透露,日前虎门港码头与东莞保税物流中心的"区港联动模式"顺利通过测试,半小时实现转关。目前,这种技术在华南地区的港口群中尚属前列。该模式也对"即将开业的'大麦客'和每年举行的'台博会'起到积极的推动作用"。

转关两次申报变一次

4月21日上午11时30分,一批须从沙田虎门港码头转关到东莞保税物流中心的货物,分别由四辆已在海关备案的集装箱货车从码头装载,由海关施封并附加电子监管设备。随后,在海关协助下,四辆集装箱车顺利办结货物先行提离码头直接入园的手续。

当货车到达物流中心闸口,货车刷卡入园,企业挂号申报,海关通过系统自动核对有关信息予以验放,货物直接运入园区,用时约半个小时,测试获得成功。

据了解,原本货物在码头卸载时要申报一次,运送到保税物流中心园区转关前,再申报一次。通常需用时约半天到一天。

本次测试后,黄埔海关监通处、加贸处、技术处、沙田办和虎门港管委会将分工合作,对"区港联动模式"进行进一步的测试,包括从技术上,考虑海关系统数据的对接及使用RFID技术作为途中监管的手段;从业务上,制订区港联动的业务实现方案、风险防范措施及意外应急方案,争取在上半年实现区港联动。

(资料来源:华夏经纬网)

请思考

(1) "区港联动"模式会对企业有什么影响?

(2) "区港联动"模式给台湾货运带来了哪些便利?

项目8 配合海关进行申报货物的查验

知识目标

1. 了解海关对货物查验的相关规定。
2. 了解海关查验的方法。
3. 掌握收发货人或其代理人在海关对申报货物进行查验应履行的义务。

能力目标

1. 能知晓海关查验的基本知识与管理规定。
2. 知道如何配合海关完成查验。

8.1 案例导读

你配合海关查验了吗?

2006年4月11日,A公司委托B报关公司向某海关以一般贸易方式申报进口一批仪器设备,价值人民币80万元。某海关在审单过程中认为该公司进口货物申报税号可能有误,遂决定布控,要求对货物进行彻底查验。A公司向海关提出,称因工厂急需该批设备,申请海关允许其将货物提回工厂后,海关在工厂内查验。该海关经审核同意了该公司的申请。2006年4月13日,该关两名关员在B报关公司报关员吴某的陪同下到A公司厂房内对货物实施查验,要求A公司逐件打开货物外包装,根据布控详细比对申报项目与实际货物情况。A公司法定代表人李某不能理解海关关员逐件验货的方式,数次试图阻止关员查验货物,经人劝说后离开了查验现场。在查验过程中,由于A公司工人在卸货时操作不当,致使一个木箱从高处坠落,箱内仪器被损坏。李某闻讯后赶到现场,唆使工人将放置货物的集装箱箱门关闭并上锁,致使海关关员不能对其余货物进行查验。在说服教育无效的情况下,海关关员制作了现场查验记录,详细说明查验过程中发生的情况,要求在场的报关员吴某签字确认,并对集装箱施加海关封志后离开A公司。2006年5月11日,某海关向A公司制发行政处罚告知单,拟适用《海关行政处罚实施条例》第二十二条第(九)项“不按照规定接受海关对进出境运输工具、货物、物品进行检查、查验的”,对其予以警告,并处罚款人民币3 000元。A公司就此向海关进行了陈述与申辩，该关进行了复核。2006年5月18日，某海关制发行政处罚决定书，决定对A公司予以警告，并处罚款人民币3 000元。

（资料来源：海关总署网站）

思考题

1. 什么是海关查验？

2. 海关查验时报关人员的职责有哪些？

8.2 理论与实务知识

8.2.1 海关查验的概念

1. 海关查验的定义

海关查验(Inspection)也即验关，是指海关接受报关员的申报后，对进口或出口的货物进行实际的核对和检查，以确定货物的自然属性，货物的数量、规格、价格、金额以及原产地等是否与报关单所列一致，依法对进出口货物进行实际核查的执法行为。

海关查验，一方面是要复核申报环节中所申报的单证及查证单货是否一致，通过实际的查验发现审单环节不能发现的无证进出问题及走私、违规、逃漏关税等问题；另一方面，通过查验货物才能保证关税的依率计征。因为进口货物税则分类号列及适用税率的确定，申报的货价海关是否予以接受，都取决于查验的结果。如查验不实，税则分类及估价不当，不仅适用的税率可能发生差错，且估价容易或高或低，因而使税负不公，国家或厂商将蒙受损失。

例如，某市外运分公司申报进口制冷机，应归入税号8415，但该税号有8个子目，子目84158210税率为130%，子目84158220税率为90%，所附单据看不出制冷机的制冷温度和容量。通过实际查验，确定该机应归入税号84158220，按税率90%计征关税，从而避免了进口厂商负担其不应负担的关税额，体现了海关征税工作的严肃性，维护了集体的利益。

2. 海关查验的范围

进出口货物，除海关总署特准免验的以外都应接受海关查验。

海关查验主要是检查进出口货物的名称、品质规格、包装式样、数量、重量、标记唛码、生产或贸易国别等项是否与报关单和其他证件相符，防止非法进出。

参考案例

厦门海关严打“假球”

2011年4月，厦门海关在对一批出口体育用品进行查验时，发现货物中夹藏1 200个印有“SPALDING”商标的篮球，550支皮套、握柄等位置均印有“YONEX”字样标志的羽毛球拍。经权利人鉴定，这些货物均为未经授权生产的假球和假球拍。

（资料来源：海关总署网站）

3. 海关查验的时间和地点

海关将查验的决定以书面通知的形式通知进出口货物收发货人或其代理人，约定查验的时间。查验时间一般约定在海关正常工作时间内。

对于危险品或者鲜活、易腐烂、易失效、易变质的货物，以及因其他特殊情况需要“紧急验放”的货物，经进出口货物收发货人或其代理人申请，海关可以优先安排实施查验。

海关查验货物，一般在海关监管区内的进出口码头、车站、机场、邮局或海关的其他监管场所进行。对进出口大宗散货、危险品、鲜活商品、落驳运输的货物，经进出口收发货人的申请，海关也可结合装卸环节，在作业现场予以查验放行。在特殊情况下，经收发货人或其代理人的申请，海关审核同意，也可派员到规定的时间和场所以外的工厂、仓库或施工工地查验货物，但必须按照规定收取监管区域外监管手续费。

8.2.2 海关查验的程序及收发货人的主要义务

1. 海关查验的程序

(1) 海关确定查验后，由现场接单关员打印《查验通知单》，必要时制作查验关封交报关员。

(2) 安排查验计划。由现场海关查验受理岗位安排查验的具体时间，一般当天安排第二天的查验计划。

(3) 海关查验时，进口货物的收货人、出口货物的发货人或其授权报关员应当到场，并负责协助搬移货物，开拆和重封货物的包装。海关认为必要时，可以径行开验、复验或者提取货样。

(4) 查验结束后，由陪同人员在《查验记录单》上签名、确认。

2. 收发货人的主要义务

海关查验货物时，进出口货物收发货人或其代理人应当到场，配合海关查验。配合查验应当做的工作如下。

(1) 负责搬移货物，开拆和重封货物的包装。

海关查验货物时，进出口货物的收发货人或其代理人应当到场，并按照海关的要求负责搬移货物、开拆和重封货物的包装等。

(2) 了解和熟悉所申报货物的情况，回答查验海关关员的询问，提供海关查验货物时所需要的单证或其他资料。

海关查验货物时，进出口货物收发货人或其代理人应当在场陪同，并按海关要求提供查验货物所需的单证(进出口货物报关单；发票、装箱单、运单；减免税货物提供免表)，回答海关提出的问题。

(3) 协助海关提取需要作进一步检验、化验或鉴定的货样，收取海关出具的《取样清单》。

(4) 查验结束后，认真阅读关员填写的《海关进出境货物查验记录单》，注意以下情况的记录是否符合实际：开箱的具体情况；货物残损情况及造成残损的原因；提取货样的情况；查验结论。

查验记录准确清楚的，应即签字确认。配合查验人员如不签名的，查验人员应当在查验记录中予以注明，并由货物所在监管场所的经营人员签名证明。

海关检查进出境运输工具(包括承运海关监管货物的境内运输工具)时，运输工具负责人或有关责任人应当到场，并根据海关的要求开启舱室、房间、车门，有走私嫌疑的，并应当开拆可能藏匿走私货物、物品的部位，搬移货物、物料。

8.2.3 海关查验的方法

1. 海关查验的方法

海关实施查验可以是彻底查验，也可以是抽查。海关可以根据货物情况以及实际执法需要，确定具体的查验方式。海关查验分为外形查验、开箱查验、机检查验、抽查、彻底查验五种方式。

(1) 外形查验，是指对外部特征直观、易于判断基本属性的货物的包装、唛头和外观等状况进行验核的查验方式。

(2) 开箱查验，是指将货物从集装箱、货柜车箱等箱体中取出并拆除外包装后，对货物实际状况进行验核的查验方式。

(3) 机检查验，是指以利用技术检查设备为主，对货物实际状况进行验核的查验方式。

(4) 抽查，是指按照一定比例有选择地对一票货物中的部分货物验核实际状况的查验方式。

(5) 彻底查验，是指逐件开拆包装、验核货物实际状况的查验方式。

2. 复验

有下列情形之一的，海关可以依法对已经完成查验的货物进行复验，即第二次查验：

(1) 经初次查验未能查明货物的真实属性，需要对已查验货物的某些性状作进一步确认的；

(2) 货物涉嫌走私违规，需要重新查验的；

(3) 进出口货物收发货人对海关查验结论有异议，提出复验要求并经海关同意的；

(4) 其他海关认为必要的情形。

已经参加过查验的查验人员不得参加对同一票货物的复验。

3. 径行开验

径行开验是指海关在进出口货物收发货人或其代理人不在场的情况下，自行开拆货物进行查验。海关行使“径行开验”的权利时，应当通知货物存放场所的管理人员、运输工具负责人到场协助，并由其在海关的查验记录上签字确认。

有下列情形之一的，海关可以径行开验：

(1) 进出口货物有违法嫌疑的；

(2) 经海关通知查验，进出口货物收发货人或其代理人届时未到场的。

海关径行开验时，存放货物的海关监管场所经营人、运输工具负责人应当到场协助，并在查验记录上签名确认。

8.2.4 海关查验中的损失赔偿

海关关员在查验货物、物品时损坏被查验货物、物品，应如实填写《中华人民共和国海关查验货物、物品损坏报告书》一式两份，由查验关员和当事人双方签字，一份交当事人，一份留海关存查。

海关依法径行开验、复验或者提取货样时，应会同有关货物、物品保管人员共同进行。如造成货物、物品损坏，查验关员应请在场的保管人员作为见证人在《中华人民共和国海关查验货物、物品损坏报告书》上签字，并及时通知货主。

进出口货物收、发货人收到《中华人民共和国海关查验货物、物品损坏报告书》后，与海关共同协商确定货物、物品的受损程度。货物、物品受损程度确定后，以海关审定的完税价格为基数，确定赔偿金额。赔偿金额确定后，由海关填发《中华人民共和国海关损坏货物、物品赔偿通知单》。收、发货人自收到《通知单》之日起 3 个月内凭单向海关领取赔款，或将银行账号通知海关划拨，逾期海关不再赔偿。赔款一律用人民币支付。

在查验过程中，或者证实海关在径行开验过程中，因为海关关员的责任造成被查验货物损坏的，进口货物的收货人、出口货物的发货人或其代理人可以要求海关赔偿。

以下情况不属于海关赔偿范围：

(1) 进出口货物的收发货人或其代理人搬移、开拆、重封包装或保管不善造成的损坏；

(2) 易腐、易失效货物在海关正常工作程序所需时间内(含扣留或代管期间)所发生的变质或失效；

(3) 海关正常查验时产生的不可避免的磨损；

(4) 在海关查验之前已发生的损坏和海关查验之后发生的损坏；

(5) 由于不可抗拒的原因造成货物的损坏、损失。

进出口货物的收发货人或其代理人在海关查验时对货物是否受损坏未提出异议，事后发现货物有损坏的，海关不负赔偿的责任。

8.3 项目小结

本项目重点是介绍了当前我国海关查验的相关知识，说明了海关查验的性质、海关查验过程中进出口货物收发货人的主要义务。力争使学习者能知晓海关查验的基本知识与管理规定，知道如何配合海关完成查验任务。

8.4 项目练习

请思考

(1) 什么是海关查验？海关查验的目的是什么？

(2) 海关查验时，收发货人的主要义务有哪些？

(3) 查验过程中哪些情况下发生的损失不属于海关赔偿范围？

项目9 缴纳税费

知识目标

1. 掌握报关税费的相关概念、种类、征收范围、征收标准、计算方法。
2. 掌握报关货物完税价格的审定与核算。
3. 掌握进口报关货物原产地的确定与税率适用。
4. 了解报关税费的减免、缴纳与退补等基本内容。

能力目标

1. 确定申报货物是否需要交税。
2. 确定申报货物需要缴纳何种税费。
3. 熟练掌握确定申报货物完税价格及税率的方法并根据计算步骤与公式计算出应向海关缴纳的税费额度。
4. 了解向海关缴纳税费的有关规定。

9.1 案例导读

特别关税强力抑制化肥出口

经国务院批准，国务院关税税则委员会决定，自2010年12月1日起至12月31日止，我国对部分化肥产品按35%的暂定税率征收出口关税，并征收75%的特别出口关税。

（资料来源：《中华工商时报》）

思考题

1. 关税的分类有哪些？
2. 说明海关征收关税在我国经济发展中发挥的作用。

9.2 理论与实务知识

9.2.1 报关税费概述

报关税费是指在进出口环节中由海关依法征收的关税、消费税、增值税、船舶吨税及海关监管手续费等税费。依法征收税费是海关的重要任务之一。依法缴纳税费是有关纳税义务人的基本义务，也是报关员必备的报关常识之一。进出口环节税费征纳的法律依据主要是《海关法》、《进出口关税条例》、《海关进出口货物征税管理办法》以及国务院制定的有关法律、法规等。报关税费的类型如图 9-1 所示。

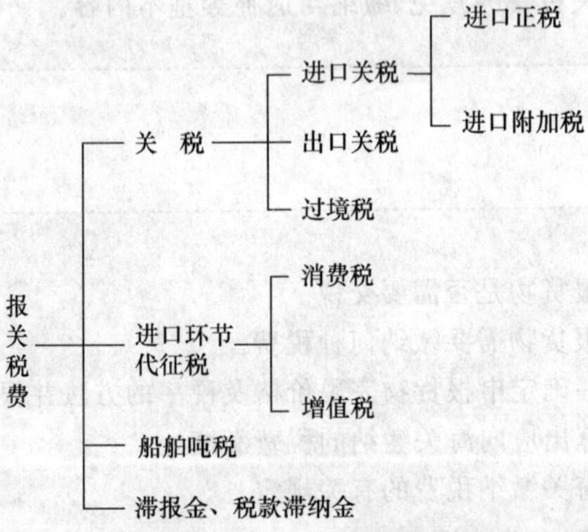

图 9-1 报关税费的类型

9.2.1.1 关税定义及分类

关税是专以进出口的货物、进出境的物品为征税对象的一种国家税收。具体地说，它是指由海关代表国家，按照《海关法》等法律、法规，对国家准许进出境的货物、物品所课征的一种流转税。关税是国家税收的重要组成部分，是由海关代表国家，按照国家制定的关税政策和公布实施的税法及进出口税则，对进出关境的商品向纳税义务人征收的一种流转税。

关税可以按不同标准分类，从而形成不同类型的关税：

1. 按征收目的划分

按征收目的划分，可把关税分为财政关税、保护关税和混合关税。

凡征收关税的主要目的是为增加财政收入的，为财政关税。凡征收关税的主要目的是保护国内经济的，为保护关税。既有财政性质又有保护性质的关税为混合关税。财政关税在各国历史上曾占有重要地位，占财政收入的较大比重。在现代，财政关税的地位大为削弱，但在某些发展中国家，仍占财政收入的重要地位。保护关税通过对进口商品征高关税，来保护国内新兴产业不受外来竞争的威胁，或扩大国内市场和国际市场的占有率。保护关税税率越高，越能达到保护目的，但易造成关税壁垒。因此，在实际生活中，实行混合关税的国家最多。

2. 按征税货物的流向划分

按征税货物的流向划分，可把关税分为进口税、出口税和过境税。

(1) 进口税。进口税是对进口货物或物品征收的关税。进口关税是各国政府保护国内市场、增加财政收入的重要工具之一。

(2) 出口税。出口税是对出口货物或物品征收的关税。在现代经济社会中，多数国家一般不征出口税，以增强本国商品在国际市场上的竞争力。

(3) 过境税。过境税是对通过本国境内的外国商品征收的关税。目前，为吸引过境交易，大多数国家不征过境税，仅收取少量的行政费用或服务费用。

3. 按国家和输入情况不同划分

关税按国家和输入情况不同分为优惠关税和差别关税。

1) 优惠关税

优惠关税指对特定国家输入的商品以低于普通关税税率征收的关税，以示友好。优惠关税又可分为特定优惠关税、普遍优惠关税、最惠国待遇三种。

(1) 特定优惠关税(特惠关税)。这是指某一国家对另一国家或某些国家对另外一些国家的进口商品给予特定优惠关税待遇，其他国家不得享受的一种关税制度。特惠关税的优惠对象不受最惠国待遇原则制约，其他国家不得根据最惠国待遇原则要求享受这种优惠待遇。目前，国际上最著名的特惠关税是“洛美协定”国家间的关税，它是欧盟向参加“洛美协定”的九十多个发展中国家单方面提供的特惠关税，也是南北合作范例。

知识链接

洛美协定(Lome Convention)

1975 年 2 月 28 日，非洲、加勒比海和太平洋地区 46 个发展中国家(简称非加太地区国家)和欧洲经济共同体 9 国在多哥首都洛美开会，签订贸易和经济协定，全称为《欧洲经济共同体——非洲、加勒比和太平洋地区(国家)洛美协定》，简称“洛美协定”或“洛美公约”。参加《洛美协定》的国家共 86 个。其中，欧洲联盟(欧共体)15 国；非加太地区 71 国，其中非洲地区 48 国；加勒比地区 15 国；太平洋地区 8 国。

《洛美协定》曾是非加太集团和欧盟间进行对话与合作的重要机制，也是迄今最重要的南北合作协定，自 1975 年以来共执行了 4 期，欧盟一直通过该协定向非加太集团成员国提供财政、技术援助和贸易优惠等。2000 年 2 月，非加太集团和欧盟就第五期《洛美协定》达成协议，并于同年 6 月在科托努正式签署，称《科托努协定》。《洛美协定》就此宣告结束。经欧盟 15 国和非加太集团 76 国政府的正式批准，《科特努协定》自 2003 年 4 月 1 日起正式生效。

(资料来源：《人民日报》，有删节)

(2) 普遍优惠关税(普惠关税)。这是指发达国家对发展中国家或地区输入的商品，特别是制成品和半制成品，普遍给予优惠的关税制度。普惠关税有普遍性、非歧视性和非互惠性三项基本原则。

(3) 最惠国待遇。这是指缔约国一方现在或将来给予任何第三国的一切优惠待遇，同样也适用于对方。最惠国待遇是国际贸易协定中的一项重要内容，适用范围很广。需要注意的是，优惠是相对于一般关税税率而言的，因此最惠国待遇往往不是最优惠税率，在最惠国待遇之外，还有更低的税率。

2）差别关税

差别关税是指对特定国家输入的商品以高于一般关税税率征收的关税，以示报复、惩罚。差别关税又分加重关税、抵消关税、报复关税和反倾销关税。

(1) 加重关税。这是指由于某种原因，对某国商品或某种商品的输入，加重征收关税。典型的加重关税有国籍加重税和间接输入货物加重税。

(2) 抵消关税。又叫"补贴关税"、"反补贴关税"，是对在其本国接受的各种出口补贴的进口外国货物所附加征收的一种关税，是差别关税的重要形式之一。其目的在于防止外国商品凭借出口补贴而得到的价格优势，与本国商品争夺本国市场。值得注意的是，目前各国所采用的出口退税，属于退还国内税，不属于接受补贴。

(3) 报复关税。这是指针对于某一国家对本国出口商品的不公正、不平等待遇，对该国输入本国的商品加重征收的关税。目前，报复关税往往成了"贸易战"的手段之一。

(4) 反倾销关税。这是对外国的倾销商品，在征收正常进口关税的同时，附加征收的一种关税。它是差别关税的又一重要形式。如果某国将产品以低于生产成本的价格向其他国家推销，就有可能构成倾销，进口国就可以对倾销产品征收数量不超过倾销差价的反倾销税。

4. 按征收方法划分

从价关税：依照进出口货物的价格作为标准征收关税。

从量关税：依照进出口货物数量的计量单位(如"吨"、"箱"、"百个"等)征收定量关税。

复合关税：依各种需要对进出口货物进行从价、从量的混合征税。

选择关税：指对同一种货物在税则中规定有从量、从价两种关税税率，在征税时选择其中征税额较多的一种关税，也可选择税额较少的一种为计税标准计征。

滑准关税：关税税率随着进口商品价格由高到低而由低到高设置的税。可以起到稳定进口商品价格的作用。

9.2.1.2 进口环节代征税

1. 消费税

消费税是以消费品或消费行为的流转额作为课税对象而征收的一种流转税。根据《中华人民共和国消费税暂行条例》的规定，我国目前仅对4类货物征收消费税。

第一类：过度消费会对身体健康、社会秩序、生态环境等方面造成危害的特殊消费品，如烟、酒、酒精、鞭炮、焰火。

第二类：奢侈品等非生活必需品，如贵重首饰及珠宝玉石、化妆品以及护肤护发品。

第三类：高能耗的高档消费品，例如小轿车、摩托车、汽车轮胎。

第四类：不可再生和替代的石油类消费品，例如汽油、柴油。

2. 增值税

增值税是以商品的生产、流通和劳务服务各个环节所创造的新增价值为课税对象的一种流转税。按照《中华人民共和国增值税暂行条例》的规定，增值税由税务机关征收，进口货物的增值税由海关征收。纳税人出口货物，税率为零。个人携带或者邮寄进境自用物品的增值税，连同关税一并计征。

我国的增值税应税货物全部从价定律计征，其基本税率为17%，但对于一些关系到国计民生的重要物资，其增值税税率较低，为13%。

下列各类货物增值税税率为13%：

(1) 粮食、食油植物油；

(2) 自来水、暖气、冷气、热水、煤气、石油液化气、天然气、沼气、居民用煤炭制品；

(3) 图书、报纸、杂志；

(4) 饲料、化肥、农药、农机、农膜；

(5) 国务院规定的其他货物。

9.2.1.3 船舶吨税

1. 船舶吨税的概念

船舶吨税是由海关代为在设关口岸对进出、停靠我国港口的国际航行船舶征收的一种使用税，简称“吨税”。船舶吨税由海关负责征收，所征税款直接用于海上干线公用航标的维护和建筑，因此，船舶吨税也有“灯塔税”之称。

2. 征收对象

(1) 在我国港口行驶的外国籍船舶；

(2) 外商租用的(程租船除外)的中国籍船舶；

(3) 中外合营海运企业自有或租用的中外国籍船舶；

(4) 我国租用的外国籍国际航行船舶。

根据规定，香港、澳门特别行政区为单独关税区，对于香港、澳门特别行政区已征收船舶吨税的外籍船舶，进入内地港口时，仍应照章征收船舶吨税。

3. 船舶吨税的计税依据与税率

根据《船舶吨税暂行办法》的规定，国际航行船舶在我国港口行驶，使用了我国的港口和助航设备，应缴纳一定的税费。凡征收了船舶吨税的船舶不再征收车船税；对已经征收车船使用税的船舶，不再征收船舶吨税。

船舶吨税的税率分为优惠税率和一般税率两种。凡与我国签有贸易互惠条约的，并对船舶税费相互给予最惠国待遇的国家，其船舶吨税按优惠税率计征。凡未与我国签有对船舶税费相互给予最惠国待遇协定的国家，其船舶吨税按一般税率计征。如果船舶的所有权和使用权属国家不一致时，应以使用权属国家为准确定税率。

香港、澳门籍船舶适用船舶吨税优惠税率。

船舶吨税实行分级分类定额税率。将船舶分为机动船和非机动船两类，每一类又按净吨位的差别，分级设定税率。

4. 船舶吨税的计算公式

(1) 船舶吨位的计算。

目前，国际上丈量吨位按照船舱的结构是封闭式或开放式来分别计算，有大、小吨位之分，封闭式为大吨位，开放式为小吨位。装货多时用大吨位，装货少时用小吨位。按照我国现行规定，凡同时持有大、小吨位两种吨位证书的船舶，不论实际装货情况，一律按大吨位计征吨税。

船舶吨税按净吨位计征。净吨位计算公式如下：

净吨位＝船舶的有效容积×1 吨/立方米（国际货物运输计费时，1 吨相当于 1 立方米）

船舶净吨位的尾数，按四舍五入原则，半吨以下的免征尾数，半吨以上的按 1 吨计算。不及 1 吨的小型船舶，除经海关总署特准免征者外，一律按 1 吨计征。

(2) 船舶吨税的征收和退补。

船舶吨税起征日为“船舶直接抵口之日”，即进口船舶应自申报进口之日起征收。如进境后驶达锚地的，以船舶抵达锚地之日起计算；进境后直接靠泊的，以靠泊之日起计算。

船舶抵港之日，船舶负责人或其代理人应向海关出具船舶停留时仍然有效的“船舶吨税执照”。如所领执照满期后尚未离开中国，则应自期满次日起续征；未能出具执照者，应按规定向海关申报，缴纳船舶吨税，并领取执照。

船舶吨税的征收方法分为 90 天期缴纳和 30 天期缴纳两种，并分别确定税额，缴纳期限由纳税义务人在申请完税时自行选择。

吨税的计算公式如下：

应纳船舶吨税税额＝注册净吨位×船舶吨税税率(元/净吨)

具有下列情况之一的，海关凭船舶负责人或其代理人提供的有效证明文件，在 1 年内办理船舶吨税的退补手续：

其一，船舶负责人因不明规定而造成重复缴纳船舶吨税的；

其二，其他原因造成错征、漏征的。

9.2.1.4 其他税费

1. 滞纳金

(1) 征收对象。

滞纳金是海关税收管理中的一种行政强制措施，是指应纳关税的单位或个人因在规定期限内未向海关缴纳税款而依法应缴纳的款项。按照规定，关税、进口环节增值税、消费税、船舶吨税等的纳税义务人或其代理人，应当自海关填发税款缴款书之日起 15 日内向指定银行缴纳税款，逾期缴纳的，海关依法在原应纳税款的基础上，按日征收滞纳税款 0.05％的滞纳金。征收滞纳金，目的在于使纳税人通过承担增加的经济制裁责任，促使其尽早履行纳税义务。

海关对滞纳金的征收是自缴纳期限届满次日起，至进出口货物的纳税(费)义务人缴纳税费之日止，其中的法定节假日不予扣除。

旅客和个人邮递物品不征收滞纳金。

(2) 征收标准。

根据《海关法》和《关税条例》的规定，逾期缴纳的进出口货物的关税、进口环节增值税、消费税、船舶吨税等，由海关按日征收 0.05％的滞纳金。滞纳金起征额为 50 元，不足 50 元的免予征收。

具体计算公式是：

滞纳金金额＝应纳税额×0.05％×滞纳天数

2. 滞报金

1) 征收对象

滞报金是海关对未在法定申报期限内向海关申报进口货物的收货人采取的依法加收的属经济制裁性的款项。滞报金按日计征，起征日为规定的申报时限的次日，截止日为收货人向海关申报后，海关接受申报的日期，起征日和截止日均计入滞报期间。滞报金的日征收金额为进口货物完税价格的0.05%。

进口货物的报关期限为：

(1) 邮运进口货物为邮局送达领取通知单之日起14日内(第14日遇法定节假日的，则顺延至其后第一个工作日，下同)；

(2) 转关货物自运输工具申报进境之日起14日内向进境地海关办理转关手续，逾期征收滞报金；货物在海关限定期限内运抵指运地之日起14日内，向指运地海关办理报关手续，逾期征收滞报金；

(3) 其他运输方式的货物均为载运进口货物运输工具申报进境之日起14日内。

进口货物的收货人及其代理人未在规定的报关期限内向海关申报，与海关按照规定的比例征收滞报金。进口货物到达前，经海关核准，可以先行申报。

2) 征收标准

滞报金按日计征，其起征日为规定的申报时限的次日，截止日为收货人向海关申报后，海关接受申报的日期。滞报金的日征收金额为进口货物完税价格的0.05%。滞报金的起征点为人民币50元，不足50元的可以免征。滞报金按日计收，进口货物收发货人及其代理人向海关申报之日亦计算在内。

具体计算公式是：

应征滞报金金额＝进口货物完税价格×0.05%×滞报天数

9.2.2 报关货物完税价格的审定与核算

进出口货物完税价格是海关对进出口货物征收从价税时审查估定的应税价格，是凭以计征进出口货物关税及进口环节代征税税额的基础。审定进出口货物完税价格是贯彻关税政策的重要环节，也是海关依法行政的重要体现。

9.2.2.1 一般进口货物完税价格的审定

这里所称的一般进口货物是指供境内消费，并对其全部价值一次性计征关税的货物。

海关确定进口货物完税价格共有进口货物成交价格法、相同和类似货物成交价格法、倒扣价格法、计算价格法、合理方法等6种，须依次使用。但经海关同意，其中倒扣价格法和计算价格法可以颠倒使用。

1. 进口货物成交价格法

进口货物的完税价格由海关以符合条件的成交价格以及该货物运抵中华人民共和国境内输入地点起卸前的运输及其相关费用、保险费为基础审查确定。

进口货物的成交价格，是指卖方向中华人民共和国境内销售该货物时买方为进口该货物向卖方实付、应付的，并按照规定调整后的价款总额，包括直接支付的价款和间接支付的价款。

进口货物的成交价格应当符合下列条件。

(1) 对买方处置或者使用该货物不予限制，但法律、行政法规规定实施的限制、对货物转售地域的限制和对货物价格无实质性影响的限制除外。

有下列情形之一的，视为对买方处置或者使用进口货物进行了限制：

① 进口货物只能用于展示或者免费赠送的；

② 进口货物只能销售给指定第三方的；

③ 进口货物加工为成品后只能销售给卖方或者指定第三方的；

④ 其他经海关审查，认定买方对进口货物的处置或者使用受到限制的。

但是以下三种限制并不影响成交价格的成立：国内法律、行政法规规定的限制；对货物转售地域的限制；对货物价格无实质影响的限制。

(2) 该货物的成交价格没有因搭售或者其他因素的影响而无法确定。

有下列情形之一的，视为进口货物的价格受到了使该货物成交价格无法确定的条件或者因素的影响：

① 进口货物的价格是以买方向卖方购买一定数量的其他货物为条件而确定的；

② 进口货物的价格是以买方向卖方销售其他货物为条件而确定的；

③ 其他经海关审查，认定货物的价格受到使该货物成交价格无法确定的条件或者因素影响的。

(3) 卖方不得从买方直接或者间接获得因该货物进口后转售、处置或者使用而产生的任何收益，除非上述收益能够被合理确定。

(4) 买卖双方没有特殊关系，或者虽有特殊关系但未对成交价格产生影响。

根据规定，有下列情形之一的，应当认定买卖双方有特殊关系：

① 买卖双方为同一家族成员；

② 买卖双方互为商业上的高级职员或董事；

③ 一方直接或间接地受另一方控制；

④ 买卖双方都直接或间接地受第三方控制；

⑤ 买卖双方共同直接或间接地控制第三方；

⑥ 一方直接或间接地拥有、控制或持有对方5%以上(含5%)公开发行的有表决权的股票或股份；

⑦ 一方是另一方的雇员、高级职员或董事；

⑧ 买卖双方是同一合伙的成员。

此外，买卖双方在经营上相互有联系，一方是另一方的独家代理、经销或受让人，若与以上规定相符，也应当视为有特殊关系。

进口货物的下列费用应当计入完税价格：

(1) 由买方负担的购货佣金以外的佣金和经纪费；

(2) 由买方负担的在审查确定完税价格时与该货物视为一体的容器的费用；

(3) 由买方负担的包装材料费用和包装劳务费用；

(4) 与该货物的生产和向中华人民共和国境内销售有关的，由买方以免费或者以低于成本的方式提供并可以按适当比例分摊的料件、工具、模具、消耗材料及类似货物的价款，以及在境外开发、设计等相关服务的费用；

(5) 作为该货物向中华人民共和国境内销售的条件，买方必须支付的、与该货物有关的特许权使用费；

(6) 卖方直接或者间接从买方获得的该货物进口后转售、处置或者使用的收益。

进口时在货物的价款中列明的下列税收、费用，不计入该货物的完税价格：

(1) 厂房、机械、设备等货物进口后进行建设、安装、装配、维修和技术服务的费用；

(2) 进口货物运抵境内输入地点起卸后的运输及其相关费用、保险费；

(3) 进口关税及国内税收。

2. 相同和类似货物成交价格法

不能够采用成交价格方法,按照顺序考虑采用相同或类似进口货物的成交价格方法。

被估货物的“相同货物(Identical Goods)”应当是与被估货物最相近的货物。在不能按被估货物的相同货物的成交价格确定被估货物的完税价格时,被估货物的“类似货物(Similar Goods)”是与被估货物最相近的货物。因此,相同货物或者类似货物的成交价格是首先用于确定被估货物的完税价格的两种方法。

在海关估价制度中,相同货物和类似货物除了在其内在的性质方面各有各的不同外,在货物的外部还有限制条件,这些外部条件是相同的。因此我们将相同货物和类似货物合并讲述。

所谓“相同货物”,是指在所有方面都相同的货物,包括物理或化学的性质、质量和信誉,但表面上的微小差别或包装的差别允许存在。对相同货物的认定可能因被估货物的性质不同而不同。例如,对于彩色电视机,其相同的货物应当是相同牌名、相同规格型号,但对于钢材则一般要求化学成分(包括含碳量、其他金属、非金属杂质的含量等)、物理性能(包括抗拉强度、抗扭曲强度等)、制造工艺(包括是冷轧或热轧等)、规格(包括厚度、宽度、长度、断面形状等)等方面都相同。相同货物还应当包括使用相同的商标。海关合作理事会出版的《海关估价技术委员会文件·评议》中举例说明,同一系列尺寸、达到同一标准和同一质量水平、享有同等信誉但商标不同的车内胎,不能视为相同货物。但该评议认为,如果未组装货物的设计是这种组装在普通使用过程中的组装、拆卸,则组装作业不应妨碍将未组装货物视为已组装货物的相同货物。

所谓“类似货物”,是指虽然不是在所有方面都相同,但具有类似的性质和类似的组成材料,从而具有同样的功能并且在商业上可以互换的货物。同时还应考虑货物的质量、信誉和商标。

相同货物和类似货物的外部约束条件包括:

(1) 必须是在被估货物的同一出口国或地区生产的。按照《新估价法规》第十五条第二款第四项和第五项的规定,“除非货物和被估货物在同一国家制造,否则前者不得视为‘相同货物’或‘类似货物’”。同时,“只有被估货物的生产者未曾生产过‘相同货物’或‘类似货物’时,才考虑不同生产者生产的货物”。这是因为不同出口国生产的相同或类似货物,可能会因其生产、制造的国家不同,而在原材料、工资水平等生产要素价格方面有所不同,从而导致生产成本有较大的差异,有时不能真实反映被估货物的价格。

(2) 必须与被估货物同时或大约同时进口。我国海关《审价办法》解释为被估货物进口前或进口后各45天之内。

(3) 必须与被估货物的商业水平相同且进口数量基本一致。如果相同货物或类似货物与被估货物的商业水平和进口数量不一致,应当依据客观量化的资料对其进行调整,否则不能用于对被估货物估价。

(4) 必须考虑与被估货物的运输距离和运输方式不同而在价格、成本和其他费用方面产生的差异。例如,相同或者类似货物中采用了在进口国内完成的工程、发展、工艺、设计、计划和图表等项目,而其价格又未作相应的调整的,不得作为“相同货物”或“类似货物”。

总而言之,相同货物与类似货物都必须与被估货物具有可比性,才能用于对被估货物估价。

在运用这两种估价方法时，首先应使用和进口货物处于相同商业水平、大致相同数量的相同或类似货物的成交价格，只有在上述条件不满足时，才可采用以不同商业水平和不同数量销售的相同或类似进口货物的价格，但不能将上述价格直接作为进口货物的价格，还须对由此而产生的价格方面的差异作出调整。此外，对进口货物与相同或类似货物之间由于运输距离和运输方式不同而在成本和其他费用方面产生的差异应进行调整。上述调整都必须建立在客观量化的数据资料的基础上。如果有多个相同或类似货物的成交价格，应当以最低的成交价格为基础估定进口货物的完税价格。

3. 倒扣价格

倒扣价格是指海关以被估货物、被估货物的相同、类似货物在国内市场转售的价格，减去进口关税和进口环节其他税费以及进口后的运输、储运、营业费用及利润后的价格(《审价办法》第9条)。

通常，进口货物在国内出售时，进口商是以进口货物的CIF价格加上关税、进口环节的国内税费、进口后运输费、仓储费、销售营业费以及利润确定其国内销售的价格。在前述两种方法无法确定被估货物完税价格时，如果被估货物或其相同、类似货物在进口国国内转售，海关在从该转售货物的转售价格中扣除这些费用后即可得到货物的CIF价格。

作为倒扣价格的基础价格，应当是被估货物、被估货物的相同货物、类似货物的单价，同时必须符合下列条件：

(1) 以其进口时的相同状态在进口国内转售。

如果货物是经过进一步加工、重新包装的，则不能作为倒扣价格的基础，但诸如风干、缩水、蒸发等自然变化不能认为是改变了状态。

(2) 进口后在境内第一商业水平的转售。

所谓“第一商业水平”是指有关货物在进口国境内第一环节，即进口商转售给他人的销售，而不能是再次转售，我国《审价办法》中译为“第一环节销售”。因为多次转售的价格可能因每次转售的加价不同而变得面目全非，无法判断进口货物本身的价格。

(3) 必须是向境内无关联关系的买方转售。

被估货物、被估货物的相同货物或类似货物如果是向境内有关联关系的买方销售，则该价格同样会因关联关系而使得转售价格无法确定。

(4) 合计的货物销售总量最大。

所谓“合计的销售总量最大”是指以某一单价在境内转售的销售合计数量最大。如果某一单价的销售本身并不是最大数量，但一项或几项销售的价格比较接近，则可以将这些价格相近的销售合并计算其加权平均单价。

例如，某进口商在货物进口后按不同的价格分7批销售200个单位的货物，具体情况如下：

按100元的单价销售40个单位的货物；

按90元的单价销售30个单位的货物；

按100元的单价销售15个单位的货物；

按95元的单价销售50个单位的货物；

按105元的单价销售25个单位的货物；

按90元的单价销售35个单位的货物；

按100元的单价销售5个单位的货物。

则最大销售总量单价的确定应按以下步骤进行：

首先把以同一价格销售的所有货物数量相加，然后对不同价格销售的货物数量进行比较，找出其中数量最大的一种的单价。

按90元的单价共销售了两批，两批相加的总量是65个单位的货物；

按95元的单价共销售了一批，总量是50个单位的货物；

按100元的单价共销售了三批，三批相加的总量是60个单位的货物；

按105元的单价共销售了一批，总量是25个单位的货物。

我们对不同价格销售的总量进行比较，这里65个总量单位是最大销售总量，所以最大销售总量对应的单价是90元。

(5) 在被估货物进口时或大约同时销售。

这一规定应当与第(4)项条件最大销售总量相联系。即，以在足以确定最大销售总量的前提条件下，尽可能早的时间内的销售的单价，来确定货物的倒扣价格的基础。如果转售的数量不够大，应当等待一段时间，但最长不能超过被估货物进口后的90天。根据国际海关估价的专家的解释意见，如果海关认为截止到某一时间的销售已经足以确定最大销售总量的单价，但进口商能够说明有理由期望在90天内的进一步销售可能会对"合计的货物销售总量最大"的单位价格产生影响，海关应当同意进口商的要求。

4. 计算价格

计算价格是海关对进口货物的生产成本为依据确定的价格。包括下列项目的费用：

(1) 生产该进口货物所使用的原料和进行生产、装配或其他加工作业所发生的费用或价值。这种方法要求必须是生产被估货物的生产者生产被估货物时实际消耗的原料和其他生产成本或费用。

(2) 相当于该国生产者制造并向进口国出口的被估货物的同级或同类货物的销售中通常所反映的利润和一般费用的金额。即，与被估货物属于同一个产业的产品的生产者们通常的利润和一般费用。

(3) 该货物运输到我国输入地点起卸前的运输、保险、装卸等所支出的费用或价值。

5. 合理方法

我国海关《审价办法》第八条规定按照"合理的方法"估定的价格，是指在不违反《新估价法规》规定的原则下，灵活运用前述确定货物价格的方法，适当放宽条件，根据公平、统一、客观的估价原则，以客观量化的数据资料为基础审查确定的进口货物完税价格。但在运用合理方法估价时，禁止使用下列价格确定法：

(1) 境内生产的货物在境内的销售价；

(2) 两种价格选择高的价格；

(3) 出口地市场的价格；

(4) 以计算价格法之外的价格或费用计算；

(5) 依据出口到第三国或地区的销售价格；

(6) 依据最低限价或武断、虚拟的价格。

9.2.2.2 特殊进境货物的完税价格的确定

1. 加工贸易料件或者其制成品一般估价方法

(1) 进口料件需征税的，主要是针对不予保税部分的征税，因此以其成交价格为基础审定完税价格。

(2) 进料加工进口料件或者其制成品(包括残次品)内销时，以料件原进口成交价格为基础确定完税价格。以料件原进口成交价格不能确定的，以接受内销申报的同时或者大约同时进口的与料件相同或者类似的货物的进口成交价格为基础确定完税价格。

(3) 来料加工进口料件或者其制成品(包括残次品)内销时，以接受内销申报的同时或者大约同时进口的与料件相同或者类似的货物的进口成交价格为基础确定完税价格。

(4) 内销边角料和副产品，以内销价格为完税价格。

加工贸易内销货物的完税价格按照前款规定仍然不能确定的，由海关按照合理的方法审查确定。

2. 出口加工区加工企业内销成品的估价方法

(1) 出口加工区内的加工企业内销的制成品(包括残次品)，应该以接受内销申报的同时或者大约同时进口的相同或者类似货物的进口成交价格为基础确定完税价格。

(2) 出口加工区内的加工企业内销加工过程中产生的边角料或者副产品，以海关审查确定的内销价格作为完税价格。

出口加工区内的加工企业内销制成品(包括残次品)、边角料或者副产品的完税价格按照前两款规定不能确定的，应由海关按照合理的方法审查确定。

3. 保税区加工企业内销料件或其制成品估价办法

(1) 纯进口料件制成品内销或料件内销，以内销时进口相同或料件或成品的价格审定完税价格。

(2) 成品中含有国内料件的进料加工制成品，以原进口料件时的价格来审定完税价格。

(3) 成品中含有国内料件的来料加工制成品，以内销时进口相同料件的价格来审定完税价格。

(4) 边角料、副产品内销时，以内销价格为基础审定完税价格。

保税区内的加工企业内销制成品(包括残次品)、边角料或者副产品的完税价格按照上述四款仍然不能确定的，由海关按照合理的方法审查确定。

4. 从保税区、出口加工区、保税物流园区、保税物流中心等区域、场所进境保税物流货物的价格审定

从保税区、出口加工区、保税物流园区、保税物流中心等区域、场所进入境内，需要征税的货物，海关参照本节一般进口货物完税价格审定的有关规定，以从上述区域、场所进入境内的销售价格为基础审查确定完税价格，加工贸易进口料件及其制成品除外。如果销售价格中未包括上述区域、场所发生的仓储、运输及其他相关费用的，按照客观量化的数据资料予以计入。

5. 出境修理复运进境货物的估价方法

运往境外修理的机械器具、运输工具或者其他货物，出境时应向海关报明，并在规定的期限内复运进境的，应当以境外修理费和料件费为基础确定完税价格。

出境修理货物复运进境超过规定期限的，应按照相同货物成交价格方法、类似货物成交价

格方法、倒扣价格方法、计算价格方法及其他合理方法确定完税价格。

6. 出境加工复进口时完税价格的审定

运往境外加工的货物，出境时应向海关报明，并在规定期限内复运进境的，应当以境外加工费和料件费以及该货物复运进境的运输及其相关费用、保险费为基础确定完税价格。

出境加工货物复运进境超过海关规定期限的，应按照相同货物成交价格方法、类似货物成交价格方法、倒扣价格方法、计算价格方法及其他合理方法确定完税价格。

7. 暂时进境货物的估价方法

经批准的暂时进境货物，应当缴纳税款的，应按照相同货物成交价格方法、类似货物成交价格方法、倒扣价格方法、计算价格方法及其他合理方法确定完税价格。经批准留购的暂时进境货物，要以海关审查确定的留购价格作为完税价格。

8. 租赁进口货物的估价方法

租赁方式进口的货物，按照下列方法确定完税价格：

(1) 以租金方式对外支付的租赁货物，在租赁期间以海关审查确定的租金作为完税价格，利息应当予以计入；

(2) 留购的租赁货物以海关审查确定的留购价格作为完税价格；

(3) 纳税义务人申请一次性缴纳税款的，可以选择申请按照相同货物成交价格方法、类似货物成交价格方法、倒扣价格方法、计算价格方法及其他合理方法确定完税价格，或者按照海关审查确定的租金总额作为完税价格。

9. 减免税货物的估价方法

减税或者免税进口的货物应当补税时，应当以海关审查确定的该货物原进口时的价格，扣除折旧部分价值作为完税价格，其计算公式如下：

完税价格＝海关审定的该货物原进口时的价格×[1－申请补税时实际已进口的时间(月)÷(监管年限×12)]

上述计算公式中“申请补税时实际已进口的时间”按月计算，不足1个月但超过15日的，按照1个月计算；不超过15日的，不予计算。

10. 无成交价格货物的估价方法

以易货贸易、寄售、捐赠、赠送等不存在成交价格的进口货物，总体而言都不适用成交价格法，海关与纳税义务人进行价格磋商后，依照《审价办法》第六条列明的相同货物成交价格估价法、类似货物成交价格估价法、倒扣价格估价法、计算价格估价法及合理方法审查确定完税价格。

11. 软件介质的估价方法

进口载有专供数据处理设备用软件的介质(税则中号列为85.24项下的商品)，具有以下情形之一的，应当以介质本身的价值或者成本为基础确定完税价格：

(1) 介质本身的价值或者成本与所载软件的价值分列；

(2) 介质本身的价值或者成本与所载软件的价值虽未分列，但是纳税义务人能够提供介质本身的价值或者成本的证明文件，或者能提供所载软件价值的证明文件。

需要注意的是：含有美术、摄影、声音、图像、影视、游戏、电子出版物的介质不适用前款规定。

9.2.2.3 进口货物完税价格中的运输及其相关费用、保险费的计算

1. 运费的计算标准

进口货物的运费,按照实际支付的费用计算。进口货物的运费无法确定的,海关按照该货物的实际运输成本或者该货物进口同期运输行业公布的运费率(额)计算运费。

运输工具作为进口货物,利用自身动力进境的,海关在审查确定完税价格时,不再另行计入运费。

2. 保险费的计算标准

进口货物的保险费,按照实际支付的费用计算。如果进口货物的保险费无法确定或者未实际发生,海关按照"货价加运费"两者总额的0.3%计算保险费,其计算公式如下:

保险费=(货价+运费)×0.3%

3. 邮运货物运费计算标准

邮运进口的货物,以邮费作为运输及其相关费用、保险费。

邮运进口货物主要是指快件,而超过一定价值的快件应按货物管理,所以同样存在运保费的问题,而邮运进口货物,其邮费即为运保费。

4. 边境口岸运费计算标准

以境外边境口岸价格条件成交的铁路或者公路运输进口货物,海关应当按照境外边境口岸价格的1%计算运输及其相关费用、保险费。这里所称的"边境口岸"是指与我国接壤的国家或地区的边境口岸。

9.2.2.4 出口货物完税价格的审定

由于世界上绝大多数国家都不征出口税,因此,国际上没有统一的出口货物估价制度。我国海关对出口货物的海关估价制度是由我国自行制定的。出口货物海关估价制度与进口货物海关估价制度的主要区别是价格准则的差异。

1. 出口货物的价格准则

我国海关估价制度的出口货物的价格定义与进口货物的价格定义完全相同,即采用国际通行的"成交价格"为货物的价格准则。《海关法》第五十五条规定:"进出口货物的完税价格,由海关以该货物的成交价格为基础审查确定。"但出口货物的价格构成要素与进口货物的价格构成要素完全不同,仅包括出口货物本身的价格。

1) 不应包括在完税价格中的费用

(1) 销售佣金。

如果出口货物的价格中包括向销售代理人支付的销售佣金,我国现行《审价办法》规定,向国外支付的销售佣金如果与货物价格分别列出,应从出口货物的价格中扣除。扣除的佣金应是实际支付的佣金。为了计算方便,进出口商通常是以什么价格术语成交就以什么价格乘以佣金率计算佣金。根据成交价格的原则,佣金也应是已付或应付的金额,因此,海关应根据进出口商实际支付的佣金额,或按照进出口商实际计算佣金方法计算出佣金额予以扣除。

(2) 货物在输出地点装载后的运输及其相关费用。

出口货物如果以CIF或CFR等包括货物国际运输运费的价格术语成交,价格中包括的实际支付的国际运输费应当予以扣除。计算扣除的运费时,应计算至出口货物的输出地点。所

谓输出地点，我们认为是指出口货物在中国境内装载上国际航行的运输工具的地点。例如，以CIP西雅图的贸易术语成交的出口货物以联合运输方式从乌鲁木齐起运，通过欧亚大陆桥运至连云港装上国际航行的船舶，扣除运费时只应扣除从连云港至西雅图的海运运费。再如，货物以FOBSTUSD100000天津价格成交，其中平仓、理仓费是货物装载以后发生的费用。因此，平仓、理仓费应当从FOB价格中扣除。

(3) 货物在输出地点装载后的保险费。

出口货物的价格中包括境外运输的保险费，则实际支付的保险费应予以扣除。实际支付的保险费不能得到时，应以实际投保的险种的保险费率按下列公式直接计算FOB价格：

$$FOB=CIF\times(1-保险费率)-运费$$

按CIF价格加成投保的，应按下列公式直接计算FOB价格：

$$FOB=CIF\times(1-投保加成\times保险费率)-运费$$

(4) 出口税额。

海关对出口货物征收关税应当以货物本身的价格为基础，即货物在中国出口交货港口交货的价格。但是，如果海关对出口货物征收出口关税，则出口商一般会把出口关税税额加在出口货物的价格上。因此，海关法规定如果出口货物采用包括出口关税的价格术语成交，例如，FOB、CFR、CPT、CIF或CIP价格条件，应当以出口货物的成交价格扣除应征出口关税后的价格作为货物的完税价格。《海关法》第五十五条规定："出口货物的完税价格包括货价、货物运至中华人民共和国境内输出地点装载前的运输及其相关费用、保险费，但是其中包含的出口关税税额，应当予以扣除。"其计算公式是：

$$完税价格=货物FOB价格/(1+出口关税税率)$$

2) 应当计入的费用

货物的价格应包括货物的包装费。如果出口货物在货物价格之外买方还另行支付货物的包装费，则应将包装费计入货物价格。

2. 出口货物的价格审核与价格确定

出口货物的价格审核和价格确定基本上与进口货物的估价制度相同。

经海关审查不符合价格准则的出口货物，海关应以一个符合价格准则的、与被估货物最相接近的，并在与被估货物大约同一时间向同一国家出口的货物的成交价格作为被估货物的完税价格。根据《审价办法》第二十二条的规定，海关应依次以下列货物的成交价格确定出口货物的完税价格。

(1) 相同货物的成交价格。

相同货物的概念与进口货物海关估价制度中的相同货物相同。区别仅是出口货物的相同货物是指与被估货物同一时期向同一国家或地区销售出口的相同货物。

(2) 类似货物的成交价格。

类似货物的概念也与进口货物海关估价制度中的类似货物相同。其区别也仅是同一时期向同一国家或地区出口的类似货物。

(3) 计算价格。

所谓**计算价格**，是指海关根据公认的会计准则对中国境内生产相同或类似货物的成本，加上该货物在中国境内的储运、保险费、利润和其他为该货物出口生产、销售而实际支出的费用。具体应当包括下列费用：

① 生产相同或类似货物的成本;

② 利润和一般费用;

③ 出口货物运输到中国输出地点装上运输工具前的运输及其相关费用、保险费。

(4) 合理价格。

"合理价格"是指海关用其他合理的方法确定的出口货物的价格。

9.2.3 海关估价中的价格质疑程序和价格磋商程序

1. 海关估价中的价格质疑程序

在确定完税价格过程中,海关对申报价格的真实性或准确性有疑问,或有理由认为买卖双方的特殊关系可能影响到成交价格时,向纳税义务人或者其代理人制发"中华人民共和国海关价格质疑通知书",将质疑的理由书面告知纳税义务人或者其代理人。

纳税义务人或者其代理人应自收到价格质疑通知书之日起 5 个工作日内,以书面形式提供相关资料或者其他证据,证明其申报价格真实、准确或者双方之间的特殊关系未影响成交价格。纳税义务人或者其代理人确有正当理由无法在规定时间内提供资料或证据的,可以在规定期限届满前以书面形式向海关申请延期。除特殊情况外,延期不得超过 10 个工作日。

价格质疑程序的履行是为了核实成交价格的真实性、准确性和完整性,如进出口货物没有成交价格,海关无须履行价格质疑程序,可直接进入价格磋商程序。

2. 海关估价中的价格磋商程序

价格磋商是指海关在使用除成交价格以外的估价方法时,在保守商业秘密的基础上,与纳税义务人交换彼此掌握的用于确定完税价格的数据资料的行为。

海关按照《审价办法》规定通知纳税义务人进行价格磋商时,纳税义务人须自收到"中华人民共和国海关价格磋商通知书"之日起 5 个工作日内与海关进行价格磋商。纳税义务人未在规定的时限内与海关进行磋商的,视为其放弃价格磋商的权利,海关可以直接按照《审价办法》规定的方法审查确定进出口货物的完税价格。

海关与纳税义务人进行价格磋商时,应当制作"中华人民共和国海关价格磋商记录表"。

进行上述价格磋商的目的是为了向进出口货物的纳税义务人了解有关情况,充分交流双方掌握的价格信息。比如,有时海关掌握着纳税义务人所不知道的相同或类似货物的成交价格,有时则恰好相反,只有通过双方的充分交流,才便于得到海关估价的适当依据。因此,进出口货物的纳税义务人应重视价格磋商环节,积极配合海关履行价格磋商程序,如实填报进出口货物有关情况并提供相关的信息资料。

对符合下列情形之一的,经纳税义务人书面申请,海关可以不进行价格质疑以及价格磋商,依法审查确定进出口货物的完税价格:

(1) 同一合同项下分批进出口的货物,海关对其中一批货物已经实施估价的;

(2) 进出口货物的完税价格在人民币 10 万元以下或者关税及进口环节代征税总额在人民币 2 万元以下的;

(3) 进出口货物属于危险品、鲜活品、易腐品、易失效品、废品、旧品等的。

9.2.4 纳税义务人在海关审定完税价格时的权利和义务

1. 纳税义务人的权利

(1) 要求具保放行货物的权利,即在海关审查确定进出口货物的完税价格期间,纳税义务人可以在依法向海关提供担保后，先行提取货物。

(2) 估价方法的选择权，即如果纳税义务人向海关提供有关资料后，可以提出申请，颠倒倒扣价格估价方法和计算价格估价方法和适用次序。

(3) 对海关如何确定进出口货物完税价格的知情权，即纳税义务人可以提出书面申请，要求海关就如何确定其进出口货物的完税价格作出书面说明。

(4) 对海关估价决定的申诉权，即依法向上一级海关申请行政复议，对复议决定不服的，可以依法向人民法院提起行政诉讼的权利。

2. 纳税义务人的义务

(1) 如实提供单证及其他相关资料的义务，即纳税义务人向海关申报时，应当按照《审价办法》的有关规定，向海关如实提供发票、合同、提单、装箱清单等单证。根据海关要求，纳税义务人还应当如实提供与货物买卖有关的支付凭证以及证明申报价格真实、准确的其他商业单证、书面资料和电子数据。

(2) 如实申报及举证的义务，即货物买卖中发生《审价办法》规定中所列的价格调整项目的，纳税义务人应当如实向海关申报。价格调整项目如果需要分摊计算的，纳税义务人应当根据客观量化的标准进行分摊，并同时向海关提供分摊的依据。

(3) 举证证明特殊关系未对进口货物的成交价格产生影响的义务，即买卖双方之间虽然存在特殊关系，但是纳税义务人认为特殊关系未对进口货物的成交价格产生影响时，应提供相关资料，以证明其成交价格符合《审价办法》的规定。

9.2.5 进口报关货物原产地的确定与税率适用

9.2.5.1 进口货物原产地的确定

原产地规则是确定进出口产品生产或制造国家(或地区)的标准与方法。海关的税则，只有一栏税率的，称为单式税则；有多栏税率的，称为复式税则。由于世界上大多数国家都实行复式税则，对原产于不同国家(地区)的产品给予不同的关税待遇，因此，进口产品的原产地或制造地将决定该产品适用哪种关税税率。同时，各国出于对外贸易政策的需要，海关要对各进口国(地区)的商品贸易进口量进行统计，也必须对进口产品的原产地加以确定。因此，原产地规则是各国海关关税制度中的一项重要内容。

参考案例

马尾海关查获一起进口货物涉嫌伪报原产地案件

6月1日，福州某公司向马尾海关以一般贸易方式申报进口一批货物，原产地为台湾，货值约3万美元。经海关现场查验发现，该货物实际原产地为日本，与申报不符，涉嫌伪报原产地，现已移送缉私部门处理。

(资料来源：海关总署网站)

根据《中华人民共和国关于进口货物原产地的暂行规定》，进口货物的原产地由海关予以确定。确定进口货物原产国别(地区)的主要标准如下。

1. 整件生产标准

对于完全在一个国家（地区）内生产或制造的进口货物，生产或制造国（地区）即为该货物的原产国（地）。

完全在一个国家（地区）内生产或制造的进口货物是指：

（1）该国（地区）领土或领海内开采的矿产品；

（2）该国（地区）领土上收获或采集的植物产品；

（3）该国（地区）领土上出生或由该国饲养的活动物及从其所得产品；

（4）从该国（地区）领土或领海狩猎或捕捞所得的产品；

（5）从该国（地区）的船只上卸下的海洋捕捞物，以及由该国船只在公海上取得的其他产品；

（6）该国（地区）加工船加工以上第（5）项所列物品所得的产品；

（7）在该国（地区）收集的只适用于作加工制造的废碎料和废旧物品；

（8）在该国（地区）完全使用上述（1）～（7）项所列产品加工成的制成品。

2. 实质性改变标准

对经过几个国家（地区）加工、制造的进口货物，以最后一个对货物进行经济上可以视为实质性加工的国家（地区）作为有关货物的原产国（地）。所谓实质性加工是指产品经加工后，在《海关进出口税则》中4位数一级的税则归类已经有了改变；或者加工增值部分所占新产品总值的比例已达到30%及其以上的，石油、机器、车辆的零部件原产地的标准石油产品以生产国为原产国。对于机器、仪器、器材或车辆所用的零件、部件、配件、备件及工具，如与主件同时进口而且数量合理，其原产地按主件的原产地予以确定；如分别进口，则按各自的原产国确定。

我国海关并不要求进口货物的收货人对每一票货物都必须提供原产地证书，报关时一般只需如实填写货物原产地即可（同一批货物原产地不同，应分别填写申报单）。但对于中性包装、裸包装和散装货物例外。

此外，对于某些难以确定原产国（地）的货物，必要时海关可以要求进口申报人交验有关外国（地区）发证机关发放的"原产地证明书"。凡不能提供的，海关按普通税率计征关税。我国海关对原产地证书的格式没有规定。但不接受第三国出具的原产地证书。

9.2.5.2 《曼谷协定》项下进口货物原产地的确定

为了实施《中华人民共和国海关进出口税则》对《亚洲及太平洋经济和社会理事会发展中国家成员国关于贸易谈判的第一协定》（以下简称《曼谷协定》）项下进口货物的优惠税率和特惠税率（以下简称《曼谷协定》税率），适用《曼谷协定》税率的进口货物的原产地按以下规则确定。

（1）对完全在某一受惠国获得或生产的货物，获得或生产该货物的受惠国即为该货物的原产国。

"完全在某一受惠国获得或生产的货物"是指：

① 在该国领土或领海开采的矿产品；

② 在该国领土或领海收获或采集的植物产品；

③ 在该国领土出生和饲养的活动物及从其所得产品；

④ 在该国领土或领海狩猎或捕捞所得的产品；

⑤ 由该国船只在公海捕捞的水产品和其他海洋产品；

⑥ 该国加工船加工的前述第⑤项所列物品所得的产品；

⑦ 在该国收集的仅适于原材料回收的废旧物品；

⑧ 该国加工制造过程中产生的废碎料；

⑨ 该国利用上述①～⑧项所列产品加工所得的产品。

(2) 对于非完全在某一受惠国获得或生产的货物，如果对货物进行的最后加工制造工序在该国境内完成，且用于加工制造的非原产于受惠国及产地不明的原材料、零部件等成分的价值占进口货物离岸价的比例不超过50%，则进行最后加工制造的受惠国即为该进口货物的原产国。

原产于最不发达受惠国的产品适用本条规定时，享受10个百分点的特别优惠，即百分比为不超过60%。

(3) 享受《曼谷协定》税率的进口货物应由受惠国直接运输进入中华人民共和国关境。对于非直接运输进境的货物，不能适用《曼谷协定》税率，由海关依法确定进口货物的原产地，并据以确定适用税率。

"直接运输"是指下列情况之一：

① 货物运输未经非受惠国关境；

② 货物虽经一个或多个非受惠国关境，但其有充分理由证明过境运输完全出于地理原因或商业运输的要求，并能证明货物在运输过程中未在非受惠国关境内使用、交易或消费，及除装卸和为保持货物良好状态而接受的简单处理外，未经任何其他处理。经非受惠国运输进口的货物适用《曼谷协定》税率时，应进口地海关要求，进口货物收货人应提交过境海关签发的对上述事项的证明或其他证明材料。

(4) 适用《曼谷协定》税率的货物应取得出口该货物的受惠国政府指定机构签发的原产地证明书。进口货物收货人在《曼谷协定》项下货物进口报关时，应向海关提交受惠国政府指定机构签发的原产地证明书作为报关单随附单证。

适用《曼谷协定》税率的受惠国名单如下：适用《曼谷协定》税率的受惠国为韩国、孟加拉国、斯里兰卡，其中孟加拉国为最不发达国家。

9.2.5.3 进出口税率的适用

1. 不同关税税率的适用

(1) 暂定最惠国税率优先于最惠国税率执行；按协定税率、特惠税率进口暂定最惠国税率商品时，取低计征关税；按国家优惠政策进口暂定最惠国税率商品时，按优惠政策计算确定的税率与暂定最惠国税率两者取低计征关税，但不得在暂定最惠国税率基础上再进行减免。

(2) 对于原产地是香港、澳门、台湾的进口货物和我国大陆生产的货物复进口的，海关按最惠国税率征收关税。

(3) 对于无法确定原产国别(地区)的进口货物，按普通税率征税。对于某些包装特殊的产品，比如以中性包装或裸装形式进口经查验又无法确定原产国别的货物，除申报时能提供原产地证明的仍可按其原产地确定税率外，一律按普通税率计征关税。

(4) 对于按规定应按普通税率征税的进口货物，经国务院关税税则委员会特别批准，可以按照最惠国税率征税。

(5) 为了满足特定时期对关税税率进行临时性变更的需要，进出口关税条例还规定，国务院关税税则委员会有权制定比最惠国税率更低的暂定最惠国税率。暂定最惠国税率分为进口暂定最惠国税率和出口暂定最惠国税率，一般都是按照年度制定，并且随时可以根据需要恢复按照法定税率征税。

(6) 我国海关规定，对在进口配额范围内进口的货物可适用较最惠国税率低的配额税率，对超出进口配额范围内进口的货物即按原税则规定的非配额税率征收关税。

2. 适用税率的时间

《中华人民共和国进出口关税条例》第八条规定：进出口货物，应当按照收发货人或者他们的代理人申报进口或出口之日实施的税率征税。进口货物到达前，经海关核准先行申报的，应当按照装载此项货物的运输工具申报进境之日实施的税率征税。

对于进出口货物的补税和退税，一般按该进出口货物原申报进口或申报出口之日所实施的税率计算关税。具体来说，在实际运用时还要区分以下不同情况：

(1) 按照特定减免税办法批准予以减免税的进口货物，后因情况改变经海关批准转让或出售须补税时，应按其原进口日所施行的税则税率征税。

(2) 来料加工、进料加工的进口料件等属于保税性质的进口货物，如经批准转为内销，应按向海关申报转为内销当天的税则税率征税；如未经批准擅自转为内销的，则按海关查获日期所施行的税则税率征税。

(3) 暂时进口货物转为正式进口须补税时，应按其转为正式进口日所施行的税则税率征税。

(4) 对于分期支付租金的租赁进口货物，分期付税时，都应按该项货物原进口日所施行的税则税率征税。

(5) 溢卸、误卸货物事后确定须征税时，应按其原申报进口日期所施行的税则税率征税。如原进口日期无法查明时，可按确定补税当天所施行的税则税率征税。

(6) 对由于税则归类的改变、完税价格的审定或其他工作差错而须补征税款时，应按原征税日期所施行的税则税率计征。

(7) 对于批准缓税进口的货物以后缴税时，不论是分期或一次缴清税款，都应按货物原进口日所施行的税率计征税款。

(8) 查获的走私进口货物须补税时，应按查获日期所施行的税则税率征税。

(9) 在上述有关情况中，如有发生退税的，都应按原征税或者补税日期所适用的税率计算退税。

9.2.6 报关税费的计算

海关征收的关税、进口环节增值税、进口环节消费税、船舶吨税、滞纳金等税费一律以人民币计征，起征点为人民币50元。完税价格、税额采用四舍五入法计算至分。

进出口货物的成交价格及有关费用以外币计价的，计算税款前海关按照该货物适用税率之日所适用的计征汇率折合为人民币计算完税价格。

海关每月使用的计征汇率为上一个月第三个星期三(第三个星期三为法定节假日的，顺延采用第四个星期三)中国人民银行公布的外币对人民币的基准汇率。以基准汇率币种以外的外币计价的，采用同一时间中国银行公布的现汇买入价和现汇卖出价的中间值(人民币元后采用四舍五入法保留4位小数)。如果上述汇率发生重大波动，海关总署认为必要时，可另行规定计征汇率，并对外公布。

9.2.6.1　进出口关税税款的计算

1. 进口关税税款的计算

计算进口关税税款的基本公式是：

进口关税税额＝完税价格×进口关税税率

在计算关税时应注意以下几点：

(1) 进口税款缴纳形式为人民币。进口货物以外币计价成交的，由海关按照签发税款缴纳证之日国家外汇管理部门公布的人民币外汇牌价的买卖中间价折合人民币计征。人民币外汇牌价表未列入的外币，按国家外汇管理部门确定的汇率折合人民币。

(2) 完税价格金额计算到元为止，元以下四舍五入。完税税额计算到分为止，分以下四舍五入。

(3) 一票货物的关税税额在人民币50元以下的免税。

进口货物的成交价格，因有不同的成交条件而有不同的价格形式，常用的价格条款有FOB、CFR、CIF三种。现根据三种常用的价格条款分别举例介绍进口税款的计算。

① 以CIF成交的进口货物，如果申报价格符合规定的"成交价格"条件，则可直接计算出税款。举例如下：

某公司从德国进口钢铁盘条100 000千克，其成交价格为CIF天津新港125 000美元，求应征关税税款。

已知海关填发税款缴款书之日的外汇牌价：

100美元＝687.26人民币元(买入价)

100美元＝657.18人民币元(卖出价)

税款计算如下：

第一步，审核申报价格，符合"成交价格"条件，确定税率：钢铁盘条归入税号7310，进口关税税率为15%。

第二步，根据填发税款缴款书日的外汇牌价，将货价折算人民币。

当天外汇汇价为：

外汇买卖中间价100美元＝(687.26＋657.18)÷2＝672.22(人民币元)

即　　1美元＝6.7222人民币元

完税价格＝125 000×6.7222＝840 275(人民币元)

第三步，计算关税税款即：

840 275元人民币×15%＝126 041.25(人民币元)

② FOB和CFR条件成交的进口货物，在计算税款时应先把进口货物的申报价格折算成CIF价，然后再按上述程序计算税款。举例如下：

从韩国进口钢铁盘条100 000千克，其成交价格为FOB釜山245 820美元，已知单位运费为0.1美元/千克，保险费率为0.25%，求应征进口关税税款。(海关填发税款缴款书之日的外汇牌价：USD100＝CNY672.22)

第一步，将其他价格换算成CIF价格。

CIF价＝(FOB价＋运费)/(1－投保加成×保险费率)

＝(245 820＋0.1×100 000)×6.7222/(1－0.25%)

＝2 292 897.61(人民币元)

第二步，计算关税税款，根据税则归类，进口关税税率为15%。

则：该批货物进口关税税款为2 292 897.61×15%=343 934.64（人民币元）。

2. 出口关税的计算

(1) 出口货物应当以海关审定的货物售予境外的离岸价格，扣除出口关税后，作为完税价格。如果离岸价格不能确定，完税价格由海关估定。

(2) 出口货物完税价格的核定方法。

① 以我国口岸离岸价格（FOB国内口岸）成交的出口货物，其计算完税价格的公式为：完税价格=离岸价格/(1+出口税率)；

② 以离岸加运费（CFR国外口岸）成交的出口货物，应先扣除离开我国口岸的运费后，再按上述公式计算；

③ 以国外口岸到岸价格（CIF国外口岸）成交的出口货物，则应扣除离开我国口岸的运费和保险费后，再按上述公式计算；

④ 出口货物的离岸价格，应以该项货物运离关境前的最后一个口岸的离岸价格为实际离岸价格。如该项货物从内地起运，其从内地口岸至最后出境口岸所支付的国内段运输费用则应予扣除。

(3) 出口关税税额的计算公式：

出口关税税额=完税价格×适用税率

举例如下：

某进出口公司出口某种货物100件，每件重250千克，成交价为CFR香港50 000元人民币。已申报运费为每吨350元人民币，出口税率为15%，求海关应征出口税。

第一步，求出口货物离岸价格。该题中，离岸价格应扣除离开我国口岸后的运费，即50 000−250×100/1 000=41 250（人民币元）。

第二步，求出口货物的完税价格。出口货物完税价格=离岸价格/(1+出口税率)=41 250/(1+15%)≈35 869.57（人民币元）。

第三步，求关税。出口关税税额=完税价格×适用税率=35 869.57×15%≈5 380.44（人民币元）。

9.2.6.2 进口环节税

1. 消费税税款的计算

(1) 从价消费税税款的计算

从价消费税组成计税价格=(关税完税价格+关税税额)/(1−消费税税率)

从价消费税税额=消费税组成计税价格×消费税税率

(2) 从量消费税税款的计算

从量消费税税额=应税消费品数量×消费税税额

(3) 实行从定率和从量定额复合计税的消费税税款的计算

从价消费税组成计税价格=(关税完税价格+关税税额+进口数量×消费税定额税率)/(1−消费税税率)

从价消费税税额=消费税组成计税价格×消费税税率

消费税税额=从价消费税税额+从量消费税税额

举例如下：

某公司进口一批啤酒，合计数量 1 000 千克，价格为 CIF 广州 10 000 美元，外汇牌价为 1∶8，关税税率为 10%，从量消费税税率为 10 元/千克，从价消费税税率为 25%，求应缴消费税。

第一步，计算关税完税价格和关税税额。关税完税价格＝10 000×8＝80 000(人民币元)，关税税额＝80 000×10%＝8 000(人民币元)。

第二步，计算消费税。

从量消费税税额＝应税消费品数量×消费税税额
＝1 000×10
＝10 000(人民币元)

从价消费税组成计税价格＝(关税完税价格＋关税税额＋应税消费品数量×消费税税额)/(1－消费税税率)
＝(80 000＋8 000＋1 000×10)/(1－25%)
＝130 666.67(人民币元)

从价消费税税额＝消费税组成计税价格×消费税税率＝130 666.67×25%＝32 666.67(人民币元)。

消费税税额＝从价消费税税额＋从量消费税税额
＝32 666.67＋10 000
＝42 666.67(人民币元)

2. 增值税税款的计算

增值税税额＝增值税组成计税价格×增值税税率

增值税组成计税价格＝关税完税价格＋关税税额＋消费税税额

举例如下：

某公司进口一批啤酒，合计数量 1 000 千克，价格为 CIF 广州 10 000 美元，外汇牌价为 1∶8，关税税率为 10%，增值税税率为 17%，从量消费税税率为 10 元/千克，从价消费税税率为 25%，求应缴关税、消费税、增值税税额总和。

第一步，计算关税完税价格和关税税额。关税完税价格＝10 000×8＝80 000(人民币元)，关税税额＝80 000×10%＝8 000(人民币元)。

第二步，计算消费税。

从量消费税税额＝应税消费品数量×消费税税额
＝1 000×10
＝10 000(人民币元)

从价消费税组成计税价格＝(关税完税价格＋关税税额＋应税消费品数量×消费税税额)/(1－消费税税率)
＝(80 000＋8 000＋1 000×10)/(1－25%)
＝130 666.67(人民币元)

从价消费税税额＝消费税组成计税价格×消费税税率＝130 666.67×25%＝32 666.67(人民币元)。

消费税税额＝从价消费税税额＋从量消费税税额
＝32 666.67＋10 000
＝42 666.67(人民币元)

第三步，计算增值税。

增值税组成计税价格＝关税完税价格＋关税税额＋消费税税额
＝80 000＋8 000＋42 666.67
＝130 666.67(人民币元)

增值税＝增值税组成计税价格×增值税税率
＝130 666.67×17%
＝22 213.33(人民币元)

最后求总税负。总税负为 72 880 人民币元(即 8 000＋42 666.67＋22 213.33)。

9.2.7 进出口税费的减免、缴纳与退补

9.2.7.1 进出口税费的减免

1. 进出口税费减免的概念

通常,各国为保护境内经济并取得财政收入须对进出口的货品依法征收关税。但有时由于进口国经济、政治等方面的原因和根据国际条约、惯例,需要免除某些纳税义务人或某些进出口应税货品的纳税义务。作为执行进出口税费政策的一种灵活措施,进出口税费减免构成各国关税制度中的一项不可或缺的要素。

虽说税则中零税率的政策效果与免税相同,但为了明确进出口税费减免与税则税率的区别,零税率不作为进出口税费减免对待。进出口税费减免在行政法学中属于"免除"的行政措施(或称具体行政行为),是指对一般人依法负有作为的义务,行政机关依法作出在特定条件下对特定人豁免其作为的义务的决定。进出口税费减免应以一般人依法负有进出口税费给付的义务为前提,若对任何人都不征收进出口税费,也就无所谓关税减免。因此,海关税则中规定无税,包括进料加工、来料加工的保税、暂时进出境、无代价抵偿货物、进境前已灭失的货物等情况,均不应属于进出口税费减免。

免除纳税义务人的关税纳税义务可以是全部的,也可以是部分的。因此,进出口税费是海关全部或部分免除应税货品纳税义务人的进出口税费给付义务的一种行政措施。

进出口税费就其本质而言是国家对享受关税减免的纳税义务人的一种财政投入。在商品经济中,进出口税费的征收和减免都应符合公平税负的原则,根据国家产业政策按进出口商品的种类实施,除国际条约、惯例规定给予某些享有豁免权的外交使领馆官员外,不应针对任何个别人、个别单位实施。

进出口税费减免在历史上很早就已出现,当时主要是对特权给予的豁免。在现代,进出口税费减免的内容日益复杂,越来越多的国家出于经济政策的需要而实行进出口税费减免。根据《海关法》第五十六条至第五十七条的规定,进出口税费减免可分为法定减免、特定减免、临时减免三种。

2. 法定减免税

法定减免税是指按照《海关法》、《关税条例》和其他法律、行政法规的规定,进出口货物可以享受的减免关税优惠。海关对法定减免税货物一般不进行后续管理。

法定减免税的范围如下:

(1) 关税税额在人民币 50 元以下的一票货物;

(2) 无商业价值的广告品和货样;

(3) 外国政府、国际组织无偿赠送的物资;

(4) 在海关放行前遭受损坏或者损失的货物;

(5) 进出境运输工具装载的途中必需的燃料、物料和饮食用品；

(6) 中华人民共和国缔结或者参加的国际条约规定减征、免征关税的货物、物品；

(7) 法律规定减征、免征关税的其他货物、物品。

3. 特定减免税

特定减免税是指海关根据国家规定，对特定地区、特定用途和特定企业给予的减免关税和进口环节海关代征税的优惠，也称政策性减免税。特定减税或者免税的范围和办法由国务院规定，海关根据国务院的规定单独或会同国务院其他主管部门制定具体实施办法并加以贯彻执行。

申请特定减免税的单位或企业，应在货物进口前向主管海关提出申请，主管海关按照规定的程序进行审批。对符合相关减免税政策规定的，主管海关出具相应的减免税证明，享受减免税政策的单位或企业凭减免税证明及有关报关单证向海关办理减免税货物进口报关手续。享受减免税政策的单位或企业已经向海关申请办理减免税审批手续，在主管海关按规定受理期间(包括经批准延长的期限)货物到达进口口岸的，享受减免税政策的单位或企业可以向主管海关申请凭担保办理货物验放手续。进口单位需要办理担保手续的，应当在货物申报进口前向主管海关提出申请，主管海关审核后出具同意按减免税货物办理担保手续的证明，进口地海关审核符合担保条件的，凭担保证明按规定办理货物的担保和验放手续。货物征税放行后，进口单位申请补办减免税审批手续的，海关不再受理，已征税款不予退还。

由于特定减免税货物有地区、企业和用途的限制，海关需要对其进行后续管理。目前实施特定减免税的项目主要有：

(1) 外商投资项目投资额度内进口自用设备；

(2) 外商投资企业投资总额外进口自用设备；

(3) 国内投资项目进口自用设备；

(4) 贷款项目进口物资；

(5) 特定区域物资；

(6) 科教用品；

(7) 科技开发用品；

(8) 无偿援助项目进口物资；

(9) 残疾人专用品；

(10) 远洋渔业项目进口自捕水产品；

(11) 远洋船舶及设备部件项目；

(12) 集成电路项目；

(13) 海上石油、陆上石油项目；

(14) 贷款中标项目进口零部件；

(15) 救灾捐赠物资；

(16) 扶贫慈善捐赠物资。

此外，国家还根据不同时期的需要制定相关的减免税政策。

4. 临时减免税

临时减免税是指法定减免税和特定减免税以外的其他减免税，国务院根据某个单位、某类商品、某个时期或某批货物的特殊情况和需要，给予特别的临时性减免税优惠。

临时性减免税一般是时效较短，一案一批，在所批准的优惠政策执行完毕后即告结束。

9.2.7.2 进出口税费的缴纳

1. 税款缴纳地点与方式

纳税义务人应当在货物的进出境地向海关缴纳税款，经海关批准也可以在纳税义务人所在地向其主管海关缴纳税款（即“属地纳税”）。

海关法规定了以下三种关税缴纳方式可供纳税人进行选择。

(1) 关税先纳制。

这是通常情况下的关税缴纳方式，指的是海关在接受进出口货物通关手续申报后，逐票计算应征关税并填发关税缴款书，纳税人持关税缴款书到指定银行办理税款交付或转账手续后，海关凭加盖了“转讫章”的关税缴款书收据联办理放行手续。

(2) 关税后纳制。

对一些易腐、急需但有关手续无法立即办完的货物，海关允许纳税人在履行了有关担保手续后，先行办理货物放行，然后再办理关税缴纳手续。采用这种方式纳税人只有在交付海关部分货样、提供保证金或其他担保之后才可获许放行通关。

(3) 定期汇总纳税制。

为简化纳税手续，提高纳税效率，对于经海关审查符合下列条件的纳税人，可以获许采用定期统一汇总的方式缴纳应纳税款：

① 经国务院、省、直辖市、自治区主管部门批准，具有进出口经营权。

② 有一定的经营规模，年进出口货物总额在1亿美元以上；或进出口批量小但是品种繁多，年经营额在5 000万美元以上。

③ 有良好的资信和管理。无欠税、偷逃关税和其他违反海关法行为的前科。

获批准实行定期汇总纳税制的纳税人，对在管辖海关办理进境申报手续的货物，每10天向管辖海关办理一次纳税手续；海关在第11天将前10天通关货物应纳税款分别计征后合计开出关税缴款书，并注明“定期汇总纳税”，同时应随附征税货物计算表。

2. 关税缴纳时限

为保证关税及时征缴入库，我国《海关法》规定，进出口货物的纳税义务人，应当自海关填发税款缴款书之日起15日内缴纳税款；逾期缴纳的，由海关按日征收0.05%的滞纳金。

纳税人应该在一定期限内向海关缴纳关税。但有时纳税人由于资金周转困难或其他原因而无力支付关税，可向海关申请延长其全部或部分税款的缴纳期限。经海关审查，如确有暂时经济困难，可以批准纳税人在一定时期内缓纳关税。

欲缓纳关税的纳税人应当在有关货物进口之前或海关办理该货物内销通关申报手续之后的7日内向办理上述手续的海关提出书面申请，并说明缓税理由，同时向海关递交银行担保和缴纳计划。超过申请缓纳关税时限的，海关将不予受理。

海关对受理的缓税申请应立即进行审核，对确有暂时关税支付困难的纳税人可决定全部或部分缓税，对于因国家提高关税税率造成纳税义务人缴款困难的，只应批准其由于税率提高而增加的部分关税暂时缓纳。

9.2.7.3 关税强制执行

如果关税的纳税人或其代理人未在规定的纳税期限内或批准的缓纳期限内缴纳税款，就构成了关税滞纳行为。这样，为保证海关征收关税决定的有效执行和国家财政收入的及时入库，海关将对滞纳关税的纳税人采取强制措施。强制措施主要有两种：征收关税滞纳金和强制缴纳。

(1) 征收关税滞纳金。

如关税纳税人或其代理人未在规定期限内履行其关税给付义务，海关应在原应纳税款的基础上，对纳税人附加课征滞纳金。通过征收关税滞纳金，使纳税人承担新的经济负担，可以促使纳税人尽早履行纳税义务。征收关税滞纳金是海关的强制执行行为，它不属于海关的行政处罚。

(2) 关税的强制缴纳。

对在海关填发关税缴款书之日起 3 个月仍未履行缴纳关税义务的纳税人，海关可以采取强制缴纳手段来直接获得应纳税款。关税强制缴纳的方式又分为以下三种：

① 强制扣缴。强制扣缴指海关自行或向人民法院申请从纳税人的开户银行的存款中强行划拨应纳税款，这是一种代执行的间接行政强制行为。这种强制征收方式的前提是纳税人在其银行账户中有存款。

② 变价抵缴。变价抵缴指纳税人开户银行没有可以执行的款项时，海关可以将关税纳税人的有关货物变卖，以变卖所得价款充抵应纳关税，这属于直接强制行为。海关一般应采取拍卖形式，如拍卖所得缴纳关税后有余款，应退还纳税人；如所得不足以缴纳关税，海关仍可追缴不足部分。这种强制措施的前提是有关货物尚未放行。

③ 如果滞纳税款的货物已经放行，则可以将纳税人相当于应纳税款的其他进出口货物或者其他合法财产扣留并依法变卖，以变卖所得抵缴税款。

《海关法》规定，强制缴纳只有在纳税人在受领海关填发的关税缴款书后 3 个月内仍拒不缴纳关税时才可采取，一般优先采取强制扣缴办法。

9.2.7.4 纳税争议的解决

在实际工作中，有时会出现一些因纳税人不同意海关作出的征税决定而发生的纠纷，由于争议双方至少有一方是国家行政单位——海关，因而它属于行政争议。事实上，在关税征收过程中，海关有可能对纳税人作出不符合法律法规的决定；海关应当允许纳税人拥有对征税决定发表不同意见的权利；另外，即使海关的决定完全合法，纳税人也有权通过途径获得令人满意的解释。

由于关税纳税争议涉及商品归类、海关估价和确定进出口货物的原产地等复杂的海关技术和专门知识，具有其特殊性，因此，对海关征收关税的行政行为不服的，《海关法》规定关税纳税争议应当适用行政复议前置程序。即对于纳税争议，当事人应当先向与之发生纳税争议的海关的上一级海关申请行政复议(对海关总署作出的征税决定不服的，应当先向海关总署申请复议)，对于上一级海关或者海关总署行政复议决定不服的，才可以向人民法院提出行政诉讼。复议前置程序只适用于纳税争议，即有关当事人对海关征收关税的实体法上的行为有异议，具体包括对进出境货物的原产地的确定、税则归类、税率变更时税率的应用、完税价格的审定、外币兑换率的适用、关税税额的确定、关税减征或者免征(包括应否征收关税)、追征、补征和退还等征收关税的行为是否合法或适当，是否侵害其合法权益等海关征收关税的行为表示异议。

当事人可以自知道海关具体行政行为之日起 60 日内向有管辖权的上一级海关申请行政复议，上一级海关自接受复议申请的 60 日内作出复议决定通知当事人。当事人对海关复议机关决定不予受理或者超过行政复议期限不予答复以及不接受海关复议机关所作出的复议决定的，可以自收到不予受理决定书之日起或行政复议期满之日起 15 日内向人民法院起诉。

对于当事人不在法定时限内申请复议或者不履行海关复议机关的复议决定，又不在法定期限内起诉的，海关依法强制执行或由复议机关申请法院强制执行。最后需要指明的是，以上规定同样适用于其他进出口税费的税收复议。

9.2.7.5 税款缴纳凭证

1. 进出口关税和进口环节代征税的缴纳凭证

海关征收进出口关税和进口环节代征税时，应向纳税义务人或其代理人填发“海关专用缴款书”(含关税、进口环节代征税)。纳税义务人或其代理人持凭“海关专用缴款书”向银行缴纳税款。

海关填发的“海关专用缴款书”第一联为“收据”，由国库收款签章后交缴款单位或缴纳人；第二联为“付款凭证”，由缴库单位开户银行作付出凭证；第三联为“收款凭证”，由收款国库作收入凭证；第四联为“回执”，由国库盖章后退回海关财务部门；第五联为“报查”，关税由国库收款后退回海关，进口环节代征税送当地税务机关；第六联为“存根”，由填发单位存查。

进口货物收货人或其代理人缴纳税款后，应将“海关专用缴款书”第一联送签发海关验核，海关凭以办理有关手续。

2. 滞纳金的缴纳凭证

滞纳金缴款书的格式与税款缴款书相同。海关征收进口货物的关税、进口环节增值税、消费税、船舶吨税等的滞纳金时，应向纳税义务人或其代理人填发“海关专用缴款书”。纳税义务人或其代理人应持凭“海关专用缴款书”向银行缴纳滞纳金。

3. 滞报金的缴纳凭证

海关征收进口货物滞纳金时，应当向收货人出具滞报金缴款通知书。海关收取滞报金后，应当向收货人出具财政部统一印(监)制的票据。

9.2.8 进出口税费的退补

9.2.8.1 关税退还制度

纳税人或其代理人缴纳关税后，海关将原缴纳关税税款的全部或部分返回给原纳税人的制度称为**关税退还制度**。

以下情况经海关核准可予以办理退税手续：

(1) 已缴纳进口关税和进口环节代征税税款的进口货物，因品质或者规格原因原状退货复运出境的；

(2) 已缴纳出口关税的出口货物，因品质或者规格原因原状退货复运进境，并已重新缴纳因出口而退还的国内环节有关税收的；

(3) 已缴纳出口关税的货物，因故未装运出口，已退关的；

(4) 已征税放行的散装进出口货物发生短卸、短装，如果该货物的发货人、承运人或者保险公司已对短卸、短装部分退还或者赔偿相应货款的，纳税义务人可以向海关申请退还进口或者出口短卸、短装部分的相应税款；

(5) 进出口货物因残损、品质不良、规格不符的原因，由进出口货物的发货人、承运人或者保险公司赔偿相应货款的，纳税义务人可以向海关申请退还赔偿货款部分的相应税款；

(6) 因海关误征，致使纳税义务人多缴税款的。

海关发现多征税款的，应当立即通知纳税义务人办理退还手续。

纳税义务人发现多缴税款的，自缴纳税款之日起1年内，可以以书面形式要求海关退还多缴的税款并加算银行同期活期存款利息。所退利息按照海关填发收入退还书之日中国人民银行规定的活期储蓄存款利息计算，计算所退利息的期限自纳税义务人缴纳税款之日起至海关填发收入退还书之日止。

进口环节增值税已予抵缴的除国家另有规定外不予退还。已征收的滞纳金不予退还。

海关应当自受理退税申请之日起30日内查实并通知纳税义务人办理退还手续。纳税义务人应当自收到通知之日起3个月内办理有关退税手续。

退税必须在原征税海关办理。办理退税时，纳税义务人应填写“退税申请表”并持原进口或出口报关单、原盖有银行收款章的税款缴纳收据正本及其他必要单证(合同、发票、协议、商检机构证明等)送海关审核，海关同意后，应按原征税或者补税之日所实施的税率计算退税额。

海关退还已征收的关税和进口环节代征税时，应填发“收入退还书”(海关专用)，同时通知原纳税义务人或其代理人。海关将“收入退还书”(海关专用)送交指定银行划拨款。

“收入退还书”(海关专用)第一联为“收账通知”，交收款单位；第二联为“付款凭证”，由退款国库作付出凭证；第三联为“收款凭证”，由收款单位开户银行作收入凭证；第四联为“付款通知”，由国库随收入统计表送退库海关；第五联为“报查凭证”，由国库将进口环节代征税的送当地税务机关，关税的送退库海关；第六联为“存根”，由填发海关存查。

9.2.8.2 关税的追、补征制度

纳税人或其代理人按核定的税额缴纳关税后，海关发现核定征收关税税额少于应征关税税额，就出现了关税短征。海关有权责令纳税人或其代理人补缴所差的税款。如果造成关税短征的原因在纳税义务人或其代理人一方，则称为追征；如果造成关税短征的原因不在纳税人或其代理人一方，则称为补征。

海关作出追征或补征关税的决定后，即以关税缴款书的形式通知纳税人或其代理人，关税缴款书中注明了追征或补征原关税缴款书的税款。纳税人或其代理人应按规定在关税缴纳期限内缴纳关税差款。

1. 补税的范围及适用税率

(1) 按照特定减免税办法批准予以减免税的进口货物，经海关批准转让或出售须补税时，应按其原进口日所实施的税率征税。

(2) 属于保税性质的来料加工、进料加工的进口料件，如经批准转为内销的，应按向海关申报转内销当天的税率补税。

(3) 暂时进口货物转为正式进口须补税时，应按其转为正式进口日期所实施的税则税率征税。

(4) 对于未经批准擅自转为内销的来(进)料加工的进口料件及暂时进口货物擅自处理的，按海关查获之日所实施的税则税率补税。

(5) 由于税则归类的改变，完税价格的审定或其他工作差错而须补征税款的，应按原征税日期实施的税则税率补税。

(6) 滥卸、误卸货物事后确定须征税的，应按其原申报进口日期所实施的税则税率补税。如原进口日期无法查明时，可按确定补税当天所实施的税则税率征税。

(7) 海关查获的走私进口货物须补税时，应按查获日期所实施的税则税率补税。

2. 期限及要求

进出口货物完税后，由于海关方面的原因造成的少征或者漏征税款，海关应当自缴纳税款或者货物放行之日起一年内，向收发货人或者他们的代理人补征。因收发货人或者其代理人违反规定而造成的少征或者漏征，海关在3年内可以追征。追、补征的时间应根据海关是否征

收关税而定。若海关对该货物征收了关税，但发生了少征的，从缴纳关税税款的次日算起；若海关对该货物漏征关税，则只能从放行货物次日算起。若超过了海关法规定的追征和补征的时效期限，海关就丧失了追征或补征关税的权利。

因海关原因造成的少征、漏征税款，由原征税海关补征；对于查获的违规案件中须补征税款的，如果查获海关不是进口地海关，由查获海关补征税款。因发货人或者他们的代理人违反规定而造成的少征或漏征，海关可以视其错误和具体情节，给予处罚。

9.3 项目小结

本项目重点是介绍了当前我国海关进出口税费的基础知识，重点阐述了进出口关税、增值税、消费税的计算，以及进出口税费的减免、缴纳与退补等知识与内容。力争使学习者能熟悉各项税费的计算方法，知道如何进行进出口税费的减免、缴纳与退补。

9.4 项目练习

1. 单项选择题

(1) 某公司从德国进口一套机械设备，发票列明：设备价款 CIF 天津 USD300000，设备进口后的安装及技术服务费用 USD10000，买方佣金 USD1000，卖方佣金 1 500。该批货物经海关审定后的成交价格应为(　　)。

A. USD311000　　B. USD301500　　C. USD301000　　D. USD291500

(2) 因纳税义务人违反规定造成少征或漏征税款的，海关可以在规定期限内追征税款并从缴纳税款或者货物放行之日起至海关发现违规行为之日止按日加收少征或漏征税款的滞纳金。其规定期限和滞纳金的征收标准分别为(　　)。

A. 1 年；0.05%　　B. 3 年；0.05%　　C. 1 年；0.1%　　D. 3 年；0.1%

(3) 应证关税是 10 000 元，消费税 40 000 元，海关 5 月 23 日发出缴款通知书，法定节假日 6 月 8 日端午节，顺延至 6 月 9 日，6 月 12 号去缴纳，问收多少滞纳金？(　　)

A. 125 元　　B. 75 元　　C. 100 元　　D. 50 元

(4) 某公司从香港购买一批日本产富士彩色胶卷 8 000 卷(宽度 35mm，长度 2m 之内)，成交价格为 CIF 上海 HKD12/卷。设外汇折算价为 1 港元＝1.2 元人民币，以上规格胶卷 0.05 平方米/卷。该批商品的最惠国税率为 30 元人民币/平方米，计算应征进口关税税额为(　　)。

A. 115 200 元　　B. 34 560 元　　C. 16 800 元　　D. 12 000 元

(5) 根据《中华人民共和国进出口关税条例》的规定，下列表述正确的是(　　)。

A. 适用最惠国税率的进口货物有暂定税率的，应当适用最惠国税率

B. 适用协定税率有进口货物有暂定税率的，应当从低适用税率

C. 适用特惠税率的进口货物有暂定税率的，应当从高适用税率

D. 适用普通税率的进口货物有暂定税率的，应当适用暂定税率

2. 多项选择题

(1) 下列哪些情况海关可以拒绝接受申报价格而另行估价?( )

A. 买方对进口货物的处置受到了卖方的限制,具体表现在买方必须将进口货物转售给卖方指定的第三方

B. 买卖双方达成的销售价格是以买方同时向卖方购买一定数量的其他货物为前提

C. 进口方在国内销售进口货物所产生的收益中有一部分返还给出口方,然后这一部分收益的具体金额尚不能被确定

D. 进口方和出口方是母子公司,但上述关系并未对成交价格产生影响

(2) 关于进出口税率的计算,下列表述正确的是( )。

A. 税款的起征点为人民币50元

B. 完税价格计算至元,元以下四舍五入

C. 税额计算至分,分以下四舍五入

D. 进出口货物的成交价格及有关费用以外币计价的,海关应当按照填发税款缴款书之日公布的汇率中间价折合成人民币

(3) 关于特殊贸易方式进口货物的完税价格审定原则,下列表述中正确的是( )。

A. 内销的进料加工进口料件或其制成品,以料件申报内销时的价格估定

B. 加工贸易加工过程中产生的边角余料,以申报内销时的价格估定

C. 减税或免税的进口货物须予补税时,应当以海关审定的该货物原进口时的价格,扣除折旧部分价值作为完税

D. 以租金方式对外租赁的进口货物,在租赁期间,以海关审定的租金作为完税价格

(4) 对于已缴纳进出口关税的货物,纳税义务人在规定期限内可以申请退还关税的有( )。

A. 因规格原因原状退货复运进境,并已重新缴纳因出口而退还的国内环节有关税收的

B. 因销售渠道不畅原状退货退运进境,并已重新缴纳因出口而退还的国内环节有关税收的

C. 因品质原因原状退货复运出境的

D. 因故未装运出口申报退关的

(5) 进口时在货物的价款中列明的下列税收费用,不计入货物关税完税价格的有( )。

A. 厂房、机械、设备等货物进口后进行建设、安装、装配、维修和技术服务的费用

B. 进口货物运抵境内输入地点起卸后的运输及相关费用、保险费

C. 进口关税及国内税收

D. 作为该货物向我国境内销售条件,买方必须支付的,与该货物有关的特许权使用费

3. 判断题

(1) 海关在审定货物的完税价格时,如买卖双方在经营上有相互联系,一方是另一方的独家代理、经销或受让人的,应当视为有特殊关系。

(2) 出口货物自出口之日起3年内,因品质或者规格原因原状复运进境的,不征收进口关税。

(3) 海关审定的进口货物的成交价格,是指卖方向中华人民共和国境内销售该货物时买方为进口该货物向卖方实付、应付的价格总额,包括直接交付的价格和间接支付的价款。

(4) 海关发现多征税款的应当立即通知纳税义务人办理退还手续,纳税义务人应当自海关发出通知之日起3个月内办理有关退税手续。

(5) 已征税放行的散装进出口货物发现短卸、短装的,如果该货物的发货人、承运人或者保

险公司已对短卸、短装部分退还或者赔偿相应货款的，纳税义务人可以向海关申请退还进口或者出口短卸、短装部分的相应税款。

4. 案例分析题

（1）蓄意偷逃关税的处理。

蓄意偷逃关税的处理

2008 年 5 月，中国冶金进出口公司下属某分公司从澳大利亚进口澳矿藏 5 791 吨，该公司称没有运费和保险单，将完税价格申报为 FOBUSD16.36/吨，运费为货价的 6%，保险费为货价的 0.3%。海关怀疑其瞒报完税价格，对其实施调查，发现其瞒报事实。该公司不得已交出了真实的运费单和保险单。实际上，该批货物的运费为 USD310297.97，占货价的 73.5%；保险费为 USD1265.72，占货价的 0.8%。

请思考

① 说明关税征收的完税价格应当包括的范围。

② 根据《海关法》，海关对该公司因低报运保费少纳的税款属于追征还是补征的性质？海关可以追缴的法定期限是多少？

（2）海关估价问题。

海关估价问题

2000 年 5 月，广西某公司由香港进口 10 台日本大金牌空调室外机。6 月 12 日，当事人持报关单、发票向梧州海关报关，申报价格为 CIF1100 美元/台。海关经审查认为其申报价格偏低，无法接受其报价，以国内其他公司由香港购进的相同货物的成交价格估定其完税价格，2 013美元/台，据以征税。当事人不服提起复议。当事人不服海关估价的理由是，其申报价格不实是由于该公司是通过电话与香港方面成交。该成交价格所以低于海关估定的成交价格，是由于香港公司在卖给该公司这批货物时，是以从日本购进时的价格转卖的，成交价格为1 320 美元/台。开发票时将其错误地写成了 1 100 美元/台。

后经香港方面同意，将其中的差额以现金方式向对方结清余款。当事人向海关提供了有关价格的证据，认为海关估定的价格高于其实际成交价格 9 630 美元，要求退还多征税款。

请思考

① 海关估价的法律依据是什么？

② 复议机关会支持当事人的复议请求吗？为什么？

项目10

海关放行后提取或装运货物

知识目标

1. 掌握海关放行的几种形式。
2. 了解取得提取或装运货物所需的凭证。
3. 掌握如何向海关申请签发报关单证明联。
4. 了解进口货物海关放行后是否需要后续监管。

能力目标

1. 能通晓各种放行形式下相关业务事项的处理。
2. 能熟练地办理报关单证明联申请业务。
3. 能知晓海关放行后相关凭证的获取,以提取或装运货物。

10.1 案例导读

《中华人民共和国海关事务担保条例》开始施行

国务院总理温家宝于2010年9月签署了国务院令公布《中华人民共和国海关事务担保条例》,该条例已于2011年1月1日起正式施行。

条例根据《中华人民共和国海关法》及其他有关法律的规定而制定,旨在规范海关事务担保,提高通关效率,保障海关监督管理。

根据条例,有以下情形之一的,当事人可以在办结海关手续前向海关申请提供担保,要求提前放行货物:(一)进出口货物的商品归类、完税价格、原产地尚未确定的;(二)有效报关单证尚未提供的;(三)在纳税期限内税款尚未缴纳的;(四)滞报金尚未缴纳的;(五)其他海关手续尚未办结的。国家对进出境货物、物品有限制性规定,应当提供许可证件而不能提供的,以及法律、行政法规规定不得担保的其他情形,海关不予办理担保放行。

条例指出,有违法嫌疑的货物、物品、运输工具应当或者已经被海关依法扣留、封存的,当事人可以向海关提供担保,申请免予或者解除扣留、封存。有违法嫌疑的货物、物品、运输工具无法或者不便扣留的,当事人或者运输工具负责人应当向海关提供等值的担保;未提供等值担保的,海关可以扣留当事人等值的其他财产。

根据条例，有违法嫌疑的货物、物品、运输工具属于禁止进出境，或者必须以原物作为证据，或者依法应当予以没收的，海关不予办理担保。

（资料来源：新华网）

思考题

1.《中华人民共和国海关事务担保条例》颁布实施的目的有哪些？
2. 可以向海关申请提供担保，要求提前放行货物的情形有哪些？
3. 除了担保放行外，海关放行还有哪些形式？

10.2 理论与实务知识

10.2.1 海关放行

10.2.1.1 相关含义

海关放行是指海关接受进出口货物的申报、审核电子数据报关单和纸质报关单及随附单证、查验货物、征收税费或接受担保以后，对进出口货物作出结束海关进出境现场监管决定，允许进出口货物离开海关监管现场的工作环节。

放行是指海关在接受进出口货物申报、查验货物，并在纳税义务人缴纳关税后，在货运单据上签印放行。进出口商或其代理人必须凭海关签印的货运单据才能提取或发运进出口货物。未经海关放行的海关监管货物，任何单位和个人不得提取或发运。

10.2.1.2 基本形式

1. 征税放行

进出口货物在取得海关放行前，如属于应税货物，应由海关的税收部门，按照《中华人民共和国关税条例》和《中华人民共和国进出口税则》的规定，并根据一票一证的方式对这些货物收发货人征收有关关税和代征税，然后签印放行。

海关征税工作的基本方针是：依率计征、依法减免、科学归类、严肃退补、及时入库。其工作重点是“抓好对一般贸易的审价，对特定减免税的审批，对加工贸易的稽查，对缉私、稽查办案要杜绝以罚代税的现象”。

在征税环节，海关作出的征税决定，对纳税义务人具有强制性。因此，纳税义务人必须按期缴纳，不得拖延。为了体现征税工作的严肃性、政策性和准确性，海关应注意以下环节：

(1) 完善审价验估制度。海关审价人员应熟悉国际市场情况，注意收集各种价格资料，特别是现阶段一些重点、敏感商品的价格资料。

(2) 严格减免税审批制度。海关审批部门应熟悉掌握国家关税政策，特别是对已经废止的减免税文件要清楚，对减免税政策界限不清或审批中出现的新情况、新问题要及时交由上级主管部门审定。

(3) 加强税则归类工作。海关归类人员应提高归类水平，防止伪报品名、规格从低归类，导致少征、漏征税款情事的发生。

海关征税的依据是货物的“完税价格”。通常情况下，进口货物的CIF价、出口货物的FOB价即可作为海关征税的依据价格，但对CIF价或FOB价明显低于同期货物进口价格，或买卖双方存在特殊经济关系影响了进口成交价格，或根据海关掌握的市场情况，海关有权规定“完税价格”。

2. 担保放行

进出口货物的担保是担保人因进出口货物税款或某些证件不能及时备齐而向海关申请先予放行时，以向海关交纳保证金或提交保证函的法定方式向海关保证在一定期限内履行其在通关活动中承诺的义务的法律行为。其目的是为了确保海关监管货物的安全性，避免因纳税人无偿付能力或不履行义务而对海关造成的风险。

1) 担保放行的货物范围

根据《中华人民共和国海关关于进出口货物申请担保的管理办法》的规定，海关对符合下列情况的进出口货物实行担保放行制度。

(1) 暂时进出口货物，包括来华拍摄或与我国国内单位合作拍摄电影、照片、图片、幻灯而运进我国的摄影器材、胶卷、胶片、录像带、车辆、服装、道具等；来华进行体育竞赛、文艺演出而运进的器材、道具、服装、车辆、动物等；来华进行工程施工、学术、技术交流、讲学而运进的各种设备、仪器、工具、教学用具、车辆等。

(2) 正向海关申请办理减免税手续，而货物已运抵口岸，亟待提取或发运，要求缓办进出口纳税手续的。

(3) 国家限制进出口货物，已经领取了进出口许可证，因故不能及时提供的。

(4) 进出口货物不能在报关时交验有关单证(如发票、合同、装箱清单等)，而货物已运抵口岸，亟待提取或发运，要求海关先放行货物，后补交有关单证的。

(5) 经海关同意，将海关未放行的货物暂存放于海关监管区之外场所的。

(6) 因特殊情况，经海关总署批准的。

2) 对下列情况，海关不接受担保

(1) 进出口国家限制进出口的货物，未领到进出口货物许可证的。

(2) 进出口金银、濒危动植物、文物、中西药品、食品、体育及狩猎枪支弹药和民用爆破器材、无线电器材、保密机等受国家有关规定管理的进出口货物，不能向海关交验有关主管部门批准文件或证明的。

3) 担保的形式

进出口货物担保的形式有两种：缴纳保证金和提交保证函。

保证金是由担保人向海关缴纳现金的一种担保形式。对要求减免的进口货物在未办结有关海关手续之前，担保人申请先期放行货物，应支付保证金，保证金的金额应相当于有关货物的税费之和。

保证函是由担保人按照海关的要求向海关提交的、订有明确权利义务的一种担保文件。出具保证函的担保人必须是中国法人，可由缓税单位的开户银行担保。

4) 担保的程序和期限

(1) 凡符合申请担保条件的货物，由申请担保人向办理有关货物进出口手续的海关申请担保，海关进行审核后，确定担保的形式。

(2) 以保证金形式申请担保的，由报关人向海关缴纳相当于有关货物的进口税费等额的保证金。海关收取保证金后，向报关人出具“中华人民共和国海关保证金收据”。

(3) 以保证函形式申请担保的，由担保人按照海关规定的格式填写保证函一式两份，并加盖担保人的公章，一份留海关备案，另一份由担保人留存。

在一般情况下，担保期不得超过 20 天，否则，由海关对有关进出口货物按规定进行处理。有特殊情况的，在担保期限内申请延长担保期限的，由海关审核，适当予以展期。暂时进口货物的担保期限按照海关对暂时进口货物监管办法的有关规定执行，一般是在货物进口之日起 6 个月内。

5) 担保的销案

当事人办理进出口担保申请时，应在担保期满前，主动向海关办理销案手续。销案是指在规定期限内履行了事先承诺的义务后，海关退还担保人已缴纳的保证金或注销已提交的保证函，以终止所承担的义务。其中已缴纳保证金的，由报关人凭“中华人民共和国海关保证金收据”向海关办理退还保证金和销案手续；对保证函向海关申请担保的，由申请担保人凭留存的一份保证函向海关办理销案手续。对未能在担保期限内向海关办理销案手续的，海关可视不同情况，按下列规定处理：

(1) 将保证金抵作税款，责令报关人按规定补办进出口手续，并处以罚款；

(2) 责令担保人缴纳税款或通告银行扣缴税款，并处以罚款；

(3) 暂停或取消报关人的报关资格。

3. 信任放行

这是海关为适应外向型经济发展的需要，在有效监管的前提下，对监管模式进行改革的一项措施。海关根据进出口企业的通关信誉、管理水平等因素，对其进行评估分类。对被海关授予“信得过企业”称号的各类企业给予通关便利，采取集中报关、预先报关、信任放行等优惠措施，使这些企业的进出口货物在口岸进出口时径直放行，事后一定时期内，通过分批或集中定期纳税来完备海关手续。这种放行制度是建立在海关与企业、报关人相互信任的前提下的。但在方便企业的同时，也给海关构成一定的管理风险。为此，各地海关采取与企业签订“信任放行”的谅解备忘录，实行“义务监管员”制度，即企业按海关要求推荐义务监管员，经海关培训合格后发证上岗，代替海关行使权力。有的海关还开辟了“信得过企业窗口”，对这引起企业的货物随到随放，由业务监管员代替海关查验。这些措施，为企业节省了通关费用，同时也缓解了海关力量不足的矛盾。当然，经海关批准的“信得过企业”，若发现有违反海关规定的情况，海关可以提出警告。情节严重的，可立即取消通关优惠企业资格，并依法从严惩处。

10.2.2　海关进出境现场放行和货物结关

海关进出境现场放行是指海关接受进出口货物的申报，审核电子数据报关单和纸质报关单及随附单证，查验货物，征免税费或接受担保以后，对进出口货物作出结束海关进出境现场监管决定，允许进出口货物离开海关监管现场的工作环节。

海关进出境现场放行一般由海关在进口货物提货凭证或者出口货物装货凭证上加盖海关放行章。进出口货物收发货人或其代理人签收进口提货凭证或者出口装货凭证，凭以提取进口货物或将出口货物装上运输工具离境。

在实行“无纸通关”申报方式的海关，海关作出现场放行决定时，通过计算机将海关决定放行的信息发送给进出口货物收发货人或其代理人和海关监管货物凭证保管人。进出口货物收发货人或其代理人从计算机上自行打印海关通知放行的凭证，凭以提取进口货物或将出口货物装运到运输工具上离境。

货物结关是进出境货物办结海关手续的简称。进出境货物由收发货人或其代理人向海关办理完所有的手续，履行了法律规定的与进出口有关的一切义务，就办结了海关手续，海关不再进行监管。

海关进出境现场放行有两种情况：一种情况是货物已经结关，对于一般进出口货物，放行时进出口货物收发货人或其代理人已经办理了所有海关手续，因此，海关进出境现场放行即等于结关；另一种情况是货物尚未结关，对于保税货物、特定减免税货物、暂准进出境货物、部分其他进出境货物，放行时进出境货物的收发货人或其代理人并未办完所有的海关手续，海关在一定期限内还须进行监管，所以该类货物的海关进出境现场放行不等于结关。

参考案例

"区域通关"模式提高日照口岸通关效率

据日照海关统计，2010 年前 11 个月，该关验放日照口岸"区域通关"货物 1 367 万吨，同比 2009 年增长了 42%，占 2010 年口岸外贸进出口货物总量的 13.5%。区域通关已成日照口岸物流发展助推器。

区域通关是海关系统主动服务社会经济的重大业务改革成果，也是日照海关大力推行通关的便利措施之一。通过该模式，内陆企业可在当地海关报关、在口岸海关直接提货，实现了"一次申报、一次查验、一次放行"，效率更快，时间更短。在便利企业的同时，提高了港口国际竞争力。

为推动区域通关的实施，日照海关负责人 2010 年亲赴兰州、西安、陕西、山西、河南等港口腹地进行推介。与 16 个省、2 个直辖市隶属海关单位建立了区域通关合作。在日照海关设立了区域通关专门窗口，实施预约加值班制度，确保货物通关顺畅。目前，区域通关业务正向多点联动、相互响应、快速便捷方向发展，选择"区域通关"模式从日照口岸进出口货物的内陆企业数量持续增长。

（资料来源：《科技日报》）

10.2.3 提取货物或装运货物

进口货物收货人或其代理人签收海关加盖海关放行章戳记的进口提货凭证，凭以到货物进境地的港区、机场、车站、邮局等地的海关监管仓库办理提取进口货物的手续。

出口货物发货人或其代理人签收海关加盖海关放行章戳记的出口装货凭证，凭以到货物出境地的港区、机场、车站、邮局等地的海关监管仓库，办理将货物装上运输工具离境的手续。

参考案例

拱北海关服务珠澳跨境工业区搭建内地与澳门贸易便捷桥

2011 年 1 月 17 日上午 10 点半，珠澳跨境工业区珠海园区内的某时装有限公司报关员走进海关报关厅，递交 2 份报关单，申报出口了 2 600 多件女装，货值港币 279 万元。几分钟后，货物办结手续离开口岸，进入澳门。

尽管全国第一个跨境工业区——珠澳跨境工业区中的珠海园区仅有0.29平方千米，但由于具有政策优势，园区正吸引着越来越多的企业，企业数量由最初的13家增加到目前的74家。2010年，拱北海关监管珠海园区进出境（区）货物14.6万吨，货值10.8亿美元，同比分别增长了55%和68%。

三点一线通关便捷

"24小时通关、专用口岸以及保税区及出口加工区税收政策"，三重优惠政策使跨境工业区将珠海园区、专用口岸、澳门三点连成一线，内地和澳门之间的货物通关便捷通畅。

如果把政策优势和地理优势比做园区发展的"天时、地利"，那么拱北海关为促进园区发展提出的"集中报关"、"预约监管"等便捷通关措施就可称得上是"人和"。

"集中报关很方便，《澳门日报》一印刷出来，我们就装货通关，几乎没有停顿，非常快。"某公司报关负责人说。每天清晨5点，该公司的货车都会经珠澳跨境工业区专用口岸进入珠海园区，几分钟后，这辆货车已经行驶在珠海的马路上了，几个小时后，车上的1 000多份《澳门日报》将会抵达"珠三角"。

优质服务引导转型

好政策吸引企业，好服务更能助企业发展、壮大。拱北海关通过走访企业，开展"面对面"宣讲会等交流活动，及时了解企业的困难，为企业解决实际问题。

园区内的某服饰有限公司在海关帮助下获益不少。因受2008年国际金融危机的影响，企业一度合同锐减，造成大量成衣积压。关键时刻，拱北海关积极引导企业不断调整思路，利用园区区位及政策优势，大力发展物流业，企业得以重振旗鼓。经过转型升级，珠海园区目前从事仓储物流业企业已占全区企业的6成以上。园区内保税物流产业发展迅猛，自2006年12月园区封关运作至今，珠海园区保税物流货值19.8亿美元，年平均增长近300%。

（资料来源：海关总署网站，有删节）

10.2.4 申请签发报关单证明联和办理其他证明手续

进出口货物收发货人或其代理人，办理完提取进口货物或装运出口货物的手续以后，如需要海关签发有关货物的进口、出口货物报关单证明联或办理其他证明手续的，均可以向海关提出申请。

1. 申请签发报关单证明联

常见的报关单证明联主要有：

(1) 进口付汇证明联。

对需要在银行或国家外汇管理部门办理进口付汇核销的进口货物，进口货物的收货人或其代理人应当向海关申请签发进口货物报关单付汇证明联。海关经审核，对符合条件的，即在进口货物报关单付汇证明联上签章。同时，通过电子口岸执法系统向银行和国家外汇管理部门发送证明联电子数据。

(2) 出口收汇证明联。

对需要在银行或国家外汇管理部门办理出口收汇核销的出口货物，出口货物的发货人或其代理人应当向海关申请签发出口货物报关单收汇证明联。海关经审核，对符合条件的，即在出口货物报关单收汇证明联上签章。同时，通过电子口岸执法系统向银行和国家外汇管理部门发送证明联电子数据。

(3) 出口退税证明联。

对需要在国家税务机构办理出口退税的出口货物,出口货物的发货人或其代理人应当向海关申请签发出口货物报关单退税证明联。海关经审核,对符合条件的,即在出口货物报关单收汇证明联上签章。同时,通过电子口岸执法系统向银行和国家外汇管理部门发送证明联电子数据。

2. 办理其他证明手续

(1) 出口收汇核销单。

对需要办理出口收汇核销的出口货物,出口货物的发货人或其代理人应当在申报时向海关提交由国家外汇管理部门核发的出口收汇核销单。海关放行货物后,在出口收汇核销单上签章。出口货物发货人凭出口货物报关单收汇证明联和出口收汇核销单办理出口收汇核销手续。

(2) 进口货物证明书。

对进口汽车、摩托车,进口货物的收货人或其代理人应当向海关申请签发进口货物证明书,进口货物收货人凭以向国家交通管理部门办理汽车、摩托车的牌照申领手续。海关放行汽车、摩托车后,签发进口货物证明书。同时,将"进口货物证明书"上的内容通过计算机发送给海关总署,再传输给国家交通管理部门。其他进口货物如须申领"进口货物证明书",收货人或其代理人也可以向海关提出申请。

10.3 项目小结

本项目重点是介绍了当前我国海关放行环节的相关工作流程与工作内容,重点说明了海关放行的不同形式及事务办理、现场放行与货物结关手续的办理、向海关申请报关单证明联及其他证明手续等知识与内容。力争使学习者能知晓海关放行的基本知识与管理规定,知道在这个环节的工作程序与工作内容,并能按照现代海关制度办理相应的通关业务。

10.4 项目练习

1. 不定项选择题

(1) 海关在决定放行进出口货物后,须在有关报关单上加盖(　　),进出口货物收发货人凭以办理提取进口货物或装运出口货物手续。

A. 海关验讫章　　B. 海关监管章

C. 海关放行章　　D. 海关结算章

(2) 某外贸公司以一般贸易方式从境外订购一批进口货物,在如实申报、接受查验、缴纳进口税费后由海关放行,该公司应凭下列哪种单据到海关监管仓库提取货物?(　　)

A. 由海关签发的"进(出)口货物证明书"　　B. 由海关加盖了"放行章"的货运单据

C. 由海关签发的"税款缴纳证"　　D. 由海关签发的进口付汇核销专用报关单

(3) 某外贸公司以一般贸易方式出口货物,在海关放行后,该公司应凭下列哪种单据到海关监管仓库,办理将货物装上运输工具离境的手续?(　　)

A. 由海关签发的"出口货物证明书"　　B. 由海关加盖了"放行章"的出口装货凭证

C. 由海关签发的“税款缴纳证”　　D. 由海关签发的出口收汇证明

(4) 对需要在国家税务机构办理出口退税的货物，报关员应向海关申请签发（　）。

A. 出口货物证明书　　B. 出口收汇证明联

C. 出口退税证明联　　D. 出口收汇核销单

(5) 进出口货物收发货人或其代理人在办理完毕提取进口货物或装运出口货物的手续后，如有需要，可以向海关申请签发有关货物的进口、出口证明。海关签发的常见证明主要有（　）。

A. 进口货物报关单（收汇证明联）和出口货物报关单（付汇证明联）

B. 出口货物报关单（出口退税证明联）

C. 出口收汇核销单

D. 进口货物证明书

2. 思考题

(1) 海关放行的基本形式有哪些？

(2) 简述担保放行所适用的货物范围。

(3) 通常海关放行后，需要向海关申请出具的证明手续有哪些？

3. 案例分析题

海口海关力促海南扩内需先放行货物后缴税

2008 年 12 月 26 日上午，海南某锡板公司供应部业务经理在拿到海口海关为公司一批进口货物出具的 400 多万元的缴税单后，没有像往常一样前往银行办理交税手续，而是直接将货物运往工厂。按照以往的规定，该锡板就属于“违规操作”，但现在海南的大企业都可以享受这样的便利。

这得益于海口海关近日为帮助企业应对金融危机影响而实行的“先放行货物，15 天内缴税”的便捷通关措施。据了解，除了在接待日听取企业上门提困难，海口海关领导还深入海南省 15 家大型企业开展调研，了解企业在国际金融危机形势下生产经营存在的困难，听取企业对海关工作的意见和建议。结合调研了解到的情况，海口海关有针对性地迅速采取措施帮助企业渡过难关：建立大型企业联络员制度，主动走访企业，了解企业需求，及时解决企业困难；在 A 类企业中选择一批信誉好的生产型企业，给予 AA 类企业才享受的“先放后税”便捷通关措施，提高通关效率，减少企业资金占用；正确把握海关企业分类管理的原则和目标，区别对待，不因为个别、一般的问题影响企业的分类级别，影响企业正常通关；认真贯彻“宽严相济”的执法原则，切实保障企业的合法权益，尽可能减少因处理走私违法案件对企业生产经营造成的冲击和影响。

（资料来源：南海网）

请思考

(1) 海口海关“先放行货物后缴税”的做法与一般的海关放行手续有什么不一样？

(2) 海口海关“先放行货物后缴税”的做法是针对所有的报关单位吗？

(3) 海口海关“先放行货物后缴税”的做法实施的背景是什么？对海南省经济的发展有什么样的促进作用？

模块3

报关业务后期工作

对于报关员来讲，办理报关手续的后期工作主要有：

1. 根据该申报货物的性质、使用与存放地点查询海关对其进行监管的具体规则（主要包括保税货物、特定减免税货物、暂准进出境货物及海关特殊监管区域的相关规定）
2. 若该货物在监管期内需另行处理，应根据实际情况向海关办理相关手续后方能进行，并留存相关凭证以备销案

项目11
配合海关进行后续监管及办理核销或销案手续

知识目标

1. 掌握保税加工货物的后续监管要点及核销结关手续。
2. 掌握保税物流货物的后续监管要点及核销结关手续。
3. 掌握特定减免税货物的后续监管要点及核销结关手续。
4. 掌握暂准进出境货物的后续监管要点及核销结关手续。

能力目标

1. 能通晓海关对各类海关监管货物后续监管的要求。
2. 能熟练地办理各类海关监管货物的核销手续。
3. 能通晓后续监管与核销结关中各项单证的处理。

11.1 案例导读

内需吸引内销海关推进加工贸易内销便利化

在苏州,“眼光向内市场宽”成为众多加工贸易企业的共识。

“海关的内销便利化政策鼓励了我们开展内销。”苏州某电子公司关务主管说。

原来该公司生产的功放音响和钢琴零部件需要有5%国内销售的,以往公司都是采取一般贸易完税的方式进口和生产。而从一次海关加工贸易内销宣讲会听课回来的员工立刻向公司建议,以加工贸易内销的形式来扩大生产。

她的建议很快被公司批准。2010年1—11月该公司内销征税达到了800万余元,而且实行月底集中申报征收后,节省了贷款利息、报关等费用就达90多万元。

1—11月苏州海关辖区各加工贸易企业保税内销已经突破300亿元,比去年增长了50%。

海关总署表示,内销便利化措施不仅在国际金融危机形势下有力地支持了加工贸易企业的生存和发展,更重要的是符合我国开放型经济发展的规律和新形势新阶段的需要。首先,我国的开放型经济以“两头在外”为发端,经过30年的大发展,已将大批跨国公司引入我国境内。同时,随着我国经济实力的不断增强,中国的市场已经发展成为世界市场举足轻重的一部分。因此,过去需要进口的产品随着产业转移来到国内生产,国内原来需要进口的商品现在可以用内销方式进入市场。其次，由于世界市场周期性波动，在世界市场不景气时，我国内地形成的巨大加工制造能力在国内寻找市场，从而发生内销。再次，跨国公司在中国投资，对国内市场因素的考虑越来越突出。国务院发展研究中心近期对472家外企来华投资动机的调研结果显示，其投资的关注点已不再是传统的劳动力便宜等因素，而是中国市场，由加工制造基地到分拨中心、营销中心、研发中心、利润结算中心乃至地区总部，相继进入我国，就是为了更好地开发中国本地市场的潜力。此外，从事加工贸易的企业还有不少是大中型国有企业和本土的民营企业，它们一开始就是要利用国内国外"两种资源、两个市场"。最后，国内市场对加工贸易产品的需求不断增长，内销已成为扩大内需的一个重要组成部分。

（资料来源：海关总署网站，有删节）

思考题

1. 保税加工货物转内销需要办理什么手续？
2. 海关对保税加工货物如何进行后续监管？

11.2 理论与实务知识

对于各种类型的海关监管货物而言，除了一般进出口货物与部分其他进出境货物外，报关程序都要经历前期阶段、进出口阶段与后续阶段这三大阶段。而在后续阶段，进出口货物收发货人或其代理人办理的报关业务主要就是配合海关进行后续监管及办理核销或销案手续。本项目中重点介绍保税加工货物、保税物流货物、特定减免税货物、暂准进出境货物的后续监管与核销工作。

11.2.1 保税加工货物的后续监管与核销

11.2.1.1 保税加工货物的后续监管

海关对保税加工货物的监管无论是地点还是时间都需要延伸。

1. 地点上的监管延伸

保税加工的料件运离进境地口岸海关监管场所后进行加工、装配的地方，都是海关监管的场所。

2. 时间上的监管延伸

保税加工的料件在进境地被提取并不是海关保税监管的结束，而是继续，海关要一直监管到加工、装配后复运出境或者办结正式进口手续最终核销结案为止。这里涉及以下两个期限。

(1) 准予保税的期限。

准予保税的期限是指经海关批准保税后在境内加工、装配后复运出境的时间限制。

纸质手册和电子化手册管理的保税加工期限，原则上不超过1年，经批准可以延长，延长的最长期限原则上也是1年。具体执行中根据合同期限、加工期限和其他情况而有所变化。

计算机联网监管模式中纳入电子账册管理的料件保税期限，从企业的电子账册记录第一批料件进口之日起到该电子账册被撤销止。

海关特殊监管区域保税加工的期限，原则上是从料件进区到成品出区办结海关手续止。

(2) 申请核销的期限。

申请核销的期限是指加工贸易经营人向海关申请核销的最后日期。

纸质手册和电子化手册管理的保税加工报核期限是在纸质手册或电子化手册有效期到期之日起或最后一批成品出运后30天内。

电子账册管理的保税加工报核期限，一般以180天为一个报核周期，首次报核是从海关批准电子账册建立之日起算，满180天后的30天内报核；以后则从上一次的报核日期起算，满180天后的30天内报核。

知识链接

海关总署公告

2010年第93号

(关于《中华人民共和国海关加工贸易货物监管办法》有关执行问题)

《海关总署关于修改〈中华人民共和国海关对加工贸易货物监管办法〉的决定(二)》(海关总署令第195号)自2010年12月5日起施行。为确保修改后的《中华人民共和国海关对加工贸易货物监管办法》(以下简称《办法》)顺利实施，现就有关事项公告如下：

一、关于《办法》第七条加工贸易货物抵押问题

(一) 有下列情形之一的，不予办理抵押手续：

1. 抵押影响加工贸易货物生产正常开展的；

2. 抵押加工贸易货物或其使用的保税料件涉及进出口许可证件管理的；

3. 抵押加工贸易货物属来料加工货物的；

4. 以合同为单元管理的，抵押期限超过手册有效期限的；

5. 以企业为单元管理的，抵押期限超过一年的；

6. 经营企业或加工企业涉嫌走私、违规，已被海关立案调查、侦查，案件未审结的；

7. 经营企业或加工企业因为管理混乱被海关要求整改，在整改期内的；

8. 海关认为不予批准的其他情形。

(二) 经营企业在申请办理加工贸易货物抵押手续时，应向主管海关提交以下材料，主管海关按照上述条件进行审核：

1. 正式书面申请；

2. 银行抵押贷款书面意向材料；

3. 海关认为必要的其他单证。

(三) 经审核符合条件的，经营企业在缴纳相应保证金或者银行保函后，主管海关准予其向境内银行办理加工贸易货物抵押，并将抵押合同、贷款合同复印件留存主管海关备案。

保证金或者银行保函按抵押加工贸易货物对应成品所使用全部保税料件应缴税款金额计算。

(资料来源：海关总署网站)

11.2.1.2 纸质手册管理下保税加工合同报核

1. 报核和核销的含义

加工贸易合同报核是指加工贸易企业在加工贸易合同履行完毕或终止合同并按规定对未

出口部分货物进行处理后，按照规定的期限和规定的程序，向加工贸易主管海关申请核销要求结案的行为。

加工贸易合同核销是指加工贸易经营企业加工复出口并对未出口部分货物办妥有关海关手续后，凭规定单证向海关申请解除监管，海关经审查、核查属实且符合有关法律、行政法规、规章的规定，予以办理解除监管手续的海关行政许可。

2. 报核时间

经营企业应当在规定的期限内将进口料件加工复出口，并自加工贸易手册项下最后一批成品出口或者加工贸易手册到期或终止之日起30日内向海关报核。

经营企业对外签订的合同因故提前终止的，应当自合同终止之日起30日内向海关报核。

3. 报核的单证

(1) 企业合同核销申请表；

(2) 加工贸易登记手册；

(3) 进出口报关单；

(4) 核销核算表；

(5) 其他海关需要的资料。

4. 报核的步骤

企业报核的步骤如下：

(1) 合同履约后，及时将登记手册和进出口报关单进行收集、整理、核对；

(2) 根据有关账册记录、仓库的记录、生产工艺资料等查清此合同的实际单耗，并据以填写核销核算表(产品的实际单耗如与合同备案单耗不一致的，应在最后一批成品出口前进行单耗的变更)；

(3) 填写核销预录入申请单，办理报核预录入手续；

(4) 携带有关报核单证，到主管海关报核，并填写报核签收回联单。

5. 特殊情况的报核

(1) 遗失登记手册的合同报核。

企业遗失加工贸易登记手册应当及时向主管海关报告。主管海关及时移交缉私部门按规定进行处理。缉私部门处理后，企业应当持以下单证向主管海关报核：经营企业关于加工贸易手册遗失的书面报告；经营企业申请核销的书面材料；加工贸易货物进出口报关单；缉私部门出具的《行政处罚决定书》；海关按规定需要收取的其他单证和材料。

(2) 遗失进出口报关单的合同报核。

按规定企业可以用报关单留存联报核或以报关单复印件向原报关地海关申请加盖海关印章后报核。

(3) 准予不申领登记手册的价值5 000美元及以下的78种列明服装辅料合同的报核。

企业直接持进出口报关单、合同、核销核算表报核，出口报关单应是注明辅料备案合同号的一般贸易出口报关单。

(4) 撤销合同报核。

加工贸易合同备案后因故提前终止执行，未发生进出口而申请撤销的，企业凭手册报核。

(5) 有违规走私行为的加工贸易合同核销。

加工贸易企业因走私行为被海关调查、缉私部门或者法院没收加工贸易货物的，海关凭相关证明材料，如《行政处罚决定书》、《行政复议决定书》、《判决书》、《裁决书》等办理核销手续。加工贸易企业因违规等行为被海关调查、缉私部门或法院处以警告、罚款等处罚但不没收加工贸易保税货物的，不免除加工贸易企业办理相关海关手续的义务。

6. 海关受理报核和核销

海关对企业的报核应当依法进行审核，因不符合规定而不予受理的应当书面告知理由，并要求企业重新报核；符合规定的，应当受理。

海关自受理企业报核之日起 20 个工作日内，应当核销完毕，情况特殊的，可以由直属海关关长批准或者由直属海关关长授权的隶属海关关长批准延长 10 个工作日。

经核销情况正常的，未开设台账的，海关应当签发核销结案通知书；已开设台账的，应当签发"银行保证金台账核销联系单"，企业凭以到银行销台账，"实转"的台账，企业应当在银行领回保证金和应得的利息或者撤销保函，并领取"银行保证金台账核销通知单"，凭以向海关领取核销结案通知书。

11.2.1.3 电子化手册管理下保税加工货物的报核与核销

海关对电子化手册核销的基本目的是掌握企业在某个电子化手册下所进口的各项加工贸易保税料件的使用、流转、损耗的情况，确认是否符合以下的平衡关系：

进口保税料件（含深加工结转进口）＝出口成品折料（含深加工结转进口）＋内销料件＋内销成品折料＋剩余料件＋损耗－退运成品折料

海关核销除了对书面数据进行必要的核算外，还会根据实际情况采取盘库的方式进行核对。

电子化手册采用的是以企业合同（订单）为单元的管理方式，一个企业可以有多本电子化手册，海关根据加工贸易合同的有效期确定核销日期，对实行电子化手册管理的联网企业进行定期核销管理，即对电子化手册按照对应的合同（订单）项下加工贸易进出口情况进行平衡核算。

报核与核销的大体程序如下：

1. 报核

企业通过电子口岸数据中心向主管海关传送报核表头、报关单、进口料件、出口成品、单损耗等五方面的报核数据。

2. 核销

海关对报核的电子化手册进行数据核算，核对企业报核的料件、成品进出口数据与海关底账数据是否相同，核实企业申报的成品单损耗与实际耗用量是否相符，企业内销征税情况与实际内销情况是否一致。

3. 结案

海关对通过核销核算的电子化手册进行结案处理，并打印结案通知书交付企业。

11.2.1.4 电子账册管理下保税加工货物的报核与核销

电子账册采用的是以企业为单元的管理方式，一个企业只有一个电子账册，因此，对电子账册模式的核销实行滚动核销的形式，即对电子账册按照时间段进行核销，将某个确定的时间段内企业的加工贸易进出口情况进行平衡核算。

海关对采用电子账册管理模式的联网企业报核期限，一般规定180天为一个报核周期。首次报核期限，是从电子账册建立之日起180天后的30天内；以后报核期限，则是从上次报核之日起180天后的30天内。

企业必须在规定的期限内完成报核手续，确有正当理由不能按期报核的，经主管海关批准可以延期，但延长期限不得超过60天。

企业报核与海关核销的程序如下：

1. 企业报核

(1) 预报核。

预报核是加工贸易联网企业报核的组成部分。企业在向海关正式申请核销前，在电子账册本次核销周期到期之日起30天内，将本核销期内申报的所有电子账册进出口报关数据按海关要求的内容，包括报关单号、进口口岸、扣减方式、进出标志等以电子报文形式向海关申请报核。

海关通过计算机将企业的预报核报关单内容与电子账册数据进行比对，对比对结果完全相同、计算机反馈“同意报核”的，企业应向海关递交下列单证，可以进入正式报核：企业核销期内的财务报表、纸质报关单、已征税的税款缴纳证复印件、企业电子账册报核总体情况表、企业保税进口料件盘点资料、归入参数表的纸质文本（本期核销内有变更的）和海关认为需要的其他单证。

(2) 正式报核。

正式报核是指企业预报核通过海关审核后，以预报核海关核准的报关数据为基础，准确、详细地填报本期保税进口料件的应当留存数量、实际留存数量等内容，以电子数据向海关正式申请报核。

海关认为必要时可以要求企业进一步报送料件的实际进口数量、耗用数量、内销数量、结转数量、边角料数量、放弃数量、实际损耗率等内容，对比对不相符且属于企业填报有误的可以退单，企业必须重新申报。

经海关认定企业实际库存多于应存数，有合理正当理由的，可以计入电子账册下期核销，对其他原因造成的，依法处理。

联网企业不再使用电子账册的，应当向海关申请核销。电子账册核销完毕，海关予以注销。

2. 海关核销

海关核销的基本目的是掌握企业在某个时段所进口的各项保税加工料件的使用、流转、损耗的情况，确认是否符合以下的平衡关系：

进口保税料件（含深加工结转进口）＝出口成品折料（含深加工结转进口）＋内销料件＋内销成品折料＋剩余料件＋损耗－退运成品折料

海关核销除了对书面数据进行必要的核算外，还会根据实际情况采取盘库的方式。经核对，企业报核数据与海关底账数据及盘点数据相符的，海关通过正式报核审核，打印核算结果，系统自动将本期结余数转为下期期初数。企业实际库存量多于电子底账核算结果的，海关会按照实际库存量调整电子底账的当期结余数量；企业实际库存量少于电子底账核算结果且可以提供正当理由的，对短缺部分，联网企业按照内销处理；企业实际库存量少于电子底账核算结果且联网企业不能提供正当理由的，对短缺部分，海关将移交缉私部门处理。

知识链接

海关总署公告

2009年第56号

(关于加工贸易放弃货物有关问题)

根据《中华人民共和国海关法》、《中华人民共和国海关关于加工贸易边角料、剩余料件、残次品、副产品和受灾保税货物的管理办法》(海关总署令第111号)及《中华人民共和国海关关于超期未报关进口货物、误卸或者溢卸的进境货物和放弃进口货物的处理办法》(海关总署令第91号)等有关规定,现就加工贸易放弃货物的有关问题公告如下:

一、企业申请放弃加工贸易货物,除按现行规定提交有关单证、材料外,还须提供经政府价格主管部门认定资质的价格评估机构出具的关于拟放弃的加工贸易货物的价值证明。

二、由海关按规定作变卖处理的加工贸易放弃货物,企业应当在海关作出准予放弃之日起15日内将加工贸易放弃货物全部运至海关指定的仓库,并与该指定仓库的经营者办理放弃货物的交接入库手续。

三、按照规定需要进行销毁处理的加工贸易放弃货物,企业应当在实施销毁3个工作日前向主管海关报送销毁方案,并自海关作出准予放弃之日起15日内完成全部放弃货物的销毁工作。

企业应当向主管海关提供放弃货物的销毁清单、销毁报告以及销毁过程的全程录像光盘。其中,需要销毁的加工贸易放弃货物为原进口料件或成品的,应当在海关认可的销毁机构实施销毁,并提供销毁机构出具的接收单据和处置证明等销毁证明材料。

四、海关可以派员监督加工贸易放弃货物的交接入库和销毁工作,企业及有关销毁机构应当给予配合。

五、企业完成加工贸易放弃货物交接入库、销毁或者经海关批准自行处理后5个工作日内凭相关证明材料办理加工贸易放弃货物的进口报关手续。

(一)加工贸易放弃货物报关适用监管方式代码:"0200"简称"料件放弃","0400"简称"成品放弃"。

(二)企业放弃半成品、残次品、副产品的,应按单耗关系折成料件,按"料件放弃"报关。

(三)企业放弃进口料件、半成品、残次品、副产品的,按照或折成原进口料件价格申报;放弃成品的,按照合同备案价格申报。

(四)企业放弃半成品、残次品、副产品的,应在报关单备注栏注明"半成品"、"残次品"、"副产品"相关字样。

(五)加工贸易放弃货物通过销毁处理的,企业应在报关单备注栏注明"销毁"字样;经海关批准由企业自行处理的,应在报关单备注栏注明"自行处理"字样,如:放弃半成品并销毁处理,应注明"半成品/销毁"。

(六)其他栏目按《中华人民共和国海关进出口货物报关单填制规范》的有关要求填报。

六、企业凭加工贸易放弃货物的报关单及其他有关单证向海关办理放弃货物的报核手续。

(资料来源:海关总署网站)

11.2.2 保税物流货物的后续监管与核销

11.2.2.1 保税物流货物的后续监管

海关对保税物流货物的监管无论是地点还是时间都需要延伸。

1. 监管地点延伸

进境货物从进境地海关监管现场,已办结海关出口手续尚未离境的货物从出口申报地海关现场,分别延伸到保税监管场所或者特殊监管区域。

2. 监管时间延伸

(1) 保税仓库存放保税物流货物的时间是1年,可以申请延长,最长可延长1年;

(2) 出口监管仓库存放保税物流货物的时间是6个月,可以申请延长,最长可延长6个月;

(3) 保税物流中心存放保税物流货物的时间是2年,可以申请延长,最长可延长1年;

(4) 保税物流园区、保税区、保税港区、综合保税区存放保税物流货物的时间没有限制。

各类监管场所存放保税物流货物的时间如表11-1所示。

表11-1 各类监管场所存放保税物流货物的时间

序 号	监 管 场 所	存放保税物流货物时间
1	保税仓库	1年+1年
2	出口监管仓库	6个月+6个月
3	保税物流中心	2年+1年
4	其他监管场所(4个区)	没有时间限制

11.2.2.2 保税物流货物运离结关

除外发加工和暂准运离(维修、测试、展览等)需要继续监管以外,每一批货物运离保税监管场所或者特殊监管区域,都必须根据货物的实际流向办结海关手续。

参考资料

2010年海关特殊监管区进出口额增近四成

2010年,我国海关特殊监管区域实现进出口总额3 884.9亿美元,同比增长38.6%。海关特殊监管区域进出口值在我国外贸总量中所占比重已由2007年的10.9%提高到13%,成为我国外贸转型升级的重要平台。

据介绍,截至目前,全国共有保税港区、综合保税区、出口加工区等海关特殊监管区域99个。近年,海关通过政策调整、功能叠加,提供通关便利,推动区内企业由单纯加工制造向研发、维修等产业链高端延伸。其中,上海海关运用信息化管理平台,实现洋山保税港区、外高桥保税区以及机场综合保税区的区间和区内货物的自由调拨。目前,已有13家地区总部、3家研发中心进驻上海外高桥保税区,推动了外贸转型升级。2010年,上海特殊监管区域进出口总值达1 414.61亿美元,同比增长34.96%,占同期上海市外贸总值的39.2%。

(资料来源:《人民日报》)

11.2.3 特定减免税货物的后续监管与核销

11.2.3.1 特定减免税货物的后续监管年限

在进境始至核销止，特定减免税货物始终处于海关的监管之下，监管的目的是为了确保它在特定的范围内使用，在正常情况下，海关的监管年限如表11-2所示。

表11-2 各类特定减免税货物的监管年限

序号	货物类别	监管年限
1	船舶、飞机	8年
2	机动车辆	6年
3	其他货物	5年

11.2.3.2 特定减免税货物的后续处置

1. 变更使用地点

在海关监管年限内，减免税货物应当在主管海关核准的地点使用。需要变更使用地点的，减免税申请人应当向主管海关提出申请，说明理由，经海关批准后方可变更使用地点。减免税货物需要移出主管海关管辖地使用的，减免税申请人应当事先持有关单证及需要异地使用的说明材料向主管海关申请办理异地监管手续，经主管海关审核同意并通知转入地海关后，减免税申请人可以将减免税货物运至转入地海关管辖地，转入地海关确认减免税货物情况后进行异地监管。

减免税货物在异地使用结束后，减免税申请人应当及时向转入地海关申请办结异地监管手续，经转入地海关审核同意并通知主管海关后，减免税申请人应当将减免税货物运回主管海关管辖地。

2. 结转

在海关监管年限内，减免税申请人将进口减免税货物转让给进口同一货物享受同等减免税优惠待遇的其他单位的，应当按照下列规定办理减免税货物结转手续：

减免税货物的转出申请人持有关单证向转出地主管海关提出申请，转出地主管海关审核同意后，通知转入地主管海关。

减免税货物的转入申请人向转入地主管海关申请办理减免税审批手续。转入地主管海关审核无误后签发征免税证明。

转出、转入减免税货物的申请人应当分别向各自的主管海关申请办理减免税货物的出口、进口报关手续。

转出地主管海关办理转出减免税货物的解除监管手续。结转减免税货物的监管年限应当连续计算，转入地主管海关在剩余监管年限内对结转减免税货物继续实施后续监管。

3. 转让

在海关监管年限内，减免税申请人将进口减免税货物转让给不享受进口税收优惠政策或者进口同一货物不享受同等减免税优惠待遇的其他单位的，应当事先向减免税申请人主管海关申请办理减免税货物补缴税款和解除监管手续。

4. 移作他用

在海关监管年限内,减免税申请人需要将减免税货物移作他用的,应当事先向主管海关提出申请。经海关批准,减免税申请人可以按照海关批准的使用地区、用途,企业将减免税货物移作他用。

移作他用包括以下情形:

(1) 将减免税货物交给减免税申请人以外的其他单位使用;

(2) 未按照原定用途、地区使用减免税货物;

(3) 未按照特定地区、特定企业或者特定用途使用减免税货物的其他情形。

将减免税货物移作他用,减免税申请人应当按照移作他用的时间补缴相应税款;移作他用时间不能确定的,应当提交相应的税款担保,税款担保不得低于剩余监管年限应补缴税款总额。

5. 变更、终止

(1) 变更。

在海关监管年限内,减免税申请人发生分立、合并、股东变更、改制等变更情形的,权利义务承受人应当自营业执照颁发之日起30日内,向原减免税申请人的主管海关报告主体变更情况及原减免税申请人进口减免税货物的情况。经海关审核,需要补征税款的,承受人应当向原减免税申请人主管海关办理补税手续;可以继续享受减免税待遇的,承受人应当按照规定申请办理减免税备案变更或者减免税货物结转手续。

(2) 终止。

在海关监管年限内,因破产、改制或者其他情形导致减免税申请人终止,没有承受人的,原减免税申请人或者其他依法应当承担关税及进口环节海关代征税缴纳义务的主体应当自资产清算之日起30日内向主管海关申请办理减免税货物的补缴税款和解除监管手续。

6. 退运、出口

在海关监管年限内,减免税申请人要求将进口减免税货物退运出境或者出口的,应当报主管海关核准。减免税货物退运出境或者出口后,减免税申请人应当持出口货物报关单向主管海关办理原进口减免税货物的解除监管手续。减免税货物退运出境或者出口的,海关不再对退运出境或者出口的减免税货物补征相关税款。

7. 贷款抵押

在海关监管年限内,减免税申请人要求以减免税货物向金融机构办理贷款抵押的,应当向主管海关提出书面申请。经审核符合有关规定的,主管海关可以批准其办理贷款抵押手续。减免税申请人不得以减免税货物向金融机构以外的公民、法人或其他组织办理贷款抵押。减免税申请人以减免税货物向境内金融机构办理贷款抵押的,应当向海关提供下列形式的担保:

(1) 与货物应交税款等值的保证金;

(2) 境内金融机构提供的相当于货物应缴税款的保函;

(3) 减免税申请人、境内金融机构共同向海关提交"进口减免税货物抵押贷款承诺保证书",书面承诺当减免税申请人抵押贷款无法清偿需要以抵押货物抵偿时,抵押人或者抵押权人先补缴海关税款,或者从抵押物的折(变)价款中优先偿付海关税款。

减免税申请人以减免税货物向境外金融机构办理贷款抵押的,应当向海关提交与货物应缴税款等值的保证金或者境内金融机构提供的相当于货物应缴税款的保函。

11.2.3.3 特定减免税货物的解除监管

1. 自动解除监管

特定减免税货物监管期限届满时，减免税申请人不必向海关申请领取“减免税进口货物解除监管证明”，有关减免税货物自动解除监管，可以自行处置。

2. 申请解除监管

(1) 期满申请解除监管。

特定减免税进口货物监管期届满时，减免税申请人需要“减免税进口货物解除监管证明”的，可以自监管年限届满之日起1年内，持有关单证向海关申请领取“减免税进口货物解除监管证明”。海关应当自接到特定减免税申请人的申请之日起20日内核实情况，填发“减免税进口货物解除监管证明”。

(2) 期内申请解除监管。

特定减免税货物在海关监管期限以内，因特殊原因出售、转让、放弃，或者企业破产清算的，原“减免税进口货物解除监管证明”的申请人在办理有关进口货物的结关手续后，应当向原签发征免税证明的海关提出解除监管申请，主管海关经审核批准后，签发“减免税进口货物解除监管证明”。

11.2.4 暂准进出境货物的核销结关

11.2.4.1 使用ATA单证册报关的暂准进出境货物的核销结关

1. 正常结关

持证人在规定期限内将进境展览品和出境展览品复运出境或复运进境，海关在白色复出口单证和黄色复进口单证上分别签注，留存单证正联，存根联随ATA单证册其他各联退持证人，正式核销结关。

2. 非正常结关

ATA单证册项下暂时进境货物复运出境时，因故未经我国海关核销、签注的，ATA核销中心凭由另一缔约国海关在ATA单证上签注的该批货物从该国进境或者复运进境的证明，或者我国海关认可的能够证明该批货物已经实际离开我国境内的其他文件，作为已经从我国复运出境的证明，对ATA单证册予以核销。

发生上述情形的，ATA单证册持证人应当按照规定向海关交纳调整费。在我国海关尚未发出“ATA单证册追索通知书”前，如果持证人凭其他国家海关出具的货物已经运离我国关境的证明要求予以核销单证册的，免予收取调整费。

使用ATA单证册暂准进出境货物因不可抗力的原因受损，无法原状复运出境、进境的，ATA单证册持证人应当及时向主管地海关报告，可以凭有关部门出具的证明材料办理复运出境、进境手续；因不可抗力的原因灭失或者失去使用价值的，经海关核实后可以视为该货物已经复运出境、进境。

使用ATA单证册暂准进出境货物因不可抗力以外的原因灭失或者受损的，ATA单证册持证人应当按照货物进出口的有关规定办理海关手续。

11.2.4.2　不使用ATA单证册报关的进出境展览品的核销结关

1. 复运进出境

进境展览品和出境展览品在规定期限内复运出境或复运进境后，海关分别签发报关单证明联，展览品所有人或其代理人凭以向主管海关办理核销结关手续。

异地复运出境、进境的展览品，进出境展览品的收发货人应当持主管地海关签章的海关单证向复运出境、进境地海关办理手续。货物复运出境、进境后，主管地海关凭复运出境、进境地海关签章的海关单证办理核销结案手续。

展览品未能在规定期限内复运进出境的，展览会主办单位或出境举办展览会单位应当向主管海关申请延期，在延长期内办理复运进出境手续。

2. 转为正式进出口

进境展览品在展览期间被人购买的，由展览会主办单位或其代理人向海关办理进口申报、纳税手续，其中属于许可证件管理的，还应当提交进口许可证件。

出口展览品在境外参加展览会后被销售的，由海关核对展览品清单后要求企业补办有关正式出口手续。

3. 展览品放弃或赠送

展览会结束后，进境展览品的所有人决定将展览品放弃给海关的，由海关变卖后将款项上缴国库。有单位接受放弃展览品的，应当向海关办理进口申报、纳税手续。展览品的所有人决定将展览品赠送的，受赠人应当向海关办理进口手续，海关根据进口礼品或经贸往来赠送品的规定办理。

4. 展览品毁坏、丢失、被窃。

进出境展览品因毁坏、丢失、被窃而不能复运出境的，展览会主办单位或其代理人应当向海关报告。对于毁坏的展览品，海关根据毁坏程度估价征税；对于丢失或被窃的展览品，海关按照进口同类货物征收进口税。

进出境展览品因不可抗力的原因受损，无法原状复运出境、进境的，进出境展览品的收发货人应当及时向主管地海关报告，可以凭有关部门出具的证明材料办理复运出境、进境手续；因不可抗力的原因灭失或者失去使用价值的，经海关核实后可以视为该货物已经复运出境、进境。

进出境展览品因不可抗力以外其他原因灭失或者受损的，进出境展览品的收发货人应当按照货物进出口的有关规定办理海关手续。

11.2.4.3　其他暂准进出境货物的核销结关

其他暂准进出境货物是指除使用ATA单证册报关的货物、展览品、集装箱箱体外，其他可以暂不缴纳税款的暂准进出境货物。

1. 复运进出境

其他暂准进境货物复运出境，暂准出境货物复运进境，进出口货物收发货人或其代理人必须留存由海关签章的复运进出境的报关单，准备报核。

2. 转为正式进口

其他暂准进出境货物因特殊情况，改变特定的暂准进出境目的转为正式进出口，收发货人应当在货物复运出境、进境期限届满30个工作日前向主管地海关申请，经主管地直属海关批准后，按照规定提交有关许可证件，办理货物正式进口或者出口的报关纳税手续。

3. 放弃

其他暂准进出境货物在境内完成暂时进境的特定目的后，如货物所有人不准备将货物复运出境的，可以向海关声明将货物放弃，海关按放弃货物的有关规定处理。

4. 不可抗力

因不可抗力的原因受损，无法原状复运出境、进境的，进出境展览品的收发货人应当及时向主管地海关报告，可以凭有关部门出具的证明材料办理复运出境、进境手续；因不可抗力的原因灭失或者失去使用价值的，经海关核实后可以视为该货物已经复运出境、进境。因不可抗力以外其他原因灭失或者受损的，进出境展览品的收发货人应当按照货物进出口的有关规定办理海关手续。

其他暂准进出境货物复运出境或进境，或者转为正式进口或出口，或者放弃后，收发货人向海关提交经海关签注的进出口货物报关单，或者处理放弃货物的有关单证，以及其他有关单证，申请报核。海关经审核，情况正常的，退还保证金或办理其他担保销案手续，予以结关。

11.3 项目小结

本项目重点是介绍了当前我国海关在对部分海关监管货物的后续监管与核销结关的知识，重点说明了保税加工货物、保税物流货物、特定减免税货物、暂准进出境货物这四类海关监管货物海关如何进行后续监管及办理核销结关的手续等知识与内容。力争使学习者能知晓海关对各类监管货物后续监管的基本知识与管理规定，知道在办理核销结关的工作程序与工作内容，并能按照现代海关制度办理相应的通关业务。

11.4 项目练习

1. 不定项选择题

(1) 经海关批准，未办理纳税手续进境，在境内加工、装配后复运出境的货物是(　　)。

A. 过境货物　　B. 暂准进出口货物

C. 一般进出口货物　　D. 保税加工货物

(2) 纸质手册管理的保税加工货物，准予保税加工期限原则上不超过(　　)，经批准可以申请延长，延长的最长期限原则上(　　)。

A. 1年;1年　　B. 6个月;6个月

C. 10个月;6个月　　D. 1年;6个月

(3) 纸质手册管理的保税加工货物，报核期限是在手册有效期到期之日起或最后一批成品出运后(　　)内向海关报核。

A. 15天　　B. 25天　　C. 30天　　D. 60天

(4) 电子账册管理的保税加工报核期限，一般以(　　)为1个报核周期。

A. 1年　　B. 180天　　C. 60天　　D. 30天

(5) 对于受灾保税加工货物，加工贸易企业应在灾后(　　)向主管海关书面报告。

A. 7日内　　B. 30日内　　C. 10日内　　D. 15日内

(6) 某进出口公司与外商签订加工贸易合同，该公司已在规定的期限内将进口料件加工复出口，该合同于5月20日执行完毕。该企业办理该合同的海关和银行保证金台账核销手续的时间是(　)。

A. 6月20日以前　　B. 6月20日以前

C. 7月5日以前　　D. 7月20日以前

(7) 特定减免税进口货物的海关监管期限按照货物的种类各有不同，以下特定减免税货物的正确海关监管期限是(　　)。

A. 船舶、飞机、建材8年；机动车辆6年；其他货物5年

B. 船舶、飞机8年；机动车辆6年；其他货物5年

C. 船舶、飞机、建材8年；机动车辆、家用电器6年；其他货物5年

D. 船舶、飞机8年；机动车辆6年；其他货物3年

(8) 一般情况下，加工贸易企业应持下列哪些单证向海关报核？(　　)

A. 企业合同核销申请表、核销核算表

B. 加工贸易登记手册

C. 进出口报关单

D. 海关缉私部门出具的《行政处罚决定书》

(9) 对于遗失加工贸易登记手册的合同，加工贸易企业应持下列哪些单证向海关报核？(　　)

A. 经营企业关于加工贸易手册遗失的书面报告

B. 经营企业申请核销的书面材料

C. 加工贸易货物进出口报关单

D. 海关缉私部门出具的《行政处罚决定书》

2. 思考题

(1) 纸质手册管理下保税加工货物报核时要提交的单证有哪些？

(2) 电子账册管理下保税加工货物报核的步骤与要点是什么？

(3) 特定减免税货物解除监管的情形有哪些？

3. 案例分析题

厦门海关抓创新保税物流结硕果

率先在全国保税物流园区实施"凭舱单提货入区"通关模式，实现厦金航线进境货物转关，赣州—厦门海铁联运转关、内支线转关……厦门象屿保税物流园区封关运作5年来，不断开拓创新业务运作模式，吸引了众多国内外知名企业争相入驻，不仅成为先行先试的"试验田"，更是成为厦门经济发展的"助推器"。

据介绍，象屿保税物流园区自封关以来，充分发挥了园区的功能优势，不断创新业务模式，真正起到了厦门市经济特区和海西经济区参与国际竞争服务的平台作用。目前，园区内汇聚

了三十多家国内外知名物流企业和二十多家海峡两岸知名进出口企业。2010年1至11月，厦门海关监管进入园区货物90.27万吨、货值72.33亿美元，同比分别增长36.62%、49.13%。

（资料来源：《经济日报》，有删节）

请思考

(1) 厦门象屿保税物流园区采用了什么样的通关模式？

(2) 厦门象屿保税物流园区有哪些优惠政策？

(3) 厦门象屿保税物流园区在地方经济发展中起着什么样的促进作用？

参考文献

[1] 编委会.报关员资格全国统一考试教材[M].北京:中国海关出版社,2011.

[2] 编委会.历年试题标准答案及详解[M].北京:中国海关出版社,2011.

[3] 武晋军.报关实务[M].北京:电子工业出版社,2011.

[4] 谢国娥.海关报关实务[M]. 第5版.上海:华东理工大学出版社,2011.

[5] 吴雷.海关实务[M].北京:北京大学出版社,2006.

[6] 何晓兵.中国关税实务[M]. 修订本.北京:中国商务出版社,2004.

[7] 刘文丽.商品归类基础[M]. 修订本.北京:中国商务出版社,2010.

[8] 周劲.海关报关实务[M].广州:中山大学出版社,2010.

[9] 郑俊田. 海关实务[M]. 第2版.北京:对外经济贸易大学出版社,2010.

[10] 邵铁民,徐兆宏.报关实务手册[M].上海:上海财经大学出版社,2007.

[11] 编写组.报关员资格全国统一考试考点详解与强化训练[M].北京:经济日报出版社,2009.

[12] 编写组.中国海关报关实用手册[M].北京:中国海关出版社,2011.